단 1%도 놓칠 수 없는 부동산 절세법 • 개인편

초판 1쇄 발행 | 2011년 3월 20일
초판 3쇄 발행 | 2012년 6월 15일

지은이 | 신방수
펴낸이 | 김경수

기획, 책임총괄 | 박향미
편집 | 배은경, 최현숙
마케팅 | 이경훈, 정은진
디자인 | 김선옥
제작 | 팩컴AAP(주)
펴낸곳 | 팩컴북스

출판등록 | 2008년 5월 19일 제381-2005-000074호
주소 | (463-867) 경기도 성남시 분당구 정자동 159-4 젤존타워 2차 8층
전화 | 031-726-3666
팩스 | 031-711-3653
이메일 | pacombooks@gopacom.com

ISBN 978-89-963677-9-6 14320
       978-89-963677-8-9 14320(전2권)

값 15,000원

단 1%도 놓칠 수 없는

부동산 절세법

신방수 지음

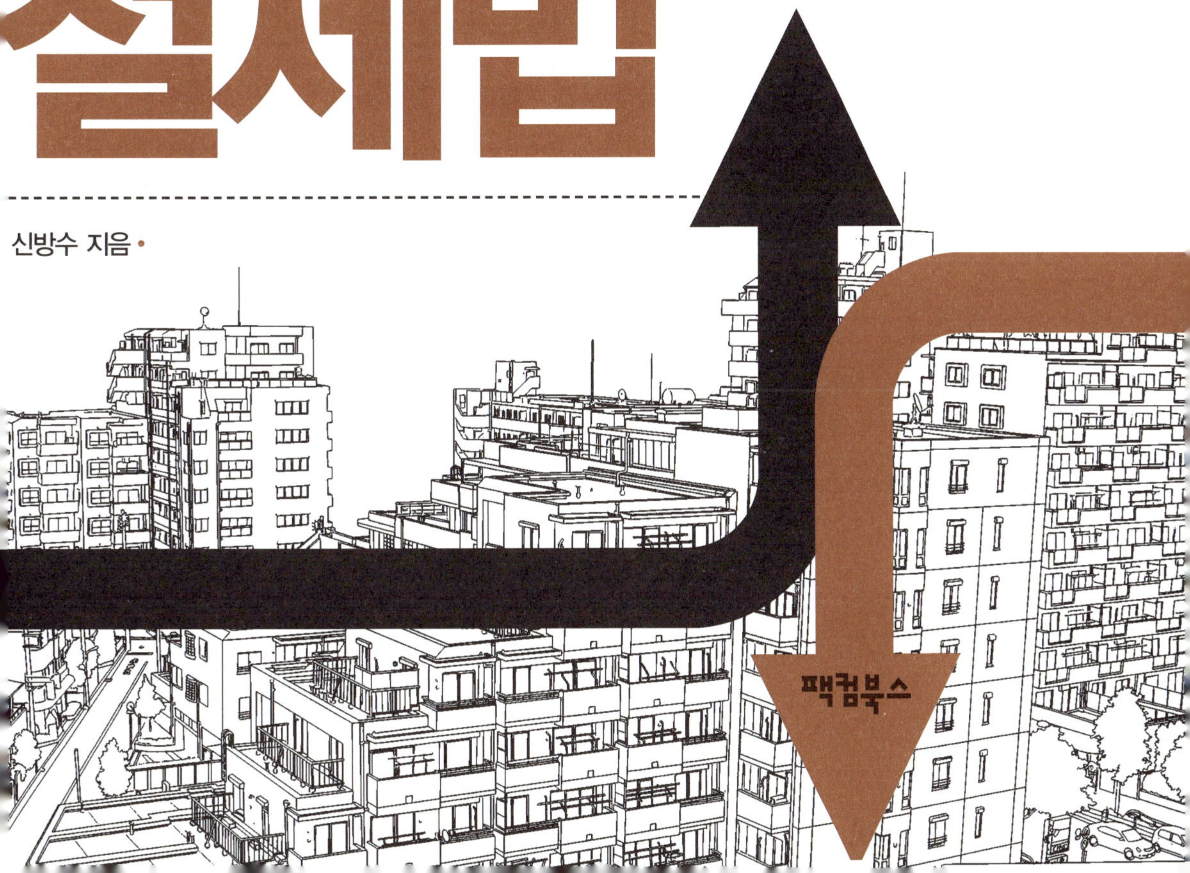

팩컴북스

아는 만큼 돈 되는 부동산 절세 전략

세금이란 말만 들어도 머리가 아픈 사람들이 한두 명이 아니다. 집 하나만 갖고 있는 사람이나 집을 많이 갖고 있는 사람들이나 마찬가지일 것이다.

나라에선 어떻게 하든 한 푼이라도 더 건지려고 하는데, 내야 하는 상황과 내는 세금 액수도 늘다 보니, 머리가 터져나가기 직전이다. 특히 부동산과 관련한 세금이 가진 위력은 그야말로 막강하다. 때론 수익의 절반 이상을 떼어가기도 하고 심지어 한 사람이 더는 부동산 갖는 것을 스스로 포기하게도 하기 때문이다. 그런데 문제는 이러한 현상이 앞으로도 계속된다는 점이다. 나라가 망하지 않는 이상 세금도 당연히 따라붙기 때문이다.

세금을 내야 하는 개인이나 기업들은 이러한 문제 때문에 심기가 불편하기 일쑤이다. 국가나 지방자치단체 예산으로 사용된다고 하더라도 왜 내야 하는지 정당한 세금인지 아닌지 그 의문이 꼬리에 꼬리를 무는 경우가 생각보다 많기 때문이다. 왜 이러한 오해들이 일어나는 것일까?

세무사로 일하는 동안, 세법 내용이 어렵고 방대하기도 하고, 과세당국의 의견이 오락가락 하는 경우가 많았다. 그리고 똑같은 상황이라도 몇몇 사람들은 얄밉게도 잘만 빠져나가기도 한다.

쉽게 알 수 있는 내용인데도 어렵다고 포기하거나 나와는 상관없는 얘기라며 거들떠도 보지 않는다면 나는 억울하게 세금만 많이 낸다고 신세 한탄하기 십상이다. 세금이 줄일 방법이 얼마든지 있는데도 무턱대고 계약해서 손해를 입었다면 어느 누구에게 하소연할 수 있겠는가.

이 책에는 세금 내용을 올바르게 전달하고, 내는 사람들 입장에서 절세할 수 있는 방법을 알려주기 위한 내용이 가득 담겨 있다. 더 나아가 올바른 정보를 머릿속에 담고 있으면 합법적으로 절세하는 방법도 가능하다는 아주 단순한 원리를 채택했다. 게다가 효율성을 기하고자 개인과 관련한 부동산 세금 문제는 '개인편'으로, 기업 경영을 하는 분들이나, 기업과 관련한 세금에 대한 내용은 '기업편'에 정리하였다.

「개인편」에서는 개인들이 보유하고 있는 부동산에 대한 세금 문제를 아파트와 단독주택, 주택임대사업, 재건축·재개발, 토지 등의 순서로 나열하고 가장 기본적인 내용들과 아울러 살아가는 동안 알아두면 좋을 다양한 절세법들을 다루었다. 물론 놓치기 쉽거나 실수하기 쉬운 요소, 그리고 이해하기 어려운 대목들은 실무 경험을 통해 쌓은 다양한 사례들을 제시하여 최대한 쉽게, 그리고 현장 감각을 생생하게 익힐 수 있도록 하였다.

이밖에도 2010년 8·29 대책과 2011년 2·11 대책 그리고 세제 개편 내용 등을 다각도로 분석하여 흐름을 놓치지 않도록 했다. 또한 취득세 등의 감면, 양도소득세 중과세 제도의 변화, 주택임대사업자의 요건 완화, 허위계약서를 작성할 때 비과세 제한 등과 같은 최신 정보를 일목요연하게 정리하였다.

이밖에도 최근 발표된 2012년 5·10 부동산대책을 분석하여 독자들이 발빠르게 대응할 수 있도록 하였다. 이 대책을 보면 1세대 1주택자의 양도세 비과세를 위한 보유 요건을 3년 보유에서 2년 보유로 단축하고, 일시적 2주택의 비과세 처분기한을 2년에서 3년으로 늘렸다. 시행 시기는 정부의 시행령 개정 작업을 거쳐 2012년 6월 28일 이후가 될 것으로 예상된다.

이로 인해 이 책을 집어든 독자들은 부동산 세금 지식과 정보를 더 많이 얻을 수 있을 것이라 확신한다. 더 나아가 이 책의 자매서인 「기업편」까지 섭렵한다면 전문가로 발돋움할 수 있는 단계에 접어들 수 있을 것이다. 「기업편」은 대기업이나 개인사업자가 알아야 할 건물 신축 판매나 부동산 매매업, 도시형생활주택, 상가빌딩, 재건축·재개발 등 사업에 관련된 세금 문제가 총망라되어 있다.

우리나라에서 부동산에 관심이 있거나 그와 관련한 일을 하고 있는 사람들과 기업이 읽어두면 실무적으로 상당한 도움을 받을 수 있을 것이라 자신한다. 물론 부동산 또는 부동산 투자와 직접적으로 관련 없더라도 책 내용을 전반적으로 알아두면 살아가면서 두고두고 쓸모가 있을 것이다.

하지만 필자가 약간 걱정하는 부분이 있다. 실무적으로 해석의 차이나 세법 개정 등에 의해 내용이 다소 변동될 수 있는 부분이 있기 때문이다. 독자들은 필자의 이메일 등을 통해 문제점과 궁금증을 즉시 해결하기 바란다.

아무쪼록 이 책이 많은 사람들의 어려움을 조금이나마 해결하고, 원하는 바를 이루는 데 조금이나마 도움이 되었으면 좋겠다.

마지막으로 이 책의 출간을 도와주신 팩컴북스 관계자 분들께 감사의 말씀을 전한다. 그리고 필자가 몸담고 있는 세무법인 정상의 세무사 분들과 「기업편」의 공저자로 참여한 나철호 회계사와 최낙규 세무사에게도 감사한다는 말을 이 지면을 통해 전한다. 그리고 언제나 필자를 응원해 주는 아내 배순자와 두 딸 하영이와 주영이에게 고맙다는 말을 전하고 싶다.

2011년 3월 역삼동 사무실에서

신방수

Contents

3장 : 단독 · 빌라주택에 따라붙는 세금 덜어내기

4장 : 주택임대사업과 절세 대책

5장 : 재건축 · 재개발 아파트 절세법 탐구하기

1

투자수익률을 높이는 절세 전략

부동산 거래를 하면, 따라다니는 얄미운 세금들

아파트를 사고팔 때, 땅을 사고팔 때 등등, 부동산의 '부' 자만 붙어도 세금을 엄청 많이 내야 할 것 같은 기분을 느껴본 적이 있는가. 귀신에 홀린 듯이 계약서를 쓴 후, 그동안 묵은 체증 같았던 처치 곤란한 집 또는 땅을 팔아 시원해야 하는데, 또 기분 좋게 턱 하니 은행에 가서 떳떳하게 '나 세금 냈소' 하고 외치면 좋으련만. 사람들은 부동산을 거래하고서는 투자 수익이 좀 있네 뭐네 할 겨를도 없이 나라에서 나오는 세금 청구서를 받아들고는 기분이 무척 나쁘다. 왜 그럴까.

어디가 노른자이고, 어느 동네에 가면 내 자식이 좋은 학교에 들어갈 수 있어서 이사를 한다든지, 부동산이란 이 요상한 것이 자칫 투기 대상으로 변질될 가능성이 높은데다 몇몇 소수의 사람들이 독점할 가능성이 매우 높기 때문에 나라에서는 여러 규제 장치들을 만들었다. 그 중 대표적인 것이 바로 세금이다. 실제 거래 단계별로 각기 다른 세금들이 자리를 잡고 있어 여러 사람들의 골치를 단단히 아프게 한다. 게다가 흔히 쓰는 용어들도 아니고 이상한 한자어가 나열되어 있어 화성인이 쓰는 화성어를 듣는 것 같은 느낌이니, 사람들은 부동산 관련 세금이라면 절래 절래 고개만 돌리는 상황이다. 그렇다면 어쩔 수 없지 하면서 내라는 대로 다 내고 말 것인가.

노! 이제부터 부동산과 관련한 세금을 차례차례 알아보자.

부동산과 관련된 세금을 거래 단계별로 국세와 지방세로 요약한 표를 보자. 국세는 국가가 부과하는 세금을, 지방세는 지방자치단체가 부과하는 세금을 말한다. 국세와 지방세는 동시에 발생하기도 하며, 따로따로 발생하기도 한다.

구분	국세	지방세
취득	농어촌특별세, 부가가치세	취득세(4%), 지방교육세
보유	종합부동산세, 농어촌특별세(종합부동산세의 20%)	재산세(지역자원시설세, 지방교육세 별도)
임대	임대소득세, 부가가치세	지방소득세(임대소득세의 10%)
양도	양도소득세, 부가가치세	지방소득세(양도소득세의 10%)
무상 이전	상속세, 증여세	취득세, 지방교육세

취득 단계를 보면 지방세인 등록세가 취득세와 통합되어 4%로 부과된다. 그리고 이 세금에 농어촌특별세(이하 '농특세' 라 한다)가 0.2%, 지방교육세가 0.4%만큼 별도로 부과되어 취득관련 총 세율은 4.6%가 된다. 다만, 주택은 국민생활과 직접적으로 관련이 있으므로 취득세를 감면하는 것이 타당하다. 최근의 감면 제도에 대해서는 28쪽을 참조하자. 한편 상속이나 증여 같이 무상으로 부동산을 이전할 때에는 기준시가의 4% 수준에서 취득과 관련된 세금이 부과된다. 그밖에 상가나 오피스텔을 취득하는 경우에는 4.6%인 취득세

등과 건물 공급가액의 10%인 부가가치세(이하 '부가세' 라 한다)가 부과된다.

또, 보유 단계에서는 지방세인 재산세와 국세인 종합부동산세(이하 '종부세' 라 한다)가 부과된다. 한때 텔레비전 뉴스만 보면 등장하던 종부세는 주택이나 토지를 많이 가지고 있는 개인이나 법인들을 대상으로 과세되는 세금이다. 주택은 개인별로 기준시가가 6억 원, 상가는 부수토지가 80억 원, 나대지는 5억 원을 초과하면 과세된다. 참고로 종부세가 과세되면 그 세액의 20%가 농특세로 부과되며, 재산세가 부과되면 지역자원시설세, 지방교육세가 추가로 과세된다. 이밖에 부동산을 임대하면 임대소득에 대해 소득세를 부과하며, 그 소득세의 10%를 지방소득세(종전 '주민세')로 부과한다. 소득세를 과세하는 대상은 주로 상가·오피스텔·토지 임대분이며 주택은 원칙적으로 2주택 이상을 보유한 사람이 한 채 이상을 월세로 임대하는 경우에 과세된다.

양도 단계에서는 양도소득세(이하 '양도세' 라 한다)와 부가세가 과세된다. 그밖에 양도세의 10%인 지방소득세가 따로 붙는다. 양도세는 부동산과 입주권 등의 양도차익에 대해 과세되는 세금이다. **투자수익에 직접적으로 부과되는 세금이기 때문에 수익률을 올리기 위해서는 이 세목을 아주 잘 다루어야 한다.**

양도 단계의 부가세는 주로 사무용 오피스텔이나 상가 건물을 양도할 때 발생한다. 단, 이 물건을 사업자가 판매할 때 발생하며 토지나 85㎡ 이하의 주택 공급 시에는 특별히 부가세를 면제하고 있다(비사업자인 개인은 부가세 징수 의무가 없음).

이밖에 무상으로 이전한 거래에서 발생하는 상속세와 증여세가 있다. 먼저 상속세는 사람이 사망하여 남긴 유산에 대해, 증여세는 살아생전에 자녀 등에게 재산을 넘겨줄 때 부과되는 세금이다. **통상 상속세는 상속 순재산이 10**

억 원(배우자가 없으면 5억 원) 이하면, 증여세는 수증자(증여를 받은 자)에 따라 미성년자 1,500만 원, 성년자 3,000만 원, 배우자 6억 원 이하이면 부과되지 않는다. 상속세와 증여세는 어떠한 가정에서나 일어날 수 있는 문제이며 때로는 양도와 맞물려 여러 가지 세금 문제가 발생한다.

지금까지 본 것처럼 부동산 세금은 생각보다 만만치 않다. 하지만 신문이나 잡지, 텔레비전에 나오는 부동산 세금 문제를 나의 일처럼 대하고 공부한다면 어이없게 내 소중한 재산을 빼앗기는 일 따위는 일어나지 않을 것이다. 특히 양도세는 아주 중요한 세금이므로, 양도세란 말만 들어도 귀를 쫑긋 세워야 할 것이다.

⋮ Case 1-1 ⋮

왕초보 씨가 생애 첫 내 집을 마련하려고 한다. 취득 시점에서는 어떤 세금이 부과될까?

▶ 주택을 취득하면 취득세가 부과되며, 취득세에 농특세와 지방교육세가 자동적으로 따라 붙는다. 2011년부터 등록세 세율이 취득세와 통합되므로 4%가 된다. 하지만 유상주택 거래는 원칙적으로 1주택자에 한해 50% 감면되므로 감면 후 세율은 2%가 된다. 이에 농특세 등을 반영하면 취득가액의 2.2~2.7% 정도가 된다.

앞에서 살펴보았듯이 부동산과 관련한 세금은 상당히 복잡하다. 그 이유는, 부동산을 거래하는 단계별로 적용되는 세금들이 상상을 초월할 정도로 많기 때문이다. 그렇다면 부동산 세금을 좀 더 쉽게 이해할 수 있는 방법은 정말 없을까?

부동산 세금은 부동산 종류별로 거래하는 순서에 맞춰 살펴보면 그 내용을 쉽게 파악할 수 있다.

: 주택

주택을 취득하는 단계에서는 취득세 등을 취득가액의 2.2~2.7% 정도 부담하면 된다. 단, 보유 단계에서는 종부세가 과세될 수 있다. 그런데 이 세금은 개인별로 합산한 기준시가가 6억 원(1주택 단독 명의의 경우에는 9억 원)을 넘는 경우에만 과세된다. 또한 주택을 임대하는 단계에서는 2주택 이상 소유

종류	취득	보유	임대	양도
주택	취득세 등 (2.2~2.7% 등)	종부세 (6억 원 초과분)	• 2주택자 : 월세 (소득세) • 3주택자 : 월세+ 전세 보증금(소득세)	• 1주택자 : 비과세 (고가주택은 과세) • 2주택자 : 중과세 • 3주택자 : 중과세 ※ 감면 가능
입주권	취득세 등(4.6%)	입주권을 주택으로 간주 (다른 주택의 과세방식에 영향)	—	• 비과세 가능 • 비과세 불가능할 때 과세(중과세 없음)
분양권	취득세 등(없음) 전매 제한	—	—	과세(중과세 없음)
상가	취득세 등(4.6%)	종부세 (80억 원 초과분)	월세+전세 보증금 부가세 및 소득세 과세	과세(중과세 없음)
오피스텔	취득세 등(4.6%)	• 종부세 (거주용 6억 원, 사무실용 80억 원 초과분) • 주거용 오피스텔 (주택으로 보아 환급받은 부가세 추징)	월세+전세 보증금 부가세 및 소득세 과세	주거용 오피스텔 (주택으로 보아 과세)
토지	취득세 등(4.6%) 5년간 전매 제한 등	종부세 (나대지 : 5억 원 초과분)	월세+전세 보증금 부가세 및 소득세 과세	• 8년 자경농지 등 : 감면 • 비사업용 토지 : 중과세

한 사람의 월세 소득에 대해 소득세가 부과되는데, 2011년부터는 3주택 이상 소유한 사람에 대해서는 전세 보증금에도 소득세를 과세한다.

한편 주택을 양도하는 단계에서는 주의할 것이 한두 가지가 아니다. 1주택자에 대해서는 비과세를 받을 수 있지만 2주택 이상 가진 다주택자에 대해서는 중과세 제도가 적용되기 때문이다. 다만, 중과세 제도는 완화되어 적용되고 있는 만큼 이를 활용하는 전략을 잘 짜는 것이 중요하다.

: 입주권

입주권은 재건축이나 재개발을 하는 과정에서 조합원이 보유하고 있는 주택에 들어갈 수 있는 권리를 말한다. 입주권을 승계취득한 경우에는 일반적으로 구입가격(종전 토지가격＋프리미엄)의 4.6%가 취득세 등으로 부과된다. 주택 건물이 아닌 토지를 취득한 것이기 때문이다. 입주권은 다른 주택의 과세 방식에 영향을 주므로 다른 주택을 양도할 때에는 세금 문제를 잘 따져본 다음 매도 여부를 결정해야 한다. 다른 주택이 있는 경우, 입주권도 주택에 해당하므로 과세방식이 기존 법칙과는 다르게 결정되기 때문이다. 한편 입주권을 양도하는 경우, 관리처분 전에 3년 이상 보유했다면 비과세를 받을 수 있다. 그렇지 않은 경우에는 양도차익에 대해 과세가 된다. 이후 완공하게 되면 입주권이 주택으로 변신을 하게 된다.

: 분양권

　청약해서 당첨된 사람이 가지고 있는 주택에 들어갈 수 있는 권리이다. 분양권은 앞에 설명한 입주권과는 다른 개념의 권리로, 입주권은 때에 따라서는 주택으로 취급되지만 분양권은 단순한 권리에 불과하다. 따라서 잔금을 치루기 전까지는 취득세나 재산세 등이 없다. 단 잔금을 청산하기 전에 이를 양도하는 경우에는 양도차익에 대해 양도세가 부과된다.

: 상가와 오피스텔

　상가와 관련된 세금은 다른 부동산 세금에 비하면 덜 복잡하다. 취득하면 4.6%의 취득 관련 세금을 내야 하고, 보유하면 건물 부속토지의 기준시가가 80억 원을 넘어야 종부세가 과세된다. 임대의 경우에는 임대소득에 대해 부가세와 종합소득세를 부담하면 된다. 오피스텔도 상가와 같은 식으로 과세되나 이를 주거용으로 사용하면 세무 문제가 많이 발생한다. 예를 들면, 오피스텔을 주거용으로 사용하면 세법은 이를 주택으로 취급하기 때문에 기존에 사무실용으로 하여 환급받은 부가세를 추징한다. 오피스텔을 임대 놓는 사람에게는 상가처럼 월세와 전세 보증금의 이자 상당액에 대해 부가세와 소득세를 부과하고 있다.

: 토지

토지의 과세방식은 주택과 거의 유사하여, 비과세에서부터 감면, 그리고 중과세 제도가 얽히고설켜 있다. 하지만 토지와 관련한 세금이 주로 지목별로 결정되다 보니, 지목별로 세금을 이해해야 한다. 예를 들어 **농지는 국민생활과 직결되어서 비과세나 감면을 폭넓게 받을 수 있다.** 하지만 나대지는 주로 투자를 목적으로 보유하고 있는 경우가 많아서 비과세 등을 적용하지 않는 대신 중과세를 한다. 그러나 투자를 목적으로 농지를 보유하고 있다면 중과세가 적용될 수 있고, 나대지라도 사업과 거주하는 데 필수적인 상태로 보유하고 있다면 중과세 대상에서 제외될 수도 있다.

> **Tip** | 연도별로 본 부동산 세제 이슈
>
> 부동산 세금은 연도별로 이슈를 점검해 보는 것이 좋다. 세법이 매년 개정되면서 개정 전과 후의 내용이 달라지는 경우가 많기 때문이다. 세제 개편 내용을 반영하여 살펴보면 다음과 같다.
>
> | 구분 | | 2009년 | 2010~2011년 | 2012년 |
> |---|---|---|---|---|
> | 취득단계 | 취득 관련 세율 | 2.2~2.7% | 좌측과 동일* | |
> | 보유단계 | 종부세 과세기준 금액 | 6억 원 | 좌측과 동일 | |
> | | 종부세 세율 | 0.5~2% | | |
> | 양도단계 | 양도세 일반세율 | 6~35% | 6~35% | 6~38% |
> | | 양도세 중과세율 적용 유예기한 | 2010년 | 좌측과 동일 | 2012년 |
>
> * 단, 2011년부터는 9억 원을 초과하는 주택과 다주택자(일시적 2주택자는 제외)는 감면을 적용하지 않음.

정부는 부동산 시장경기를 활성화하기 위해 2012년 5월 10일에 부동산대책을 발표했다. 주요 내용을 살펴보면 다음과 같다.

① 세제정책

세제정책은 주로 실수요자 관점에서 두 가지 내용이 눈에 띈다. 하나는 비과세를 위한 보유 요건이 3년에서 2년으로 단축되는 것이고, 다른 하나는 일시적 2주택 비과세 처분기한이 2년에서 3년으로 연장되는 것이다. 전자의 경우 거래활성화에 도움이 될 것으로 보이고, 후자의 경우 비과세 처분기한 내에 처분이 힘든 수요자에게 도움이 될 것으로 보인다. 참고로 이러한 조치는 정부의 시행령 개정작업을 거쳐 2012년 6월 말 이후부터 시행될 것으로 보인다.

구분	현행	개정안	시행시기
비과세를 위한 보유 요건	3년	2년	2012년 6월 말 예정(정부에서 소득세법 시행령을 개정하면 바로 시행가능)
일시적 2주택 비과세 처분기한	2년	3년	

한편 주택투자수요 입장에서는 중과세 제도의 영구적 폐지와 단기매매에 대한 양도세 세율 조정이 거론되고 있으나 이는 국회의 법률통과를 전제로 하는 것인 만큼 2012년 정기국회를 거쳐 이르면 2013년 1월부터 적용이 되지 않을까 싶다.

② 기타정책

5 · 10대책에서는 강남 3구의 투기지역 해제 및 재건축 용적률 완화, 분양권전매제한 완화 같은 내용이 발표되었다. 이 중 강남 3구의 투기지역의 해제에 대한 내용을 본다면 우선 주택거래신고 제도가 적용되지 않고 총부채상환비율(DTI)이 서울의 다른 지역과 같이 50%가 되며, 3주택자에 대한 양도세 가산비율 10%도 적용되지 않는 등의 혜택이 주어진다.

세금도
반드시
관리해야 한다

부동산과 관련된 수익이라 함은 팔 때 받은 돈에서 취득할 때 들어간 돈과의 차익을 뜻한다. 이론적으로만 따져본다면 저점에 사서 고점에 팔면 이익을 많이 남길 수 있다.

하지만 이익이 많이 남았다 하더라도 세금을 제대로 이해하지 못하면 이익이 상당히 줄어든다. 여기서 세금은 취득세와 보유세, 그리고 양도세를 의미한다. 이 중에서 부동산 투자와 밀접하게 관련된 세금은 양도세이다. 때에 따라서는 투자이익의 절반 이상을 깎아먹는 몹쓸 세금이기 때문이다.

수익률을 높이기 위해서는 세금을 어떻게 관리해야 하는지 자세히 살펴보자.

첫째, 비과세를 받도록 한다.

비과세는 세금이 한 푼도 붙지 않는 것을 말한다. 따라서 어찌 보면 가장 좋은 절세 방법이다. 세후 수익률이 세전 수익률과 같기 때문이다. 하지만 세금이 한 푼도 들어오지 않는 상황이 자주 발생한다면 예산을 집행할 일이 많은 나라로서는 식겁할 일일 것이다. 그래서 특별한 사유가 있는 것에 한해서만 비과세 처리를 하고 있다. 비과세를 받을 수 있는 상황을 살펴보자.

: 주택

- 1세대가 1주택을 2*[1]년 이상 보유한 경우(단, 서울 · 과천 · 5대 신도시는 2년 거주 요건이 추가되나 최근 폐지됨. 실거래가액이 9억 원 초과할 때 양도차익 중 일부에 대해서는 과세됨)
- 1세대가 일시적으로 3*[2]주택을 보유한 경우(기존 주택을 새 주택을 취득한 날로부터 2년 내에 양도해야 함)
- 1세대가 부득이하게 2주택 이상을 보유한 경우(일반 주택 외에 상속 주택이나 농어촌주택 등이 있는 경우)
- 주택임대사업자가 2년 보유하고 2*[3]년 거주한 1주택을 보유하고 있는 경우

: 토지

농지를 교환하거나 분합하는 경우

여기서 잠깐 절세 힌트를 살펴보면, 부동산 중 주택은 비과세가 폭넓게 적용된다. 다만, 요건이 매우 까다롭기 때문에 정확하게 비과세 요건을 다져

---

*1 2012년 6월 말 이전은 3년(5 · 10대책, 이하 동일)
*2 2012년 6월 말 이전은 2년(5 · 10대책, 이하 동일)
*3 보유기간이 3년에서 2년으로 단축되면, 2년 거주 요건도 1년 거주 요건 등으로 변경될 가능성이 높다 (개정세법 확인, 이하 동일).

본 후 양도하도록 한다. 또한 예외적인 요건을 활용하는 것도 잊지 말자.

둘째, 적극적으로 감면받자.

감면은 일단 세금을 계산한 후 법에 따라 세금의 일부나 전부를 면제받는 것을 말한다. 따라서 비과세와는 달리 감면은 세금 신고를 해야 하고 감면 신청을 따로 해야 한다. 감면 종류에는 다음과 같은 것들이 있다.

: 주택

- 조세특례제한법에서 규정하고 있는 IMF 기간 중에 취득한 임대(5년 이상 임대를 해야 하고 필요 주택 수가 5호 또는 2호 이상이어야 함) 또는 신축주택(일정 기간 내에 신축된 주택을 말함)
- 2009년 2월 12일에서 2010년 2월 11일 사이에 시행사 등과 최초 계약한 신축주택(지방은 2011년 4월 30일까지 연장됨)
- 준공 후 미분양 주택을 5년 이상 임대(2011년 12월 31일까지 임대계약 체결)

: 토지

- 8년 자경농지와 대토농지(대토농지는 3년 이상 자경한 상태에서 감면받을 수 있음)
- 수용된 토지 등

여기서 절세 힌트를 살펴보면, 주택과 농지에 대해서는 감면 제도가 많이 있다. 다만, 감면을 받기 위해서는 비과세와 마찬가지로 감면 요건을 충족해야 한다. 감면 요건은 조세특례제한법에서 규정하고 있어서 감면 규정을 정확히 따지는 것이 우선이다. 그런데 주택의 경우 취득시점에 감면 여부가 확정되나 농지의 경우에는 그렇지 않다. 따라서 농지는 미리 감면을 받을 수 있는지 점검하고 만일 감면 요건을 충족하지 못한 경우에는 미리 요건을 충족시켜 두자.

셋째, 중과세를 피한다.

양도세의 경우 과세가 되더라도 일반과세를 받는 것이 좋다. 일반과세는 장기보유특별공제(이하 '장기보유공제'라 한다)와 누진세율을 적용할 수 있기 때문이다. 여기서 누진세율이란 6~38% 같은 세율을 말한다. 일반과세의 특징인 누진세율은 차익이 많아질수록 세금도 늘어나는 구조로 되어 있어 공평 과세를 실현하는 데 안성맞춤인 세율로 평가받고 있다.

그런데 중과세가 적용되면 우선 세율이 높아 양도차익의 50%나 60%를 세금으로 내야 한다. 이러다 보니 부동산 거래가 활성화되지 않았다. 그래서 정부는 부득이하게 2009년부터 2012년까지는 중과세 제도를 다소 완화하여 중과세 세율 대신 일반 세율(보유기간에 따른 세율)을 적용하고 있다. 중과세가 적용되는 부동산은 다음과 같다.

: 주택

- 1세대 2주택(주로 수도권에서 보유하고 있는 경우)
- 1세대 3주택(주로 수도권과 광역시권에서 보유하고 있는 경우)

: 토지

- 비사업용 토지인 농지〔부재지주(농지의 소재지에 살고 있지 않는 땅주인)〕
- 비사업용 토지인 임야
- 비사업용 토지인 나대지

여기서 절세 힌트를 살펴보면, 양도세 중과세 제도는 주택과 토지에 적용되고 있다. 주택은 두 채 이상부터, 토지는 지목별로 사업용 요건을 갖추지 못한 경우가 그 대상이 된다. 그런데 막상 중과세 대상에 해당하는지 그 여부를 정확히 따지는 것이 생각보다 매우 어렵다. 따라서 중과세 제도의 흐름을 이해하는 것도 중요하며 중과세 대상 물건을 어떻게 따지는지도 알아야 한다. 이에 대해서는 7장과 9장을 살펴보자. 참고로 현재와 같은 부동산시장 상황에서는 중과세 제도의 필요성이 없어 2013년부터는 이를 영구적으로 폐지할 가능성이 높다. 이러한 내용도 뒤의 해당부분에서 살펴보자.

넷째, 계약하기 전에 내야 할 세금을 예측해 보고 대책을 강구한다.

부동산은 계약 전에 미리 세금액을 예측해 보아야 한다. 그리고 이를 검증하고 좋은 대안을 찾는 것이 세금을 통제할 수 있는 지름길이 된다.

Tip | **확 바뀐 취득세 감면 내용**

최근 정부는 침체된 부동산 경기를 회복시키기 위해 양도소득세와 취득세 그리고 주택임대사업에 대한 세제를 대폭 손질하였다. 주요 내용을 살펴본 후 취득세에 대한 내용을 정리해보자.

구분	내용
다주택자 양도세 중과 완화시한 2년 연장	2009. 1. 1(3. 16)~2012. 12. 31
취득세 감면시한 1년 연장 추진	2.2~2.7%(원칙 4.6%)*
수도권 매입임대사업자 세제지원 요건 완화	임대호수 3호 → 1호 이상, 임대기간 7년 → 5년 이상, 공시가격 3억 원 → 6억 원

* 단, 9억 원 초과 주택, 다주택자(일시적 2주택자는 제외)에 대해서는 감면이 배제된다.

여기서 다주택자는 개인별로 2주택 이상을 보유하는 것을 말하므로 개인이 2주택을 보유하면 원칙적으로 감면이 배제된다. 다만, 개인이 1주택을 보유 및 거주하고 있는 상황에서 이사를 하거나 직장 발령, 취학 등으로 다른 주택을 취득한 경우에는 2년 내에 종전 주택을 양도하면 감면 혜택을 준다. 구체적으로 취득세가 어떻게 적용되는지 사례를 통해 확인해 보자.

첫째, 무주택자가 주택을 구입하는 경우

원래 2012년 말까지 주택을 취득하면 50% 감면이 적용되어 2% 대에서 취득세 등을 낸다. 물론 고가주택과 다주택자(일시적 2주택자는 제외)는 감면이 적용되지 않는다.

둘째, 1주택자가 실제 수요하기 위한 목적으로 갈아타기를 하는 경우

1주택자가 거주하기 위해 주택을 산 후 그 주택을 구입한 날로부터 2년 내에 종전 주택을 양도하면 취득세를 50% 감면한다. 다만, 처분 기한을 넘긴 경우에는 감면받은 세금을 추징하므로 이 점을 유의할 필요가 있다.

셋째, 1주택자가 투자 목적으로 1주택을 취득하는 경우

일단 이 경우에도 일시적 2주택자에 해당하면 50% 감면을 받을 수 있다. 하지만 종전 주택을 새 주택 구입일로부터 2년 내에 처분하지 못하면 취득세 감면분이 추징된다.

참고로 투자목적으로 주택을 구입할 때에는 배우자의 명의를 활용하면 취득세를 감면받을 수 있다. 지방세인 취득세는 세대별이 아닌 개인별 주택 수로 과세 및 감면을 적용하기 때문이다. 국세인 양도소득세는 개인별이 아닌 세대별로 주택 수를 산정해 과세여부를 판단하는 것과 차이가 남을 알아두기 바란다.

참고로 지방세특례제한법 제40조의 2에서는 일시적 2주택의 취득세 감면은 기존 주택을 새 주택의 구입일로부터 2년 내에 처분하는 것을 조건으로 두고 있으나, 국세인 양도세의 규정에서 일시적 2주택 처분기한이 2년에서 3년으로 연장되었으므로 지방세법도 이에 발맞추어 처분기한을 2년에서 3년으로 개정하는 것이 타당해 보인다. 실무에 적용할 때에는 법이 개정되었는지 확인하기 바란다.

②

아파트에 따라붙는 세금 없애기

아파트, 얼마면 되니?

지긋지긋한 월세 생활을 청산하고 그동안 알뜰살뜰 모은 돈으로 조그만 아파트를 사게 된 사글세 씨. 모은 돈을 탁탁 털어 샀지만, 아파트를 사고선 행복하지가 않다. 취득세나 중개수수료 같은 비용이 숨어 있었던 걸 잊고 있었기 때문이다. 사글세 씨처럼 아파트를 사고팔 때 황당한(!) 경험을 한 사람이 한둘이 아닐 것이다. 이처럼 사고팔기 전에 부대비용이 얼마나 들지 확인한 다음 자금 계획을 세우고 들어가는 비용을 최소화하도록 노력을 기울어야 한다. 그렇다면 아파트 가격이 2억 원인 경우 관련 비용을 얼마나 준비해야 하는지 살펴보자.

① 취득세

통상적으로 부동산을 취득하는 경우 내야 하는 취득세는 다음과 같다. 취득세가 매매가의 4%로 부과되고 그밖에 부가적으로 농특세와 지방교육세가

0.2%와 0.4%로 각각 부과된다. 참고로 전용면적 85m² 이하의 국민주택에 대해서는 농특세가 부과되지 않는다.

구분	취득세	농어촌특별세	지방교육세	총계
과세 기준	매매가의 4%	2%*의 10%	2%*의 20%	
세율	4%	0.2%	0.4%	4.6%

* 이는 종전 취득세 2%, 등록세 2%와 같은 의미이다.

그런데 주택은 국민생활과 떼려야 뗄 수 없기 때문에 세율을 일정 부분 인하해 주고 있다. 그 결과, 유상 주택 거래에 대해 2012년 말까지 한시적으로 다음과 같이 위 세율의 2분의 1 선에서 부과하고 있다.

구분	내용*
기존 주택의 취득 (신규 분양분 포함)	• 85m² 이하 주택 : 취득가액의 2.2% • 85m² 초과 주택 : 취득가액의 2.7%

* 9억 원 초과 주택과 다주택자는 감면 배제

결국 취득한 주택이 85m² 이하이고 취득금액이 2억 원이라면 440만 원 정도 드는 셈이다. 참고로 2011년 3·22대책에 의해 50%를 추가로 감면하던 제도는 2011년 말로 폐지가 되었다. 추가 50% 감면을 받으면 1주택자들은 최대 75%까지도 감면이 가능하였다. 이외에 미분양 주택에 대한 취득세 감면은 연도 중에 수시로 발표되므로 정부정책이 나올 때 관심을 두고 지켜보자.

② 중개수수료

매매와 관련한 법정 중개수수료는 다음 표와 같다. 참고로 중개업자가 법정금액 이상을 요구할 경우 6개월 이내의 영업 정지 또는 등록 취소가 될 수

거래금액	수수료율(%)	한도
5천만 원 미만	0.6	25만 원
5천만 원 이상 2억 원 미만	0.5	80만 원
2억 원 이상 6억 원 미만	0.4	한도 없음
6억 원 이상 거래가액 일반 주택을 제외한 중개 대상물	법정중개수수료 요율 0.2~0.9% 내에서 중개의뢰인과 중개업자 간의 상호 계약에 따라 협의 결정	

있고 1년 이하의 징역 또는 1,000만 원 이하의 벌금에 처해질 수 있다.

앞의 예를 든 것은 거래금액이 2억 원이므로 중개수수료는 이 금액의 0.4%인 80만 원이 한도이다. 참고로 법정 중개수수료를 초과해 지불하더라도 영수증을 받아두면 추후 양도할 때 필요경비로 인정받을 수 있다.

③ 등기비용

법무사를 통해 등기를 의뢰하는 경우에는 인지대 등 법정비용과 수수료가 발생한다. 따라서 셀프등기(스스로 하는 등기)를 한다면 법정비용만 부담하면 된다. 한편 부동산 소유권을 보전하거나 이전하는 경우 주택법에 따라 일정액의 국민주택채권을 구입해야 한다. 채권을 구입한 사람들은 법에서 정한 만기 시점(보통 5년)에 일정한 이자와 함께 상환을 받을 수도 있고, 매입하자마자 혹은 보유 도중에 금융기관을 통해 팔 수도 있다. 만일 채권을 매입함과 동시에 이를 매도하면 매입금액의 10% 정도의 손실액이 발생한다.

이처럼 기존 주택을 취득하는 경우에는 취득세 외에 각종 수수료 등이 따라붙어 대략적으로 주택 가격의 3% 정도를 부대비용으로 지출하는 것이 일반적이다.

취득세 비과세와 감면

취득세의 비과세 또는 감면 내용을 요약하면 다음과 같다.

구분		취득세	비고
공동 주택	40m²(12평) 이하	면제	분양(원 조합원은 제외)을 받은 공동주택에 한하며, 1가구 1주택자에 해당하여야 함(이하 동일).
	60m²(18평) 이하	50% 감면	
	85m²(25.7평) 이하	25% 감면	단, 2002년 12월 31일까지 분양 계약을 체결하고 2004년 12월 31일까지 취득 완료한 공동주택(현재는 거의 감면받을 수 없음).
소형 주택	40m²(12평) 이하이고 1억 원 이하 주택	면제	1가구 1주택자가 소형주택을 취득한 경우에는 취득세를 면제함(각 시·도의 조례를 통해 감면함).
재개발 조합원		비과세	정비구역 지정 전의 재개발 사업 조합원으로서 85m² 이하의 완공 주택에 대해서는 취득세가 비과세됨.
수용 주택		비과세	사업인정고시일 등 이후에 대체 취득할 부동산 등의 계약을 체결하거나 건축 허가를 받고 그 보상금을 마지막으로 받은 날로부터 1년 내에 대체할 부동산 등을 취득하면 비과세가 적용됨.

[Advise] 대출금 이자도 절세할 수 있다!

집을 살 때 모아 놓은 돈이 부족하다면 대출을 받을 수밖에 없다. 그런데 대출 규모와 상환할 수 있는 능력을 감안하지 않으면 낭패를 볼 수 있다. 일반적으로 대출 규모는 집값의 3분의 1 이하가 되도록, 그리고 원리금 상환액은 본인 월 소득의 최대 4분의 1 이하가 되도록 하는 것이 바람직하다.

한편 대출을 받을 때에는 이자에 대해서는 소득공제 혜택을 받으면 실질이자율이 떨어진다. 예를 들어 차입금이 2억 원인데 이자율이 5%라면 연간 이자는 1,000만 원이다. 이에 대해 24%(지방소득세 포함 시 26.4%)로 소득공제 혜택을 받을 수 있다면 실질이자율은 다음과 같이

하락하게 된다.

```
        이자 : 1,000만 원(2억 원×5%)
    ─ 세금환급 : 264만 원(이자 중 1,000만 원×26.4%)
    = 실질이자 : 736만 원(실질이자율 3.68%)
```

집이 없다고 한탄만 하고 있을 게 아니라 이러한 제도도 적극적으로 활용하면 안락한 보금자리 주택을 얻을 수 있다.

중개수수료, 수선비도 필요경비에 포함된다

공인중개사 비용은 양도세를 계산할 때 빼버릴 수 없는 대표적인 필요경비에 속한다. 여기서 필요경비란 주택을 사고팔 때 필수적으로 들어간 비용을 말한다. 이 경비는 양도세를 계산할 때 양도가액에서 차감되므로 양도차익을 줄이는 역할을 톡톡히 한다. 따라서 필요경비가 많을수록 세금이 줄어든다고 할 수 있다. 그런데 공인중개사 수수료가 법정 금액을 초과한 경우 초과분에 대해서도 공제될까? 다음에서 이러한 문제들을 살펴보자.

: 법정 중개수수료를 초과하는 경우

공인중개사에게 지급한 중개수수료는 주택 매매와 관련하여 필수적으로 발생하는 경비에 해당한다. 따라서 세법은 양도가액에서 이에 대한 경비를 공제하는 것이 원칙이다. 그런데 문제는 법정 수수료를 초과하면 그 초과분도 공제를 받을 수 있는지 그 여부이다. 실무적으로 지급 사실을 증명할 수 있는 증빙서류에는 계약서, 세금계산서, 정규 영수증(현금영수증, 신용카드 매출전표), 무통장입금 영수증, 기타 대금을 지급한 사실을 입증하는 서류 등이 있다. 다만,

필요경비에 대한 증빙 역시 법정 서식이 존재하는 것은 아니므로 반드시 세금계산서가 있어야 하는 것은 아니다. 따라서 당해 자산과 관련하여 실제 지출된 비용으로 지출 사실이 객관적으로 확인되는 경우, 필요경비에서 공제받을 수 있다. 결국 법정 수수료를 초과하여 지급한 경우에도 위와 같은 서류 등에 근거해 필요경비로 공제를 받을 수 있다.

: 중개수수료를 세무서에 신고하지 않았다면

중개수수료는 중개자 입장에서는 매출에 해당한다. 따라서 이에 대한 부가가치세 및 소득세를 신고하지 않으면 향후 과세당국의 조사를 거쳐 세금을 추징 받을 가능성이 높다. 다만, 조사를 받을 가능성은 신고 여부에 따라 달라진다. 다음 경우를 통해 살펴보자.

• 매도자가 비과세로 신고하지 않는 경우

비과세 주택에 대해서는 신고할 의무가 없다. 따라서 신고를 하지 않는 이상 중개수수료에 대한 자료는 당장 노출되지 않는다. 하지만 향후 산 사람이 양도세 신고를 하는 경우에는 자료가 노출될 수밖에 없다. 그러나 시간이 많이 흐른 뒤에 설령 누락된 자료가 발견되더라도 이에 대해 과세하는 것은 그리 쉽지 않다.

• 매도자가 과세로 신고하는 경우

수수료에 대한 자료가 바로 노출된다. 그 결과 세무서에 제출된 자료는 전산망에 축적되어 향후 과세자료로 사용될 가능성이 높다.

: 공인중개사가 주의해야 할 적격증빙 발급 의무

공인중개사 등 아래 직종에서 일하고 있는 사람들은 영수증을 발급하지 않으면 과태료를 내게 된다. 이들이 일정액(건당 30만 원) 이상 거래 시 적격증빙(신용카드 영수증, 현금영수증, 세금계산서, 계산서)을 발급하지 않는 경우 '적격증빙 미발급액의 50% 상당액'을 과태료로 부과하고 있기 때문이다. 예를 들어 수수료를 100만 원 받았는데 이에 대해 세금계산서 등 적격영수증을 발급하지 않으면 50만 원의 과태료를 부과한다는 것이다. 이 제도에 대한 실효성을 확보하기 위해 2년간 한시적으로 위반 사실을 신고한 사람에게 20%의 포상금을 지급(건당 300만 원, 연간 1,500만 원 한도)한다.

적용 대상 업종*

업종 구분	세부 업종
전문직 업종 (VAT 과세 대상)	변호사업, 회계사업, 세무사업, 변리사업, 건축사업, 법무사업, 감정평가사업, 관세사업 등 15개 전문직
의료 관련 업종	의사, 치과의사, 한의사, 수의사 *다만, 의료보험이 적용되는 진료 거래는 과태료 부과 대상에서 제외
기타 업종	입시학원, 골프장업, 예식장업, 장례식장업, 부동산 중개업

* 직전 연도 수입금액이 2,400만 원 미달 사업자는 적용 제외.

참고로 2010년 7월 1일부터 공인노무사업과 룸살롱·단란주점 등 일반 유흥 주점업, 나이트클럽·카바레 등 무도 유흥 주점업, 산후 조리업 등이 현금영수증을 의무적으로 발행해야 하는 대상 업종에 추가되었다.

수선비도 무조건 공제받는 것은 아니다

주택을 수리하면서 들어간 비용도 필요경비로 받을 수 있을까? 필요경비로 인정받을 수 있다면 양도세를 신고할 때 양도 차익을 줄일 수 있기 때문에 낼 세금 또한 준다. 그런데 주택을 수리한 비용이라고 해서 무조건 공제받을 수 있는 것은 아니니, 다음에서 수선비 등 필요경비와 관련된 공제 내용을 살펴보자.

양도차익에서 필요경비로 인정받는 것과 받지 못하는 것을 비교한 표를 보자. 참고로 2009년부터 계약서 작성비용, 공증비용, 세무신고비용 등이 필요경비에 추가되었다.

필요경비로 인정되는 경우	필요경비로 인정되지 않는 경우
1. 취득세, 공인중개사 · 법무사 수수료 2. 새시 공사, 거실 확장공사, 발코니 확장공사, 상하수도 배관공사, 붙박이장, 보일러 교체 등 자본적 지출 3. 경매 취득 시 유치권 변제금액, 경락대금에 포함되지 않은 대항력 있는 전세 보증금, 세무신고비용, 계약서 작성비용, 공증비용 4. 소개비	1. 도배 공사, 벽지 · 장판 교체비용, 외벽 도색비용, 보일러 수리비용 2. 경락대금에 불포함된 대항력 없는 전세 보증금, 은행 대출 시 감정비, 임차인퇴거 보상비용 3. 싱크대 교체, 욕조 교체 등 수리비, 이자, 위약금, 연체이자 4. 재산세, 종부세, 담보 설정 관련 등기비, 수선충당금 등

현실적으로, 필요경비로 인정되는지 그 여부를 확인하는 것이 쉽지는 않다. 따라서 지출할 때에 공제가 되는지, 미리 국세청 홈페이지 등을 통해 알아보는 것이 좋다.

: 인테리어 공사비와 필요경비 공제

부동산을 구입한 후에 인테리어 등의 항목으로 돈을 지출하는 경우가 있다. 그렇다면 지출한 돈에 대해서는 후에 전액을 필요경비로 인정받을 수 있을까?

일단 세법에서는 자산의 가치를 증가시키는 지출에 대해서는 공제한다. 하지만 그렇지 않은 지출에 대해서는 공제하지 않는다. 앞의 지출은 자본적 지출이라 하고 이에는 새시 공사, 홈오토 설치비, 건물의 난방시설을 교체한 공사비, 방 확장, 베란다 확장 및 내부시설 개량 공사비 또는 보일러 교체비용, 자본적 지출에 해당하는 인테리어 비용 등이 있다. 하지만 도배비나 장판 교체비 등은 수익적 지출의 성격을 띠므로, 이러한 지출에 대해서는 공제를 적용받을 수 없다. 다음의 내용을 확인하자.

원칙적으로, 인테리어와 관련된 비용은 영수증이 있으면 공제를 받을 수 있다. 하지만 이러한 영수증이 있다고 해서 무조건 공제하는 것은 아니다. 가짜로 제출된 영수증에 대해서는 공제하지 않는 것이 당연하다.

그렇다면 허위 영수증은 어떻게 발각될까? 일반적으로 양도세를 신고할 때 필요경비와 관련된 서류를 제출한다. 여기서 서류는 통상적으로 세금계산서나 간이영수증 등을 말하는데 공제항목에 합당하면 아무 문제없이 통과된다. 하지만 금액이 크거나 내용이 분명하지 않은 경우에는 지출에 대한 소명을 요구하게 된다. 그리고 그 소명 결과에 따라서 최종적으로 필요경비 공제 여부가 결정된다. 소명은 주로 금융자료를 바탕으로 진행하는데, 결국 허위 영수증을 제출하면 사후에 적발될 가능성이 있으므로 이 점을 특히 유의해야 한다. 그러니 이를 제출하지 말아야 한다.

Tip | 계약서 및 영수증을 분실한 경우의 대책

부동산 거래와 관련된 서류는 양도하기 전까지 보관하는 것이 좋다. 계약서 등을 분실하면 나중에 낭패를 보기 십상이기 때문이다. 그런데 안타깝게도 계약서 등을 분실했다면 어떻게 대처해야 할까?

① 취득계약서를 분실한 경우

공인중개사 사무실에 문의하거나 매도자에게 연락하여 사본을 입수한다. 그 외 거래 사실 확인서나 입금증 등으로 입증할 수도 있다. 계약서를 사후에 재작성할 수 있는지는 별도로 확인하자. 참고로 실제 매매계약서가 없는 경우 부동산등기를 위해 존재하던 검인계약서를 취득계약서로 보는 경우도 있으므로 이에 주의해야 한다(전문 세무사를 찾을 것).

② 취득세

관할 시·군·구청에서 확인서를 발급받는다.

③ 인테리어 영수증

다시 작성해 줄 것을 요구한다. 다만, 시간이 지난 경우에는 다시 작성하는 것이 불가능한 경우가 많기 때문에 이때는 송금 사실, 사진 등을 첨부하여 제출한다.

④ 소개비 등

제3자에게 소개비 등을 주고 부동산을 계약한 경우 소개비 조로 돈을 지급했다는 영수증(백지 위에 기록)을 보관하고 있다면 필요경비로 인정받을 수 있다.

⑤ 신축한 경우

신축비용에 대한 지급 근거(계약서 등)를 구비하고 송금영수증 등을 구비하도록 한다. 관련 목록을 일목요연하게 정리해 두는 것이 좋다.

[Advise] 돈을 지출할 때 증빙서류는 꼭 챙겨두자!

양도세는 양도가액에서 취득가액과 기타 필요경비를 차감하여 세금을 계산한다. 이때 취득가액은 매매계약서로 입증해야 하며, 기타 필요경비는 실제 영수증으로 입증해야 한다. 따라서 향후 양도세를 적게 내려면 매매계약서를 제대로 작성하여 보관하고, 취득할 때 들어간 돈에 대한 영수증을 제대로 보관해야 한다. 또 입주할 때 들어간 자본적 지출금액(발코니 확장 등)에 대한 증빙(계약서, 거래영수증, 송금영수증)도 제대로 갖추어 두는 것이 좋다.

서울 서초구에 살고 있는 궁요한 씨. 보유하고 있는 아파트의 시세가 제법 나간다. 그렇다면 궁 씨가 내야 하는 보유세는 얼마가 될까? 현재 이 아파트의 시세는 10억 원이며, 기준시가는 8억 원 정도가 된다. 아울러 보유세는 어떻게 다루는 것이 좋을까?

주택 재산세와 종합부동산세 계산하기

매년 6월 1일 현재 주택을 보유하고 있으면 당연히 보유세를 내야 한다. 여기서 보유세란 재산세와 종합부동산세(종부세)를 말한다. 그런데 재산세는 부동산을 보유하면 무조건 내야 하지만 종부세는 법에서 정한 기준에 합당해야 한다. 다음에서 재산세와 종부세를 계산해 보자.

재산세는 주택의 기준시가에 세율을 곱해 계산하는 세목이다. 다만, 기준시가 전체에 대해 세율을 적용하면 세금이 많이 나올 수 있으므로 기준시가에 일정률(이를 공정시장가액비율이라고 함)을 곱한다. 예를 들어 앞의 경우 8억 원이 기준시가이므로 이 금액에 60%를 곱하면 4억 8천만 원이 과세표준이 되고 이 금액에 재산세율 0.1~0.4%를 적용한다. 실무적으로는 4억 8천만 원에 0.4%를 곱한 다음 누진공제 63만 원을 차감하면 재산세 산출세액이 계산된다.

$$4억\ 8,000만\ 원 \times 0.4\% - 63만\ 원(누진공제) = 129만\ 원$$

참고로 이 금액을 모두 내는 것은 아니며 지방자치단체에서 경감하거나 전년도에 낸 세금이 적으면 증가폭이 제한되어 실제로 내는 세금이 달라질 수 있다.

종부세는 주택과 토지에 대해 적용되는 제도로, 주택의 경우 개인별로 합산한 기준시가의 금액이 6억 원을 초과하면 과세되는 항목이다. 그 결과, 공동명의로 주택을 보유하면 12억 원까지는 세금이 없으므로 단독명의자가 불리하다. 그래서 1주택을 단독명의로 보유하면 3억 원의 기초공제를 허용하여 9억 원까지는 종부세를 부과하지 않는다. 따라서 앞의 사례와 같은 경우에는 기준시가가 8억 원이므로 단독명의이든 공동명의이든 종부세는 부과되지 않는다.

만일 기준시가가 10억 원이고 단독명의로 보유하고 있다면 9억 원을 공제한 금액인 1억 원에 대해 80%(가정)의 공정시장가액 비율과 0.5%의 세율을 순차적으로 곱하면 산출세액은 40만 원에 불과하다. 반면, 공동명의로 보유하고 있다면 종부세를 한 푼도 안 내도 된다.

보유세 관리하는 방법

일반적으로 재산세는 과세 대상 전체에 대해 과세한 다음, 나온 산출세액을 지분별로 나누기 때문에 단독명의든 공동명의든 세금의 차이는 없다. 그런데 종부세는 보유 형태에 따라 다양하게 과세방식이 결정되므로 보유 형태에 유의해야 한다.

구분		과세기준	기초공제(3억 원)	비과세 기준	비고
1주택	단독명의	6억 원	○	9억 원	장기보유 공제 등의 혜택 있음
	공동명의	6억 원	×	12억 원	공제 혜택 없음
2주택 이상		6억 원	×	6억 원	공제 혜택 없음

1주택을 단독명의로 보유하고 있다면 9억 원까지 비과세되므로 종부세를 걱정할 필요가 없다. 다만, 이 금액을 넘는 경우에는 과세될 수 있다. 하지만 최근 정부의 세율 인하 등에 의해 세금 부담 수준은 그리 높지 않다. 따라서 1주택자는 종부세를 줄이기 위해 굳이 공동명의로 전환할 필요가 없다. 자칫 증여세가 나올 수 있고 통상 기준시가의 4% 정도인 취득 관련 세금이 따라다니기 때문이다. 1주택을 공동명의로 보유하고 있는 경우에는 12억 원까지 종부세가 부과되지 않는다.

한 사람이 2주택 이상을 보유하고 있는 경우에는 개인별로 합산하여 종부세가 과세되기 때문에 다소 부담이 된다. 따라서 주택을 추가로 취득할 때에는 공동명의로 취득하든지 배우자 명의를 활용하는 것이 좋다.

만일 종부세가 부담된다면 배우자간 증여를 통해 부담을 완화할 수 있다. 그러나 부과되는 취득세 등과 비교해 볼 때 증여 효과가 크지 않을 수 있다.

따라서 다주택자가 종부세 문제로 증여하는 것은 신중해야 한다. 다음의 예를 참조하자.

어쩌다 씨는 1주택을 보유하고 있다. 주택을 추가로 취득하려고 하는데 배우자 명의로 하면 어떤 점이 좋을까?

배우자 명의로 하는 경우, 취득가액과 취득세 등을 합해 6억 원을 초과하지 않으면 증여세 문제는 없다. 이렇게 취득해 두면 종부세는 개인별로 과세되므로 유용하다. 다만, 양도세의 경우 누진세율로 과세되는 경우에는 절세 효과가 상당히 있어서 그 효과가 배가된다. 상속을 앞둔 경우라면 재산 분산이 사전에 이루어지므로 어느 정도 절세 효과가 나타난다.

[Advise] 이제 종부세 걱정은 끝!

작금의 종부세는 예전에 비해 10분의 1 정도로 그 부담 수준이 떨어졌다. 2008년 11월 13일 헌법재판소에서 세대별 합산과세에 대한 위헌판결을 내리고 정부에서 세율을 인하했기 때문이다. 이로 인해 부자들이 부동산을 보유하더라도 큰 부담이 없어졌다.

양도소득세,
한 푼도
안 낼 수 있다

부동산을 처분하면 양도세가 부과되는 것이 원칙이다. 하지만 세금을 단한 푼도 안 내는 경우가 있는데, 이것이 바로 '비과세'이다. 그렇다고 무턱대고 좋아할 일이 아닌 것은, 비과세 내용이 하도 복잡하여 과세가 되지 않는 요건을 제대로 판정하기가 쉽지 않기 때문이다.

하지만 양도소득세 비과세는 주택 보유자로서는 매우 입맛이 당기는 제도다. 양도차익을 모두 내 것으로 할 수 있기 때문이다. 물론 비과세를 받기 위해서는 정확히 비과세 요건을 지킬 필요가 있다. 이 요건은 1세대가 양도일 현재 국내에서 1주택(고가주택은 제외)을 2년(2012년 6월 말 이전은 3년) 이상 보유한 상태에서 양도하는 것을 말한다. 참고로 서울 · 과천, 일산 · 분당 · 평촌 · 산본 · 중동 신도시지역에 적용되던 2년 거주 요건은 폐지되었다. 따라서 기본적으로 보유기간만 지키면 비과세를 받을 수 있는 길들이 활짝 열리게 되었다. 그렇다면 주택 보유자들은 어떤 내용에 주의해야 하는지 보자.

세대 요건에 주의하라

주택을 보유할 때에는 '1세대'의 개념에 주의해야 한다. 양도세는 1세대에 해당하는 사람들이 보유하고 있는 주택 수를 기준으로 비과세나 과세 여부를 판단하기 때문이다. 예를 들어 1세대가 1주택을 보유하고 있다면 비과세를, 두 채 이상 보유하고 있다면 과세하는 것을 원칙으로 하고 있다.

1세대 구성은 혼인을 전제로 하고 있다

양도세 비과세 또는 과세를 판단할 때 1세대는 혼인(법률혼을 말하므로 사**실혼은 제외)을 전제로 하고 있다. 즉 부부를 중심으로 세대의 개념을 정하고** 있다. 그래서 세법은 부부가 별도 세대를 구성하고 있더라도 이를 인정하지 않는다.

그런데 결혼을 하지 않으면 별도로 세대를 구성할 수 없을까? 그렇지 않다. 세법은 배우자가 없더라도 다음의 경우에는 특별히 1세대로 인정한다.

- 30세 이상자가 별도 세대를 구성한 경우
- 30세 미만자는 별도 세대를 구성할 수 없으나 다음 중 하나에 해당하면 예외적으로 별도 세대를 구성할 수 있음.
  - 최저생계비 이상의 소득(1인 가구 : 월 54만 원, 2인 가구 월 84만 원 등)이 있는 경우
  - 미성년자가 직계존속의 사망, 결혼 등 부득이하게 1세대를 구성하는 경우
  - 배우자가 사망하거나 이혼한 경우

세대원의 범위는 직계존비속과 형제자매까지

세대원의 범위는 거주자와 그 배우자와 함께 구성하는 그의 가족을 말하며, 여기서 가족은 이들의 직계존비속(그 배우자를 포함한다) 및 형제자매를 말한다. 여기서 한 가지 주의할 점은 배우자의 직계존속과 형제자매도 세대원의 범위에 포함될 수 있다는 것이다. 따라서 장인, 장모, 처남, 처제도 가족의 범위에 포함되며 사위, 며느리도 가족의 범위에 포함된다. 다만, 이렇게 가족의 범위에 해당하더라도 생계를 달리하면 독립세대로 인정받을 수 있다. 자녀의 경우, 나이가 30세 이상에 해당되거나 결혼하거나 소득이 있는 30세 미만에 해당하면 별도 세대로 인정받을 수 있다. 여기서 소득은 최저생계비 이상의 소득세법상 종합소득과 퇴직소득·양도소득을 말한다. 구체적인 범위 등에 대해서는 국세청 등에 문의하기 바란다.

동일한 주소에서 거주

같은 주소에서 거주해야 동일세대로 본다. 동일한 주소에 거주하는지 그 여부는 대체적으로 주민등록관계로 따지므로 주소 관리를 잘해야 한다.

생계를 같이 해야 한다

생계를 같이 한다는 것은 부모 등의 도움을 받아 생계를 유지하는 것을 말한다. 만일 같은 주소에서 별도의 세대를 구성한 경우라도 생계를 달리하는 것을 입증하면 독립세대로 인정받을 수 있다. 하지만 현실적으로 이를 입증하기가 힘들기 때문에 주소를 달리하는 것이 필요하다. 참고로 주소는 다른 곳에 이전해 두고 실제는 부모와 같이 사는 경우에는 세무조사 등에 의해 적발될 수 있으니 유의하자. 위장전입에 대한 세무조사가 진행되고 있으므로 특히 유의해야 한다.

한편 양도 주택에 거주하다가 일시적으로 퇴거하는 경우가 있다. 예를 들어 배우자가 사업을 위해 다른 주소로 일시적으로 퇴거하거나 취학(고등학교 이상)이나 질병의 요양, 근무상 형편으로 퇴거한 경우가 그렇다. 이렇게 부득이한 상황에서는 그러한 일시 퇴거자도 생계를 같이 하는 동거가족으로 보아 1세대 1주택 비과세 여부를 판정한다.

: Case 2-1 :

주한채 씨는 현재 1주택을 보유하고 있다. 그런데 주 씨의 주소는 부모님과 함께 되어 있다. 부모님도 집을 한 채 가지고 있다면 세금 문제를 어떻게 처리해야 할까?

▶ 부모님과 같은 주소이고, 또 함께 거주하고 있다면 1세대 2주택 상태가 된다. 이러한 상황에서 주택을 양도하면 일반적으로 과세가 된다. 따라서 비과세가 되기 위해서는 양도하기 전에 세대분리가 되어 있어야 한다. 참고로 주소는 같으나 실제로 함께 거주하지 않는 경우에는 별도로 살고 있다는 사실을 증명할 자료를 준비해 두면 된다.

: Case 2-2 :

이가장 씨는 30세가 넘은 자녀와 함께 살고 있으나 자녀에 대해서는 세대분리를 해두었다. 이 씨와 자녀가 각각 한 채를 가지고 있는 상태에서 이 씨가 보유한 주택을 양도하는 경우 비과세를 받을 수 있는가?

▶ 형식적으로 보면 세대분리가 되어 있는 것 같지만 실제적으로는 그렇지 않다. 따라서 외관상 1세대 1주택 비과세를 받을 수는 있지만 세무조사 등에 의해 실질 내용이 밝혀지면 비과세를 받을 수 없게 된다. 세무조사 때에는 자녀가 본인의 주소지에서 살았다는 것을 입증해야 한다. 일반적으로 주소지로 되어 있는 공과금 명세서나 신용카드 명세서 등으로 거

주 사실을 입증한다. 이외 전세계약서 등도 준비를 해둔다.

주택의 개념 및 1주택 소유 요건에 주의하라

비과세 요건을 판단할 때에는 주택의 개념 및 1주택 소유 요건에 주의해야 한다.

① 주택은 실질용도에 따라 판단한다

양도소득세 비과세 규정을 적용함에 있어 주택은 공부상 용도 구분에 관계없이 사실상 주거용으로 사용하는 건물을 말한다. 따라서 실질이 형식과 차이가 나는 경우에는 본인이 이를 적극적으로 입증하면 실질에 맞게 세법을 적용받을 수 있다. 만일 용도가 불분명한 경우에는 공부상의 용도로 한다. 실무상 주택의 개념을 두고 다양한 오류가 발생하는데 특히 주의해야 할 것들을 사례로 알아보자.

구선택 씨는 현재 거주용 주택 한 채와 오피스텔을 보유하고 있다. 오피스텔은 주택에 해당하는가?

▶ 세법은 사실상 주거용으로 사용하는 건물은 주택으로 분류한다. 따라서 오피스텔을 어떻게 사용하고 있는지에 따라 주택인지의 여부를 판단한다. 만일 용도가 불분명하면 공부상에 나타난 용도로 한다.

이주택 씨는 국가 소유 토지 위에 등기가 되지 않는 무허가 주택과 일반 주택을 각각 한 채씩 가지고 있다. 무허가 주택 외의 주택을 처분하면 비과세를 받을 수 있는가?

▶ 일시적 2주택 비과세 특례(새로운 주택을 취득한 날로부터 기존 주택을 3년 내에 양도)를 받지 않는 한 과세가 될 수 있다. 1세대 2주택자에 해당하기 때문이다. 참고로 무허가 주택의 경우 재산세 과세대장에 기록되면 주택을 소유했음이 쉽게 밝혀질 수 있음에 유의해야 한다.

② 양도일 현재 1주택을 소유하는 것이 원칙이다

비과세 요건 중 판단하기가 힘든 항목이다. 1주택의 범위를 두고 다음과 같은 의문점들이 일어나기 때문이다.

• 공동 등기한 주택과 다가구주택은 주택 수를 어떻게 따질까?
• 대지와 건물을 세대원이 각각 보유하면 어떻게 주택 수를 따질까?

• 2주택을 보유하던 중, 얼마 전에 1주택을 처분하였다면 나머지 주택은 비과세를 받을 수 있을까?

첫째, 공동 등기한 주택 등 지분으로 취득한 주택의 경우에는 원칙적으로 각자 주택을 보유한 것으로 한다. 다만, 동일 세대원이 지분으로 보유한 주택은 1주택으로 취급하는 것이 타당하다. 다가구주택은 등기가 호별로 구획된 것이 아니므로 전체를 하나의 주택으로 본다.

둘째, 1세대 1주택의 비과세 요건을 갖춘 대지와 건물을 동일한 세대의 구성원이 각각 소유하고 있는 경우에도 이를 1세대 1주택으로 본다.

셋째, 양도하기 전에 수 채를 가지고 있더라도 최종적으로 남은 1주택은 종전의 양도일에 관계없이 비과세가 가능하다. 1세대 1주택 비과세 판단은 양도일 현재를 기준으로 1주택이면 족하기 때문이다.

: Case 2-5 :

양다리 씨는 상가겸용주택을 보유하고 있다. 이 건물을 주택인가 상가인가?

▶ 양도세 과세 대상을 판단함에 있어 상가겸용주택은 주택면적이 상가면적보다 크다면 전체를 주택으로 보며, 상가면적이 크거나 같다면 주택은 주택, 상가는 상가로 본다.

: Case 2-6 :

강인한 씨는 현재 3년 이상 보유한 주택을 두 채 보유하고 있다. 이 상황에서 새로운 주택을 산 후 기존 주택을 모두 3년 내에 처분하는 경우의 과세방식은?

▶ 처음 양도한 주택은 양도세가 과세되는 것이 일반적이며, 나중에 양도한 주택은 비과세가 가능하다. 일시적 2주택 비과세 특례가 적용되기 때문이다.

2년 이상 보유기간만 제대로 맞춰라

최근 정부는 서울과 과천, 일산 · 분당 · 평촌 · 산본 · 부천 중동 등 90년대 초반에 건설된 1기 신도시에 적용되던 비과세 요건 중 거주 요건을 폐지하였다. 따라서 앞으로 주택에 대한 비과세는 주택 수와 보유 요건 정도만 제대로 맞추면 받을 수 있게 되었다. 보유기간은 어떻게 산정하는지 뒤에서 자세히 알아보자.

Tip | 거주 요건 폐지에 따른 영향

서울 등의 지역에 적용되던 거주 요건이 폐지되었다. 그에 따른 영향을 보면 다음과 같다.

첫째, 서울 등에서 1주택을 보유하고 있는 경우 거주하지 않아도 비과세를 받을 수 있게 된다. 예를 들어 서울 지역에서 1억 원에 산 주택이 5억 원이 되었다고 하자. 보유기간은 5년이지만, 거주는 하지 않았다고 하면 종전에는 산출세액이 대략 6,800만 원 정도가 나왔다. 양도차익 4억 원에서 장기보유특별공제 40%(=5년×8%)과 기본공제 250만 원을 적용한 2억 3,750만 원에 35%의 세율을 적용하고 누진공제 1,490만 원을 적용했다. 그런데 이번 조치로 이 주택을 소유한 사람은 전액 비과세를 받게 된다. 지방소득세 10%를 합하면 7,500만 원 정도의 혜택을 보게 되는 셈이다. 참고로 1세대 1주택자로서 거주 요건을 갖춘 경우라면 이번 조치로 인한 영향은 없다.

둘째, 서울 등에 1주택을 보유하고 기타 지역에서 1주택을 보유하고 있는 경우에는 양도차익이 적게 나는 것을 먼저 처분하는 것이 유리하다. 양도차익이 크게 난 주택을 나중에 양도하면 비과세 등을 받으면 되기 때문이다. 예를 들어 서울에 양도차익이 1억 원이 난 주택이 있고 대전에 2억 원이 난 주택이 있다면 서울에 있는 주택을 먼저 처분한 후 대전에 있는 주택을 양도하는 식이다. 이 경우 서울 주택에 대해서는 과세가 되며, 대전 집은 비과세를 받을 수 있게 된다.

셋째, 부동산 시장에서 암암리에 성행하던 위장 전입 문제가 많이 없어질 것이다. 그동안 서울 등 거주 요건이 필요한 지역에서 이를 통해 비과세를 받는 행위가 있었다. 이는 엄연히 탈세 행위에 해당하나 과세관청의 조사 여부에 따라 세금 추징 여부가 결정되는 문제점이 있었다.

이밖에도 세대원들의 거주 사실 확인이 잘 안 되는 경우, 세금이 과세되는 등 억울한 세금이 부과되는 일이 잦았다. 따라서 앞으로 거주 요건과 관계없이 비과세가 적용되므로 납세자들의 부담이 한층 덜어지게 되었다. 또한 과세관청도 거주 요건을 일일이 따지지 않아도 되므로 세무 행정력을 아낄 수 있게 되었다.

비과세는 1세대가 양도일 현재 국내에 1주택을 보유하고 있는 상태에서 2년 이상을 보유해야 성립한다. 그런데 이 비과세 요건에 대해 예외적인 것들이 있다. 예를 들어 2주택을 보유하더라도, 그리고 2년을 보유하지 않더라도 비과세를 적용한다.

1세대 2주택자의 비과세 조건

주택 비과세는 원칙적으로 1주택에 대해 적용되는 것이지만, 1세대 2주택 또는 1세대 3주택인 경우에도 비과세를 받을 수 있다.

① 이사로 인한 2주택

이사 등의 이유로 일시적 2주택이 된 경우에는 새 주택을 취득한 날로부터 3

년(2012년 6월 말 이전은 2년이다) 이내에 기존 주택을 팔면 비과세를 받을 수 있다. 여기서 새 주택을 취득한 날은 보통 잔금 청산일을 의미한다. 또한 취득은 일반적으로 매매를 의미하지만 증여나 상속 등도 해당한다. 따라서 주택을 한 채 보유한 상태에서 증여를 받으면 증여일로부터 3년 내에 기존 주택을 양도해도 비과세가 된다.

② 동거봉양 또는 혼인으로 인한 2주택

직계존속(남여 모두 60세 이상)을 동거봉양하기 위해 합가(合家) 또는 혼인으로 2주택이 된 경우로, 합가일(혼인일)로부터 5년 이내에 먼저 양도한 주택에 대해서는 양도세를 비과세 받을 수 있다.

③ 농어촌주택이 있는 경우

농어촌주택과 일반 주택이 있는 상태에서 일반 주택을 먼저 양도하면 비과세를 받을 수 있다. 여기서 농어촌주택이란 수도권(서울·인천·경기도) 외의 지역 중 읍(도시 지역을 제외) 또는 면 지역 소재 주택과 이농민이 취득 후 5년 이상 거주한 주택, 귀농주택, 상속받은 주택을 말한다. 여기서 농어촌주택이 단지 농어촌에 있다고 해서 세법상 농어촌주택으로 취급되는 것은 아니니 유의해야 한다(221쪽 참조). 참고로 일반 주택과 농어촌주택이 있는 상황에서 일반 주택으로 갈아타기를 하는 경우에는 일시적으로 3주택이 되는 경우가 있다. 이러한 상황에서는 농어촌주택은 없는 것으로 보기 때문에 기존의 일반 주택을 2년 내에 양도하면 비과세를 적용받을 수 있다.

④ 상속받은 주택이 있는 경우

상속 주택과 일반 주택이 있는 경우로, 일반 주택을 먼저 양도하면 비과세를 적용한다. 상속은 불가피하게 발생하므로 일반 주택에 대해 비과세 혜택을 주고 있다. 참고로 앞의 농어촌주택처럼 상속 주택을 포함해 일시적으로 3주택이 되는 경우가 있다. 이 경우에도 상속 주택이 아닌 기존에 있었던 일반 주택을 새로운 일반 주택을 취득한 날로부터 3년 내에 처분하면 비과세가 된다. 일시적 2주택 비과세를 적용함에 있어서 상속 주택은 없는 것으로 보기 때문이다(224쪽 참조).

⑤ 재건축 · 재개발에 들어간 경우

보유한 1주택이 재건축 또는 재개발에 들어가 사업 시행 기간 중에 거주할 주택을 구입하는 경우가 있다. 이러한 상황에서 발생한 거주용 주택(이를 대체주택이라고 한다)에서 1년 이상 거주하는 등 일정한 요건을 갖추면 대체주택에 대해서도 비과세를 적용한다(165쪽 참조).

: Case 2-7 :

1세대 2주택 비과세 특례에서 '대체 취득으로 인한 일시적 2주택 특례'를 이용하면 영원히 비과세를 받을 수 있다. 어떤 원리가 작용한 것일까?

▶ 1주택을 보유한 상태에서 새로운 주택을 사면 기존 주택을 그 주택의 취득일로부터 3년 내에 양도하면 된다. 이후 한 채가 남아 있는 상황에서 또 다른 새로운 주택을 사면 그 주택의 취득일로부터 3년 내에 기존 주택을 양도하면 비과세 적용이 가능해진다.

: Case 2-8 :

부산시에 거주하고 있는 강심장 씨는 투자 목적으로 서울에 있는 주택을 사려고 한다. 만일 부산에도 1주택을 보유하고 있는 경우, 서울에 있는 주택을 비과세 받으려면 어떻게 해야 하는가?

▶ 늦게 산 서울 집은 비과세를 받기가 힘들다. 일시적 2주택 비과세 특례가 적용되지 않기 때문이다. 다만, 부산에 있는 주택은 서울 주택을 산 날로부터 3년 내에 양도하면 비과세를 받을 수 있다. 다만, 양도하는 시점에서 비과세 요건을 갖추면 된다. 서울 주택의 비과세 요건 중 하나는 2년 보유이다. 거주 요건이 폐지됨으로써 서울 주택에서 거주하지 않아도 된다.

: Case 2-9 :

신효자 씨는 1주택을 보유한 상태에서 부모를 봉양하기 위해 최근에 집을 합했다. 그 바람에 1세대 2주택자가 된 신 씨. 앞으로 어떻게 하면 비과세를 받을 수 있을까?

▶ 이렇게 합가한 경우에는 합가일로부터 5년 내에 비과세 요건을 갖춘 집을 양도하면 비과세를 받을 수 있다. 2009년에 2년에서 5년으로 늘어났다.

: Case 2-10 :

우기자 씨는 현재 3주택자이다. 이 중에서 2주택은 10년 이상 보유했고 나머지 주택은 2개월 전에 구입했다. 만일 오래된 주택을 순차적으로 양도하면 양도세는 어떤 식으로 과세될까?

▶ 3주택자에 해당하므로 구 주택 중 먼저 양도하는 주택은 양도세가 과세 된다. 그렇다면 이제 구 주택 한 채와 신 주택 한 채 등 2주택이 남아 있다. 이러한 상황에서는 새로운 주택을 산 날로부터 남아 있는 구 주택을 3년 내에 양도하면 비과세를 받을 수 있다(양

2년을 보유하지 않아도 되는 경우

보유기간에 대한 예외는 2년을 채우지 않더라도 비과세를 적용한다는 것이다. 따라서 보유기간이 짧은 경우라면 다음의 규정들이 도움될 수 있다. 어떠한 상황에 적용되는지 살펴보자.

① 수용당하는 경우

주택 및 그 부수토지의 일부 또는 전부가 공공사업용으로 시행자에게 양도되는 경우 보유기간에 관계없이 양도세가 비과세된다. 또 협의양도 또는 **수용일로부터 2년 이내에 양도하는 잔존주택 및 그 부수토지도 비과세된다.** 주택 중 토지가 먼저 수용되고 건물이 나중에 수용되더라도 2년 내 수용되는 건물분까지도 비과세가 적용된다는 것이다. 다만, 이 규정에 의해 비과세를 받기 위해서는 사업인정고시일 전에 취득을 했어야 한다. 수용된다는 사실을 알고 취득한 것에 대해서는 혜택을 주지 않기 위해서이다. 이밖에 수용하기 전에 1세대 1주택자에 해당되어야 한다.

⋮ Case 2-11 ⋮

한국산 씨는 사업인정고시일 전에 취득한 주택이 수용되었다. 그런데 대지에 대해서는 보상금을 받았으나 건물분에 대해서는 평가금액에 대해 이의가 있어 받지 못했다. 나중에 받게 될 건물분에 대해서도 비과세가 될까?

▶ 일단 수용일로부터 2년 내에 건물에 대한 보상금을 받으면 이에 대해서도 비과세를 받을

수 있다. 참고로 보상가가 9억 원이 넘는 고가주택에 대해 보상금을 연도별로 받는 경우 이에 대한 세금을 신고하는 방법이 독특하다. 예를 들어 고가주택에 해당되는 것으로서 토지 보상금은 2011년에, 건물 보상금은 2012년에 받은 경우에 다음과 같이 양도세를 신고해야 한다.

"양도차익은【고가주택의 양도차익 계산】의 계산 방법에 따라 계산하되『건물의 양도가액』은 당해 주택의 '예상보상 금액'으로 산정하는 것이며, 신고 후에 보상금액이 증감이 되는 경우에는 국세기본법 제45조의 규정에 따라 수정신고를 해야 한다(서면4팀-1581, 2007. 5. 11)."

② 세대원 모두가 떠나는 이민과 1년 이상의 체류

해외이주법에 의한 해외 이주로 세대 전원이 출국하는 경우와 1년 이상 계속하여 국외 거주를 필요로 하는 취학 또는 근무상의 형편으로 세대 전원이 출국하는 경우에도 보유 요건 등을 적용받지 않는다. 다만, 이민 등의 경우에는 출국일 현재 1주택을 보유하고 있는 것이 원칙이며, 출국일부터 2년 이내 양도하는 경우에 한해서만 비과세를 적용한다. 실무적으로 이 규정에 의해 비과세를 받는 것이 매우 까다로울 수 있으므로, 세무 전문가의 도움을 받는 것이 좋다.

: Case 2-12 :

강상승 씨는 3년 전에 근무상 형편으로 전 세대원이 함께 외국에서 거주해 왔다. 만일 강 씨와 그의 가족이 귀국한 경우에 서울에 소재한 주택을 양도하면 세금 관계는 어떻게 될까?

▶ 강 씨는 거주자 신분을 계속 유지하므로 거주자의 지위를 상실하지 않았다. 따라서 다음과 같이 보유 요건을 갖추면 비과세를 받을 수 있다(서시-561, 2005. 4. 12).

- 보유기간 : 당초 취득일~양도일(출국 기간도 인정)
- 거주기간 : 당초 거주기간 + 입국 후 거주기간(2011년 6월 폐지)

참고로 해외 이민의 경우에는 거주자에서 비거주자로 신분이 바뀐다. 따라서 다음과 같이 보유기간 등을 따진다(재일 46014-1520, 1997. 6. 23).

- 보유기간 : 당초 취득일~출국 전의 기간＋입국 후~양도일까지의 기간(출국 기간은 인정되지 않음)
- 거주기간 : 당초 거주기간＋입국 후 거주기간(2011년 6월 폐지)

단, 위에서 거주자에 해당하는지의 그 여부는 국내 거주기간(최소 1년 이상의 거소), 국내에 직업이 있는지 여부, 다른 가족의 거주지 및 재산 보유 상태 등을 종합적으로 고려하여 결정한다(해외 파견 임직원 및 공무원은 무조건 거주자로 본다). 예를 들어 국내에서 배우자와 함께 장기간 거주하면서 직업이 있는 경우에는 거주자에 해당한다. 하지만 배우자와 자녀가 미국에 거주하는 상태에서 주택을 가진 사람 혼자 국내에서 직업 없이 거주하는 경우에는 거주자에 해당되지 않을 수 있기 때문에 신중하게 접근하는 것이 필요하다.

③ 초 · 중등교육법에 의한 학교(유치원, 초등학교, 중학교를 제외한다) 및 고등교육법에 의한 학교, 직장의 변경이나 전근 등 근무 형편, 1년 이상의 치료나 요양을 필요로 하는 질병의 치료 또는 요양

해당 주택에서 1년 이상 거주한 상태에서 위와 같은 이유로 인해 이사를 가는 경우에는 비과세를 적용한다. 다만, 이 사유에 해당하면 2년 보유 요건을 적용하지 않지만 1년 이상 거주해야 한다는 점을 유의하기 바란다. 특히 직장의 변경이나 전근 등 근무 형편은 주로 근로소득자들이 지방으로 근무처를 이동하

는 경우 등을 지원해 주기 위해 마련된 제도이다. 실무상 이러한 예외요건에 해당하는지를 보기 위해서는 예규나 판례 등까지 알아야 사례에 구체적으로 적용할 수 있다.

기러기 씨와 그의 가족은 자녀의 초등학교 입학을 위해 부산에서 서울로 이사를 왔다. 이러한 상황에서 부산 집을 양도하면 비과세를 받을 수 있을까? 부산 집은 1년 보유 및 거주를 했다.

▶ 그렇지 않다. 주거 이전 사유가 고등학교 이상의 자녀의 취학에 해당되어야 한다. 따라서 부산 집은 2년 이상 보유해야 비과세를 받을 수 있게 된다.

나전출 씨는 서울에서 인근의 부천시로 전근 명령을 받았다. 이 경우 나 씨는 2년 보유 요건에 대해 예외 규정으로 비과세를 받을 수 있는가?

▶ 직장을 이동하는 경우, 통상 출퇴근하기 힘든 지역으로 발령받을 것을 요건으로 하고 있다. 그런데 어떤 경우가 통상 출퇴근하기 힘든 지역인지 이를 법으로 규정하고 있지 않다. 만일 상황이 애매모호하면 원칙적인 조건을 충족해야 한다.

④ 임대주택법에 의한 건설 임대주택을 취득하여 양도하는 경우

당해 건설 임대주택의 임차일로부터 당해 주택의 양도일까지의 거주기간이 5년 이상이면 보유기간 등의 요건을 충족하지 않아도 된다. 예를 들어 건설 임대주택에 세를 낸 후에 5년 후에 분양받아 이를 바로 양도하는 경우, 주

택을 소유한 기간은 2년은 되지 않지만 임차일로부터 양도일까지 거주기간이 5년이 되면 비과세를 적용한다.

[Advise] 주택 비과세 요건의 모든 것

양도세 비과세 요건은 다음과 같이 원칙과 예외로 구성되어 있다.

요건	원칙	예외
1세대	결혼한 부부와 생계를 같이 하는 가족	-거주자가 30세 이상인 경우 -30세가 안 되는 경우 소득세법상 소득이 있거나 결혼하여 분가하면 독립세대로 인정됨
국내에 1주택	사실상 용도에 의해 1주택 여부 판단	-실질용도로 주택임을 판정함. 따라서 오피스텔을 주거용으로 사용하면 주택으로 인정함 -2주택이 되더라도 이사, 혼인 · 동거봉양 · 재건축 등의 사유가 있으면 비과세가 가능함
2년 보유	등기부등본 등을 기준	-공공사업용으로 수용되는 경우와 세대 전원의 국외 이주 시는 2년 보유 요건이 필요 없음 -건설임대주택의 경우 임차 시부터 양도 시까지의 거주기간이 5년 이상이면 보유 요건을 적용하지 않음
2년 거주*	서울, 과천, 산본, 중동, 일산, 분당, 평촌만 해당	-취학, 1년 이상의 질병 치료, 근무상(사업상은 아님) 형편으로 1년 이상 거주한 주택을 양도하고 세대원 모두가 다른 시 · 군으로 이사하는 경우 1년만 거주하면 2년을 보유하지 않아도 됨
고가주택이 아닐 것	9억 원 기준	9억 원 초과분은 일부 양도차익에 대해 과세

* 2011년 6월 폐지

비과세 조건은 억지로라도 만들라

앞에서 살펴보았듯이 비과세를 받으려면 법이 정한 요건을 충족해야 한다. 그런데 이 요건을 미리 갖추어 놓지 않으면 양도할 때 문제가 된다. 그래서 주택을 양도하기 전에 미리 비과세 요건을 꼼꼼히 따져보는 것이 좋다. 이를 충족하지 않는 경우에는 인위적으로 요건을 만들어 두면 비과세 혜택을 받기가 더 쉽다. 아래에서 상황별로 비과세 요건을 만드는 방법에 대해 알아보자.

: 양도일 현재 2주택을 보유하고 있는 경우

이런 상황에서는 우선 비과세를 받을 수 있는지를 본다. 일반적으로 2주택을 보유하고 있더라도 일시적 2주택, 상속 주택이나 농어촌주택 등이 포함되어 있다면 비과세가 성립하기 때문이다. 만일 비과세가 성립할 수 없다면 세대 분리가 가능한지 보고 세대 분리가 가능하지 않다면 처분 순서를 잘 가리도록 한다. 2주택 이상을 보유한 경우에는 처분하는 순서에 따라 장기보유공제와 세율 등이 달라지기 때문이다.

: 양도일 현재 보유 요건을 갖추지 못한 경우

양도일 현재 2년 보유기간을 갖추지 못했다면, 잔금 청산일을 조정하여 이 기간을 맞추도록 한다. 일반적으로 세법은 잔금 청산일과 등기접수일 중 빠른 날을 취득시기 또는 양도시기로 한다. 대개 잔금이 청산된 뒤에 등기를 접수하므로 잔금 청산일을 조절하여 보유기간을 늘릴 수 있다.

: 보유기간이 아주 짧은 경우

이러한 상황에서는 보유기간 등에 대한 특례제도를 활용하는 것이 좋다. 세법은 2년 보유 요건을 갖추지 않더라도 비과세를 적용하는 경우가 있기 때문이다. 예를 들어 당해 집에서 1년 이상 거주한 상태에서 전근 발령을 받거나 1년 이상의 요양을 위해 집을 양도하는 경우에는 2년을 보유할 필요가 없다. 만일 해외 이민(또는 1년 이상의 체류)이나 수용을 당한 경우에는 보유 요건을 전혀 채우지 않아도 문제가 없다. 다만, 해외 이민(또는 1년 이상의 체류)의 경우 출국일로부터 2년 내에 양도해야 비과세 혜택을 받을 수 있다.

: 고가주택을 보유하고 있는 경우

고가주택을 보유하고 있는 경우에는 양도차익의 일부에 대해 과세가 된다. 따라서 과세되는 양도차익을 계산해 보고 세금이 나올 것으로 예상되는 경우에는 보유기간을 조절하도록 한다. 보유기간이 길어질수록 장기보유특별공제율이 커지기 때문이다.

상가로 사용하다가 주택으로 용도를 변경하는 경우에는 용도를 변경한 후 주택으로 보유한 기간이 2년이 되어야 비과세 혜택을 받을 수 있다. 따라서 용도 변경을 한 후에 바로 양도하면 비과세가 되지 않는다. 다음의 예규를 참조하자.

● 서면4팀-638, 2006. 3. 20

|질의|

주택을 점포로 용도 변경하여 사업장으로 사용하다가 이를 다시 주택으로 용도 변경한 후 동 주택을 양도하는 때에 당해 주택의 보유기간은 어떻게 계산하나?

|회신|

당해 건물의 취득일부터 양도일까지의 기간 중 주택으로 사용한 기간을 통산한다.

세금 내는 1주택자의 희망, 장기보유공제 제도

장기보유공제는 부동산을 장기간 보유했을 때 양도차익의 일부를 공제하는 일종의 조세혜택 제도이다. 따라서 양도차익이 나는 경우에는 이 공제를 많이 받는 것이 좋다. 세법은 특정한 사유에 해당하면 이 공제를 80%까지 적용한다. 하지만 때에 따라서 이 공제가 적용되지 않는 경우가 있는데, 바로 3년 미만을 보유했거나 중과세 대상의 부동산을 양도했을 때이다. 다음에서 이 공제와 관련된 내용들을 살펴보자.

장기보유공제는 기본적으로 토지와 건물에 대해 3년 이상 보유하면 양도차익의 일부를 공제하는 제도이다. 그 결과 양도차익의 일부가 줄기 때문에 세금의 일부가 줄어든다. 하지만 중과세 대상 자산은 보유기간과 관계없이 공제를 적용하지 않는다. 실무적으로 이 공제는 다음과 같이 다양하게 적용되므로 공제 기준을 정확히 이해하고 있어야 활용할 수 있다.

① 원칙 : 10~30%

아래 ②와 ③을 제외한 모든 부동산(주택, 토지, 상가, 오피스텔)에 대해 원칙적으로 다음과 같이 공제를 적용한다. 보유 연수별로 3%를 적용하여 최고 30%를 적용한다. 단, 3년을 보유한 경우에는 10%이다.

3년	4년	5년	6년	7년	8년	9년	10년 이상
10%	12%	15%	18%	21%	24%	27%	30%

② 특례 : 24~80%(1세대 1주택자와 일시적 2주택 비과세자)

1세대 1주택자(일시적 2주택 비과세 적용자 포함)가 10년 이상 보유했다면, 최고 80%까지 공제를 받을 수 있다. 보유연수별로 8%를 적용한다.

3년	4년	5년	6년	7년	8년	9년	10년 이상
24%	32%	40%	48%	56%	64%	72%	80%

1세대 1주택자 중 고가주택은 80%까지 공제가 가능하고 1세대 2주택자 중 비과세를 받는 주택에 대해서도 공제가 적용된다. 2주택자가 비과세를 못 받으면 ①이나 ③에 의해 공제율이 결정된다.

③ 적용이 제외되는 경우

다음과 같은 자산에 대해서는 공제를 적용하지 않는다. 보유기간이 짧거나 중과세가 적용되는 부동산에 대해 불이익을 주기 위해서이다.

• 3년 미만 보유(보유기간이 3년 미만이면 어떠한 경우에도 이 공제를 적용하지

않음)

- 미등기자산
- 분양권
- 입주권(단, 전체 양도차익 중 부동산 양도차익에 대해서만 적용)
- 당초 중과세 대상인 비사업용 토지(중과세 대상 주택에 대해서는 2012년부터 이 공제가 허용된다)

위의 내용을 바탕으로 사례들을 살펴보자.

: Case 2-15 :

박달새 씨는 현재 1세대 1주택을 보유하고 있다. 그런데 이 주택의 보유 기간은 5년이라고 하자. 장기보유공제율은 얼마를 적용받을 수 있는가?

▶ 9억 원을 초과하지 않는 한, 양도차익 전체에 대해 비과세가 적용된다. 따라서 이 경우에는 장기보유공제와 관계가 없다. 다만, 9억 원을 넘는 경우에는 40%(5년×8%)이 적용된다.

: Case 2-16 :

장기간 씨는 서울에서 3년 이상 보유한 주택을 가지고 있으나 여기에서는 거주를 하지 못했다. 이러한 상황에서 새로운 주택을 산 후 3년 내에 양도하는 경우와 그렇지 못한 경우의 장기보유공제는?

▶ 일단 일시적 2주택 비과세특례가 적용되면 양도세가 비과세되므로 처분한 주택의 실거래가액이 9억 원을 초과하지 않는 한 장기보유공제는 의미가 없다. 그런데 비

과세 처분기한 이후에 기존 주택을 처분하는 경우에는 비과세를 받을 수 없으며, 이 경우에는 장기보유공제를 10~30% 내에서 받을 수 있다.

: Case 2-17 :

이중성 씨는 서울에서 2주택을 보유하고 있다. 이 중 한 채는 실거래가액이 20억 원이 넘어가고 다른 한 주택은 5억 원 정도 된다. 처분순서에 따른 과세방식을 설명할 수 있는가? 이 주택들은 모두 10년 이상 보유했다

▶ 고가주택이 아닌 주택을 먼저 처분하면 30%의 장기보유공제를 적용받고 세율은 6~38%를 적용받는다. 이후 고가주택을 처분하면 양도차익의 일부에 대해서는 비과세를 받을 수 있고, 과세되는 양도차익에 대해서는 장기보유공제를 80%를 받을 수 있다. 이때 적용되는 세율은 6~38%가 된다. 그런데 만일 고가주택을 먼저 처분하면 이에 대해서는 30%의 장기보유공제와 6~38%의 세율을 적용받게 된다. 1세대 2주택 상태에서 양도하면 일반적으로 양도세가 부과되기 때문이다.

: Case 2-18 :

난기류 씨는 재건축 입주권을 보유하고 있다. 이 입주권을 양도할 때 세율 및 장기보유공제는 어떻게 적용되는가?

▶ 입주권은 중과세 제도와 관계가 없다. 따라서 2년 이상 보유했다면 6~38%의 세율 적용이 가능하다. 또한 장기보유공제는 전체 양도차익 중 부동산에서 발생한 양도차익에서만 적용된다. 권리에서 발생한 양도차익은 권리에 해당하기 때문이다(뒤의 해당 부분을 볼 것).

황현대 씨는 부산광역시권에서 2주택을 보유하고 있다. 이 주택들을 모두 기준시가가 3억 원에 미달한다. 만일 이 중에서 10년 된 주택을 양도하면 세율, 장기보유공제는 어떻게 적용하는가?

▶ 지방 세율은 6~38%가 가능하며 장기보유공제는 30%가 적용된다. 80%를 적용받을 수 없는 이유는 1세대 1주택에 해당하지 않기 때문이다.

두주택씨는 부산에 한 채 서울에 한 채 등 2주택을 보유하고 있다. 부산의 주택은 기준시가가 3억 원에 미달한다. 서울 주택은 시세가 15억 원이며 거주한 적이 없다. 이 경우에는 어떤 식으로 처분하는 것이 좋을까?

▶ 이런 상황에서는 부산의 집을 먼저 파는 것이 좋다. 왜냐하면 서울 집을 나중에 팔면 비과세 혜택을 받음과 동시에 장기보유공제를 80%까지 받을 수 있기 때문이다.

[Advise] 장기보유공제 제도를 잘 활용하라.

장기보유공제를 잘 활용하는 것도 절세 방법 중의 하나이다. 공제율이 주택의 경우 80%, 토지의 경우 30%까지 적용되기 때문이다. 따라서 어떻게 하면 유리한 공제율을 받을 수 있는지 항상 점검해야 한다.

9억 원을 초과하는 주택의 양도세 계산과 절세법

1세대 1주택이라도 고가주택에 해당하면 양도차익의 일부만 비과세되고 나머지 차익에 대해서는 과세가 된다. 다만 과세가 되더라도 장기보유공제의 적용으로 세 부담이 생각보다 크지 않다. 다음에서 고가주택에 대한 세금 계산 방법과 절세법을 알아보자.

서울 강남에 거주하고 있는 조강남 씨가 5억 원에 산 주택을 15억 원에 양

(단위 : 원)

구분		계산	근거
*양도세	양도가액	1,500,000,000	
	(−) 필요경비	500,000,000	
	(=) 양도차익	1,000,000,000	
	(−) 비과세 양도차익	600,000,000	양도차익−양도차익×(양도가액−9억)/양도가액 =10억−10억×(15억−9억)/15억
	(=) 과세 대상 양도차익	400,000,000	
	(−) 장기보유공제	320,000,000	80% 공제
	(=) 양도소득금액	80,000,000	
	(−) 기본공제	2,500,000	
	(=) 과세표준	77,500,000	
	(×) 세율	6~38%	
	(=) 산출세액	13,380,000	과세표준×24%−522만 원
	(−) 감면세액		
	(−) 예정신고납부세액공제	0	2011년 폐지
	(=) 결정세액	13,380,000	
	(+) 가산세 등		
	(=) 자진 납부할 세액	13,380,000	
지방소득세(주민세)		1,338,000	
농특세			
계		14,718,000	

* 양도세 계산법은 부록을 참조.

도하고자 한다. 조 씨가 이 주택을 10년 이상 보유했다고 할 때 부담해야 하는 세금은 얼마일까? 단, 이 주택은 1세대 1주택으로서 비과세 요건을 갖추었다.

계산한 결과, 양도차익 10억 원 중에서 양도세는 1,500만 원에 지나지 않아 차익 중 약 1.5% 정도가 과세된다. 이렇게 세 부담률이 떨어진 것은 아무래도 최근에 고가주택 금액을 6억 원에서 9억 원으로 상향하고 장기보유공제를 연간 4%에서 8%로 확대한 결과에 기인한다.

위의 내용을 구체적으로 보면, 먼저 양도차익 10억 원 중에서 비과세금액은 다음과 같다.

$$\cdot \text{비과세되는 양도차익} = \text{전체 양도차익} - \text{전체 양도차익} \times \frac{\text{양도가액} - 9\text{억 원}}{\text{양도가액}}$$

$$= 10\text{억 원} - \left(10\text{억 원} \times \frac{15\text{억 원} - 9\text{억 원}}{15\text{억 원}}\right) = 6\text{억 원}$$

그리고 보유기간이 10년 이상이므로 과세되는 전체 양도차익 중에서 비과세로 없어진 6억 원을 제외한 금액인 4억 원에 대해 80%까지 장기보유공제가 적용되므로 3억 2,000만 원이 제외된다. 따라서 최종적으로 8,000만 원에 대해 과세가 되는 셈이 된다.

이처럼 고가주택은 앞의 2가지 요소에 의해 세금이 크게 줄어든다. 따라서 고가주택의 절세법은 보유기간을 늘려 장기보유공제를 많이 받는 것이다. 만일 고가주택을 포함하여 2 이상의 주택을 보유하고 있다면 고가주택을 맨 마지막에 양도하는 것이 좋다. 그래야만 고가주택에 대해 비과세와 장기보유공제 혜택을 누릴 수 있기 때문이다.

[Advise] 비과세 요건 충족 여부에 따른 고가주택의 세금 계산법

고가주택은 1주택을 보유하고 있더라도 비과세 요건을 갖추었는가 그렇지 않은가에 따라 세금 계산법이 다르다.

	구분	비과세 요건을 갖춘 경우	비과세 요건을 갖추지 못한 경우
양도세	양도가액	–	–
	(−) 취득가액	–	–
	(=) 양도차익	비과세 및 과세 대상 양도차익으로 나눔	나눌 필요 없음
	(−) 비과세 양도차익	양도차익 − [양도차익× (양도가액 − 9억 원) / 양도가액]	–
	(=) 과세 대상 양도차익	양도차익 − 비과세 양도차익	전체 양도차익에 대해 과세됨
	(−) 장기보유공제	24~80%	좌측과 동일
	(=) 양도소득금액		

보유기간에 따라 달라지는 세금 제도

앞의 장기보유공제 제도에서도 보았듯이 부동산 보유기간과 세금은 밀접한 관계가 있다. 그런데 세법을 자세히 들여다보면 이러한 공제제도 외에 다른 여러 가지 제도가 보유기간과 관계가 있다. 예를 들어 비과세 요건 중 보유기간과 세율이 그러하다. 다음에서 보유기간과 관련된 세금 활용법을 알아보자.

: 보유기간과 세금 제도

세법에서는 보유기간에 따라 다양한 세금 제도를 명시하고 있다. 예를 들어 주택에 대한 비과세를 받기 위해서는 원칙적으로 보유기간이 2년 이상이 되어야 한다. 그리고 농지에서 직접 자경한 기간이 8년 이상 되면 양도세를 100% 면제(1년간 한도는 2억 원)한다. 3년 이상이면 대토감면을 받을 수 있다.

양도세를 계산함에 있어서 부동산을 3년 이상 보유하면 보유기간별로 장기보유공제를 적용한다. 이 공제는 원칙적으로 10~30%를 공제하나 1세대 1

주택자 등 법정 사유에 해당하면 24~80%까지 공제를 받을 수 있다. 또한 양도세 세율은 원칙적으로 보유기간에 따라 세율의 크기가 달라진다. 보유기간이 1년 미만이면 50%, 1~2년 미만이면 40%, 2년 이상이면 6~38%가 적용된다. 참고로 세율조정은 2012년 정기국회에서 논의될 예정이다.

: 보유기간 따지는 방법

그렇다면 보유기간은 어떻게 따질까? 일반적으로 보유기간은 취득일과 양도일까지의 기간을 말한다. 그런데 여기서 취득일과 양도일은 취득 유형에 따라 다음의 표와 같이 다양한 모습을 보인다. 일반적으로 매매의 경우 잔금 청산일과 소유권 이전등기일 중 빠른 날이 취득 또는 양도시기가 된다.

유형		내용
유상 취득 · 양도 (매매)	원칙	대금을 청산한 날*
	예외	• 대금 청산일이 분명하지 않는 경우 : 등기 접수일(또는 명의개서일) • 대금 청산 전 소유권 이전등기 시 : 등기 접수일 • 장기 할부(1년 이상에 거쳐 2회 이상 분할) : 등기 접수일, 인도일, 사용일 중 빠른 날
자가 건설한 건축물 (신축, 재건축 · 재개발)		사용검사필증 교부일, 사용일, 사용승인일 중 빠른 날
수용		잔금 청산일과 소유권 이전등기일 위의 날들과 수용개시일* 중 빠른 날(2010년 개정) * 수용개시일 : 토지수용위원회가 수용을 개시하기로 결정한 날
상속 또는 증여		• 상속 : 상속이 개시된 날(피상속인의 사망일) • 증여 : 증여받은 날(증여등기 접수일)
재산분할		당초 배우자가 재산을 취득한 날
이혼 위자료		소유권 이전등기 접수일
미완성 자산		대금 청산 전까지 미완성의 경우는 완성된 날

부동산 소유권 이전등기 등에 관한 특별조치법에 의한 이전	• 매매인 경우 : 대금 청산일(청산일이 불분명한 경우 소유권 이전등기 접수일) • 증여인 경우 : 증여를 받은 날(소유권 이전등기 접수일) • 상속의 경우 : 상속 개시일(피상속인의 사망일)
대물변제에 충당한 양도담보 부동산	대물변제에 충당한 날
이월과세 자산	당초 증여한 배우자가 취득한 날
경락에 의하여 취득한 자산	경매 대금을 완납한 날
환지처분으로 취득한 토지	환지 전 토지의 취득일 (단, 환지처분에 의한 면적 증가분 : 환지처분의 공고일 다음 날)
1984년 12월 31일 이전에 취득한 토지	토지 · 건물에 대해서는 1985년 1월 1일에 취득한 것으로 간주
점유로 취득	부동산의 점유를 개시한 날

*잔금은 매매대금의 20% 이상 되어야 문제점이 발생하지 않는다.

: 보유기간과 절세 포인트

보유기간을 바탕으로 운영되는 제도들은 각 항목들을 하나씩 세부적으로 확인해야 손해 보지 않는다. 취득시기 등과 관련하여 알아두면 좋을 절세 포인트를 살펴보자.

• 매매로 취득한 자산

돈을 주고 산 부동산은 대부분 잔금 청산일을 기준으로 취득시기와 양도시기가 결정된다. 만일 이날 전에 등기가 앞서는 경우에는 등기 접수일이 이 시기가 된다. 따라서 매매로 취득한 자산은 잔금 청산일을 조절하여 보유기간을 늘려 잡도록 한다.

• 상속으로 취득한 자산

상속으로 취득한 자산의 취득시기는 상속 개시일, 즉 피상속인의 사망일이 된다. 따라서 장기보유공제는 상속 개시일로부터 기산하는 것이 원칙이다.

하지만 상속은 어쩔 수 없이 발생하는 것이므로 세법은 세율 등에 대해서는
납세자에게 유리하게 적용한다.

- 비과세 요건을 따질 때 : 동일 세대원 중 무주택자가 주택을 상속받으
  면 상속 전의 보유기간을 상속 후의 기간과 통산한다.
- 자경농지 감면 요건 중 8년을 따질 때 : 상속농지를 처분하는 경우에는
  피상속인의 자경기간과 상속인의 자경기간을 통산한다(단, 상속인이 비
  농업인에 해당하면 상속 농지를 상속 개시일로부터 3년 내 처분해야 함).
- 세율을 적용할 때 : 피상속인이 취득한 날로부터 양도일까지의 보유기
  간에 따라 세율을 적용한다.

• 증여로 취득한 자산

증여로 취득한 자산은 증여일, 즉 증여등기 접수일이 취득시기가 된다. 따
라서 증여일을 기준으로 장기보유공제 등을 따지게 된다. 다만, 1세대 1주택 상
태에서 동일 세대원이 증여받은 주택은 증여 전과 후의 보유기간을 통산해 비과세
여부를 따진다. 참고로 증여로 받은 부동산은 증여받은 날로부터 5년 이후에 양
도해야 문제가 없다. 5년 내에 양도하면 양도세를 계산할 때 취득가액을 당초
증여자의 것으로 하기 때문이다(이를 이월과세 제도라 함).

• 1984년 12월 31일 이전에 취득한 부동산

이러한 부동산은 취득가액이 상당히 낮아 양도차익이 많이 나오는 문제
점이 있다. 세법을 살펴보면 1984년 12월 31일 전에 취득한 부동산은 1985년
1월 1일에 취득한 것으로 명시했다.

보유한 아파트가 재건축에 들어가는 경우

서울 강남에 낡은 아파트를 가지고 있는 기대포 씨. 곧 이 주택이 재건축으로 들어갈 것으로 기대하고 있다. 대포 씨는 재건축과 관련된 세금이 복잡하다는 말을 듣고는 이를 정리해 보기로 했다.

다음에서 재건축과 관련된 주택에 대한 세금 문제를 정리해 보자.

먼저 아파트를 한 채 보유하고 있다고 하자. 상황에 따라 어떠한 세금 문제가 생기는지 순차적으로 알아보자.

: 보유한 주택이 관리처분 이전 상태에 있는 경우

이런 상황은 아직 부동산 상태에 있다고 할 수 있다. 따라서 이 상태에서 주택을 양도하면 주택에 대한 세금 제도가 적용된다. 만일 이 주택이 1세대 1주택으로서 보유기간 요건을 갖추었다면 비과세가 가능하다는 결론이 나온다.

: 관리처분 이후에도 거주하는 경우

관리처분을 받으면 부동산은 세법상 권리(이를 입주권이라 함)로 바뀐다. 따라서 관리처분 후에 양도하면 부동산이 아닌 입주권을 양도하는 것이 된다. 그렇다면 이 입주권에 대해서도 비과세를 받을 수 있을까?

일단 세법은 입주권을 양도하는 경우에는 보통 관리처분 인가일 이전에 부동산 상태로 2년을 보유하기 원한다. 그래야 비과세를 적용하겠다는 것이다. 그런데 부동산 상태로 보유한 기간이 2년이 안 되나 관리처분 후에 철거가 되지 않아 거주하는 경우가 왕왕 있다. 이러한 경우에 관리처분 후의 보유기간은 앞의 이 기간과 합산할 수 있을까?

세법을 정한 정부에서는 실질과세 원칙을 중요하게 여겨서 당연히 합산할 수 있다고 본다. 따라서 보유기간이 충분하지 않은 경우에는 이런 점을 활용해 비과세 요건을 충족하는 것도 절세 포인트이다. 보유기간은 등기부등본 등으로 입증한다. 참고로 이렇게 입주권 상태에서 양도했으나 비과세가 성립되지 않으면 세금을 내야 한다.

: 재건축사업 추진 중에 1주택을 산 경우

아파트 한 채만을 가진 상태에서 재건축사업이 진행되면 공사 기간 중에 거주할 방법을 선택해야 한다. 즉 이주비를 받아 전세를 살 것인지 아니면 대체 주택을 살 것인지 2가지 조건 중 하나를 결정해야 한다. 만약 전세를 살 것으로 결정하면 향후 세금 문제는 없다. 왜냐하면 1주택 상태가 계속 유지되기 때문이다. 하지만 주택을 사서 거주한 경우도 배제할 수 없다. 그런데 문제는 이렇게 주택을 한 채 더 갖게 되면 향후 2주택이 되어 과세되는 문제가 있다. 세법은 이러한 상황에서 다음과 같은 요건을 갖추면 대체 주택에 대해서는 비과세 혜택을 주고 있다.

- 사업시행인가일 이후 대체 주택을 취득하고 그곳에서 1년 이상 거주해야 한다.
- 재건축주택 완공 전 또는 완공 후 3년 내에 그 대체 주택을 양도해야 한다.
- 재건축주택 완공 후 2*년 이내 재건축주택으로 세대원 전원이 이사하고 그곳에서 1년 이상 거주해야 한다.

---

* 3년으로 연장될 가능성이 높음. 개정세법을 확인하기 바람.

여기서 눈여겨 볼 대목은 대체 주택을 사는 시점이다. 세법에서는 사업시행인가를 받은 후에 주택을 사는 경우만 이러한 혜택을 주고 있기 때문이다. 만일 사업시행인가가 나기 전에 주택을 구입한 경우에는 투자 수요자가 되므로 세금을 내야 한다.

: 사업시행 전에 2주택인 경우

사업시행인가일 전에 2주택을 보유한 경우가 있다. 이런 경우에는 세금 혜택이 없고 오히려 과세가 되는 점에 유의해야 한다. 투자 수요자에 해당하므로 비과세를 적용할 이유가 없기 때문이다. 다음 사례를 보자.

고민해 씨는 현재 2주택을 보유하고 있다. 이 중 한 주택이 곧 재건축에 들어가 관리처분인가를 받을 것으로 예상된다. 만일 재건축 대상 외의 주택을 재건축 중에 양도하면 이에 대해서는 비과세를 받을 수 있을까? 그리고 재건축주택이 완공된 날로부터 3년 내에 보유한 주택을 양도하면 비과세를 받을 수 있을까?

첫 번째 질문에 대한 답은 비과세를 받을 수 없다. 입주권은 권리에 불과한데 주택 한 채에 대해서는 비과세를 받을 수 있는 게 아니냐고 생각할 수도 있다. 종전에는 받을 수 있었다. 하지만 근래에 법이 바뀌어서 2006년 이후에 관리처분받은 입주권은 주택으로 보게 되었다. 이렇게 되니까 앞의 고민해 씨는 2주택을 보유한 상태에서 처분하는 것이 되어 과세되는 현상이 발생한다.

두 번째 물음에 대한 답 역시 비과세를 받을 수 없다. 이 경우도 종전에는 가능했으나 현재는 불가능하다. 재건축 아파트가 신규로 취득한 것이 아닌 기존 주택의 연장으로 보기 때문이다. 비과세를 받으려면 당초 집을 샀을 때 일시적 2주택으로 비과세를 받았어야 한다.

아파트 증여와 관련된 세금 문제를 해결하라

아파트를 증여할 때에는 누구에게 어떻게 할 것인지, 그리고 사후 관리 등에 대한 검토를 치밀하게 해야 한다. 그렇지 않으면 여러 가지 문제가 발생한다. 다음에서는 자녀에게 무상으로 재산을 이전하는 방법 중 하나인 증여에 관련된 세금 문제를 살펴보자.

: 증여세 과세구조

증여세는 우리 생활에 밀접하게 적용되는 세목이다. 자녀에게 집을 사주거나 토지 보상금을 받아 주는 경우에도 증여세 문제가 나타난다. 그리고 자녀에게 펀드를 들어주거나 보험에 가입시켜도 증여세 문제가 있다. 다만, 생활비나 학자금 명목으로 주는 돈에는 증여세가 없다. 그런데 증여세가 나오는 상황에서 세금을 탈루하면 국세청은 자금출처 조사 등을 통해 본세 및 가산세를 추징한다. 이렇듯 증여세 문제가 여러 경우에 자주 나타나므로, 증여세와 관련된 제도들을 꼭 알아 둬야 한다.

증여세는 증여재산가액에서 부채를 차감한 금액에 다음의 공제액을 차감하여 계산된다.

　여기서 증여공제는 수증자가 거주자인 경우에만 적용된다. 따라서 수증자가 국외에 거주하여 비거주자로 취급되면 원칙적으로 이 공제를 적용받을 수 없다.

구분	공제액	비고
배우자로부터 증여를 받는 경우	6억 원	
성년자가 직계존비속으로부터 증여를 받는 경우	3,000만 원	소급하여 10년간의 공제금액임
미성년자가 직계존비속으로부터 증여를 받는 경우	1,500만 원	
기타 친족으로부터 증여를 받는 경우	500만 원	

　위 내용을 보면 배우자 간은 6억 원이나, 만 20세 이상인 성년인 사람이 아버지나 할아버지 등 가족으로부터 세금 없이 받을 수 있는 금액은 10년 동안 3,000만 원에 불과하다. 또한 미성년자는 1,500만 원이다. 이렇게 공제금액이 낮은 이유는 부의 대물림을 원천적으로 봉쇄하기 위함이다.

: 아파트 증여 금액은 어떻게 정할까?

　아파트를 증여할 때에는 증여 금액을 시가로 해야 한다는 점에 유의해야 한다. 물론 증여 재산의 시가는 바로 알기는 힘드나 위치와 면적 등이 같은 아파트들이 증여일 전 3개월부터 증여세 신고 시까지의 기간 내에 매매된 적이 있다면 이 매매가액을 시가로 삼는다. 따라서 증여를 하려는 아파트는 보통 시세 근처에서 신고가 되는 경향이 높다.

　예를 들어 증여하려는 아파트의 기준시가는 2억 원이고 매매사례가액은 3억 원이라고 하자. 이러한 경우에는 3억 원으로 신고한다는 것이다. 참고로 매매사례가액은 국토해양부 홈페이지에서 조회할 수 있다.

그렇다면 증여세는 어떻게 계산할까? 성인 자녀에게 이를 증여한다면 증여공제액은 3,000만 원이고, 증여 금액에서 공제금액을 뺀 과세표준에 10~50%의 세율을 곱한다.

증여세 = (3억 원 - 3,000만 원) × 10~50% = 1억 원 × 10% + (2억 7,000만 원 - 1억 원) × 20% = 4,400만 원

: 자녀에게 증여를 하는 경우의 세테크

위와 같이 3억 원의 부동산을 증여하는 경우에는 4,000만 원 정도의 증여세가 예상된다. 물론 이밖에도 취득세 등이 기준시가의 4% 정도 추가된다.

그런데 자녀에게 부동산을 증여할 때에는 위와 같은 순수한 증여보다 부담부 증여 방식을 고려하는 것도 대안이 된다. 이 방식은 전세 보증금이나 대출금 같은 부채와 함께 증여하는 방식인데 우선 증여세를 낮추는 이점이 있다. 증여재산가액에서 부채금액이 제외되기 때문이다. 예를 들어 앞의 아파트에 2억 원의 부채가 포함되어 있다고 하자. 이런 경우 증여세는 3억 원에서 2억 원을 차감한 1억 원에 대해 과세된다.

하지만 부채 부분에 대해서는 양도세가 부과되기 때문에 이 부분을 고려해야 올바른 의사 결정을 내릴 수 있다. 양도세가 작아야 전체적으로 세금이 줄어들기 때문이다. 대개 이 증여 방식은 양도세가 없거나 누진세율(6~38%)로 계산되는 경우에서 유용성이 높다. 단, 여기서 주의할 것은 부채상환은 반드시 자녀의 돈으로 해야 한다는 것이다. 그렇지 않으면 부채상환금액에 대해서 세금을 추징한다.

이와 함께 자녀에게 증여하는 대신 매매가 유리하여 이 방식을 취하는 경우도 있다. 이에 대해 세법은 대가관계가 명확하지 않으면 매매가 아닌 증여로 보아 증여

세를 추징한다. 따라서 이런 거래에서는 사전에 자금 흐름을 명확히 해둘 필요가 있다. 그렇지 않으면 100% 문제가 발생한다. 만일 유상매매 거래로 하기로 했다면 거래금액은 시가의 80% 선에서 결정해야 한다. 가족 간에 저가 매매를 하면 매도자에게는 시가로 양도세를 부과하고 매수자에게는 무상이득에 대해 증여세를 부과하기 때문이다.

：배우자에게 증여하는 경우의 세테크

만일 배우자에게 증여하는 경우에는 적극적으로 매매사례가액을 찾아 신고하도록 한다. 증여세가 비과세되는 6억 원까지 금액을 올려두면 5년 후에 매매 시 양도세를 계산할 때 양도차익을 줄일 수 있기 때문이다. 만일 증여재산이 6억 원을 초과하는 경우라면 지분율을 조정하여 증여재산가액을 결정할 수 있다. 다만, 매매사례가액이 없는 경우에는 감정평가를 받는 것이 좋다. 세법에서는 당해 증여재산에 대하여 2 이상의 공신력 있는 감정기관(감정법인에 한한다)이 평가한 감정가액이 있는 경우에는 그 감정가액의 평균액을 시가로 인정하고 있기 때문이다.

：Case 2-21：

배이수 씨는 아들에게 자신이 보유한 집을 매매하였다. 이 집의 시세는 2억 원이나 1억 원 선에서 거래를 하였고, 매매계약서를 작성한 후 등기를 하였다. 배 씨와 그의 자녀가 이에 대한 대금을 주고받은 경우와 그렇지 않은 경우의 문제점은 무엇일까?

▶ 먼저, 대금을 제대로 주고받은 경우에는 매매거래임을 인정받을 수 있다. 그러나 시가와 차이가 나는 경우에는 양도세와 증여세 추징이 발생할 수 있다. 구체적으로 양도세는 시

가와 거래금액의 차이가 3억 원 또는 시가의 5% 이상 차이가 나면, 증여세는 시가와 거래금액의 차이가 3억 원 또는 시가의 30% 이상 차이가 나면 추가로 세금을 더 낼 수 있다.

다음으로, 대금을 제대로 주고받지 않은 경우에는 거래 전체가 부인되고 자녀에게 증여세가 부과될 수 있다.

⋮ Case 2-22 ⋮

왕부자 씨는 주택을 30세가 된 아들에게 증여하려 한다. 증여하고자 하는 주택의 평가액은 5억 원이다. 전세보증금이 2억 원이 있는 경우에 부담부 증여를 하면 세금은 얼마나 줄어들까?

▶ 먼저 순수하게 증여를 했을 때의 증여세를 계산해 보자.

(5억 원 − 3,000만 원) × 10~50% = 4억 7,000만 원 × 20% − 1,000만 원(누진공제) = 8,400만 원

다음으로 부담부 증여에 의한 증여세를 계산해 보자.

(3억 원 − 3,000만 원) × 10~50% = 2억 7,000만 원 × 20% − 1,000만 원(누진공제) = 4,400만 원

부담부 증여에 의해 증여세가 약 4,000만 원 정도 떨어졌다. 그런데 세법은 부담부 증여 시 공제된 채무에 대해서는 이를 양도 대가로 보아 양도세를 부과한다. 따라서 채무에 대해 계산된 양도세가 크게 나오면 오히려 부담부 증여가 순수한 증여보다 불리하다. 일반적으로 양도세가 6~38%로 계산되는 경우에는 부담부 증여 방식이 효과가 있다.

증여받은 주택에 대하여 증여일 전후 3개월 이내에 불특정 다수 인간에 자유로이 거래된 매매가액이 있거나 2 이상의 감정가액의 평균액이 있거나 또는 증여받은 주택과 면적, 위치, 용도 및 종목이 동일하거나 유사한 다른 주택에 대한 매매사례가액 등은 상속세및증여세법 시행령 제49조의 규정에 의하여 시가에 해당한다. 또한 증여일 전 3개월을 경과하고 증여일 전 2년 이내의 기간 중에 매매가액 등이 있는 경우에도 그 매매가액 등은 증여일부터 매매가액이 결정되는 계약일 등까지의 기간 중에 가격 변동의 특별한 사정이 없다고 인정되는 때에 당해 매매가액 등은 상속세 및 증여세법 시행령 제56조의 2 제2항의 규정에 의한 평가심의위원회의 자문을 거쳐 시가로 인정되는 가액에 포함시킬 수 있다.

※ 상속 · 증여재산 평가 시 유사매매사례가액 제도 개선(2010년 세제 개편)

상속 · 증여재산을 평가할 때 적용되는 유사매매사례가액 제도는 해당 재산의 시가가 없는 경우에 적용되는 제도로서 다음과 같이 개정되었다.

· 1순위 : 당해 재산의 매매가액 등을 우선하여 적용
· 2순위 : 유사매매사례가액(단, 상속 · 증여 개시일 전 6개월(증여는 3개월)부터 상속 · 증여세 신고 시까지 이를 인정함. 종전은 전후 6개월 또는 3개월이었음)
· 3순위 : 당해 재산의 공시가격

[Advise] 증여, 이월과세 제도에 주의해야 한다

증여는 언제든지 마음만 먹으면 행할 수 있는 재산 이전 행위이다. 하지만 손쉽게 할 수 있다고 해도 사전에 세금 문제를 검토하지 않고 무턱대고 증여등기를 하면 손해를 볼 수 있다. 증여에 대해서는 이런저런 규제 장치를 많이 해두었기 때문이다. 예를 들어 증여받은 부동산을 5년 내에 처분하면 이월과세 제도가 적용된다. 이 제도는 당초 증여자의 취득가액으로 양도세를 계산하도록 되어 있다.

증여는 손쉽게 할 수 있는 재산 이전 행위지만 미리 세금 문제를 파악하지 않으면 손해를 볼 수 있다는 사실을 반드시 알아두어야 한다.

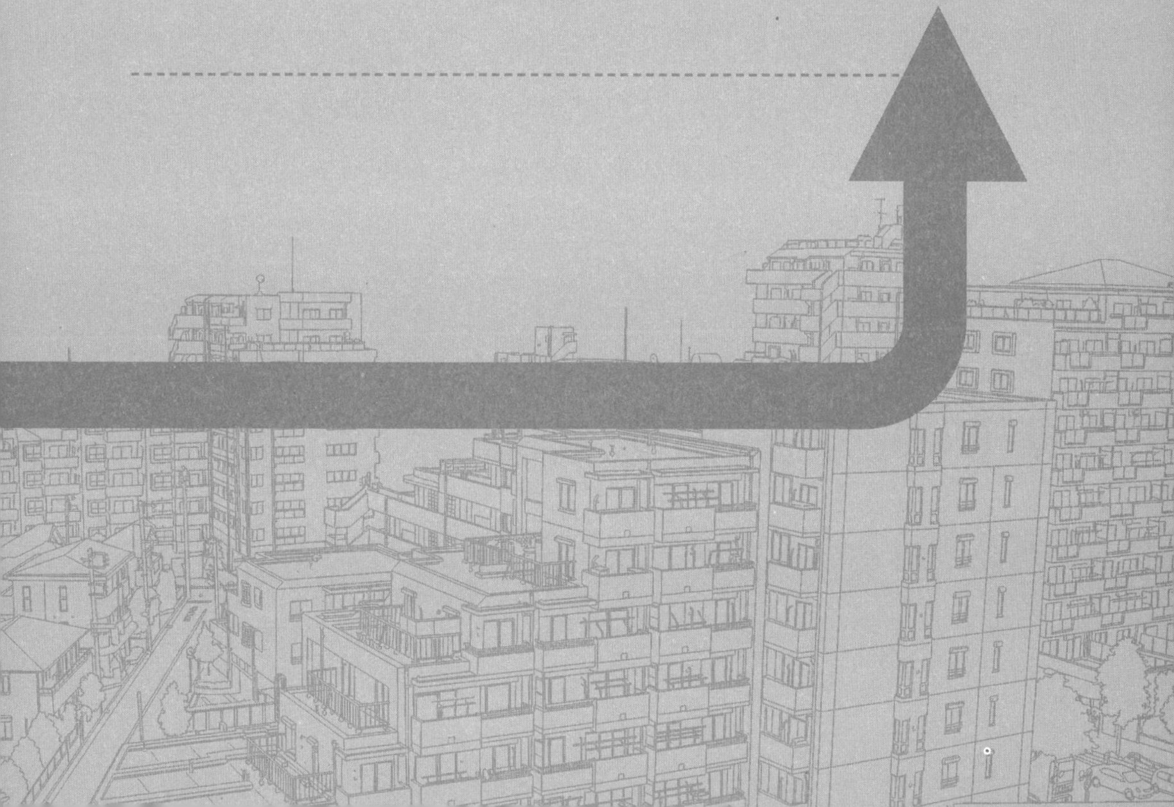

단독·빌라주택에 따라붙는 세금 덜어내기

단독주택 · 빌라와 아파트의 세금 차이

단독 또는 빌라주택과 아파트의 세금 차이는 있을까? 한마디로 말하면 차이가 없다. 단독이나 빌라도 주택이고 아파트도 주택에 해당하기 때문이다. 하지만 주택의 구조가 다르고 가격 차이가 나므로 적용하는 내용에 따라 약간씩 달라진다. 다음에서 단독주택이나 빌라주택의 세금이 아파트와 어떻게 차이가 나는지 알아보자.

취득

단독주택 등을 취득하면 아파트처럼 취득세 등을 납부해야 한다. 취득 관련 세율은 85㎡ 이하인 국민주택 규모는 2.2%, 초과분은 2.7%로 부과된다. 단, 9억 원 초과 주택과 다주택자는 감면이 배제된다. 일반적으로 단독주택과 빌라주택은 시세를 파악하기가 어렵기 때문에 아파트와는 달리 다운계약(다운계약임이 밝혀지면 비과세와 감면 혜택이 일부 사라질 수 있다. 10장 참조) 등의 문제점이 일어날 가능성이 높다.

: 보유

단독주택 등을 보유하면 아파트처럼 재산세와 종부세가 부과될 수 있다. 다만, 종부세는 기준시가 금액이 6억 원(1주택은 9억 원)을 넘어야 하므로 이 점에 있어서는 단독주택 등이 아파트에 비해 유리하다. 단독주택 등의 경우 시세를 파악하기 어렵고 그에 따라 기준시가도 시세에 훨씬 못 미치게 고시되고 있기 때문이다.

: 양도

단독주택 등을 양도하는 경우, 아파트처럼 비과세 적용법이나 과세법이 같다. 단, 단독주택의 경우 대지 면적이 큰 경우에는 과세를 판정할 때 주의해야 한다. 대지 면적 중 일부는 주택의 부수토지에서 제외되기 때문이다. 다음 사례를 보자.

: Case 3-1 :

정단독 씨는 단독주택을 보유하고 있다. 바닥 면적은 100㎡이나 대지 면적은 1,000㎡이다. 정 씨는 이 중 500㎡를 매매하려고 하는데 과세 여부를 판단하려면 어떻게 해야 할까? 단, 이 주택은 도시 지역 밖에 소재한다.

▶ 주택 부수토지를 벗어난 부분은 나대지로 보아 양도세가 과세된다. 세법은 도시 지역(토지이용계획 확인원에서 확인 가능) 밖의 주택 부수토지는 바닥 면적으로 10배(그 안은 5배)까지는 주택의 부수토지로 본다. 사례의 경우 토지는 모두 주택의 부수토지에 해당되나 이를 분할하여 양도하는 것인 만큼 이에 대해서는 양도소득세가 일반세율로 과세된다.

참고로 대지면적이 넓은 경우에는 주택에 부수되는 창고 등을 신축해 두면 주택의 부수

토지가 늘어난다.

: 상속 · 증여

단독주택 등을 상속 또는 증여할 때에는 재산가액 평가에서 단독주택이
좀 더 여유롭다. 왜냐하면 아파트의 경우 매매사례가액이 형성될 가능성이 높
아 시가로 신고해야 할 가능성이 높지만, 단독주택 등은 매매사례가액이 거의
없으므로 감정평가를 받거나 기준시가로 신고할 수 있는 여지가 있기 때문이
다. 다만, 상속이나 증여의 경우 오히려 시가로 신고하는 것이 더 유리한 경우도 있
으므로 기준시가 등 낮은 금액으로 신고하는 것이 더 좋다고 미리 단정 지으면 안
된다.

> **[Advise]** **단독주택 또는 빌라주택의 세금 파악법**
>
> 단독주택이나 빌라주택의 세금은 아파트와 큰 차이가 없다. 따라서 앞에서 살펴본 아파트와
> 관련된 세금 부분을 참조하면 된다. 단, 아파트와는 달리 다가구주택이나 다세대주택, 무허가
> 주택, 겸용주택 등 특수한 주택들이 있는 경우에는 과세를 판단하는 데 어려움이 있다.

단독주택과 보유세 · 양도세 · 상속세

김학수 씨는 현재 65세로, 서울 성북구 평창동에서 수십 년을 살아왔다.
그런데 김 씨가 보유한 주택은 단독주택으로, 요즘 시세로 치면 20억 원이 넘
었다. 그는 이렇게 비싼 주택을 보유하고 있으면 보유세도 만만치 않지만 양
도세가 얼마나 될지 몹시 궁금하고, 또 상속을 하게 되면 세금이 얼마나 나올

지 걱정이 이만저만 아니다. 김 씨의 재산은 이것밖에 없다고 하고 기준시가
가 10억 원이라고 할 때 보유와 양도 그리고 상속과 관련되는 세금은 얼마가
될까? 그리고 세금을 줄일 방법은 없을까?

보유세는 재산세와 종합부동산세를 말하며 절대적으로 기준시가에 영향
을 받게 된다. 사례의 경우 기준시가는 10억 원이므로 다음과 같이 보유세를
계산한다(공정시장가액비율 : 재산세 60%, 종부세 80%).

- 재산세 : (10억 원 × 공정시장가액비율) × 재산세율(0.1~0.4%)

    = (10억 원 × 60%) × 0.4% − 63만 원(누진공제) = 177만 원
- 종부세 : (10억 원 − 6억 원 − 기초공제) × 공정시장가액비율 × 종부세율(0.5~2%)

    = (10억 원 × 6억 원 − 3억 원) × 80% × 0.5% = 40만 원

주택을 단독명의로 보유한 경우에는 종부세를 계산할 때 기초공제 3억
원을 추가할 수 있다. 그 결과, 종부세는 1억 원에 대해 과세가 되며, 실제 계
산해 보면 그 부담 수준은 40만 원 정도에 불과하다.

참고로 보유세를 줄이기 위해 공동등기를 하는 경우가 있는데 재산세는
전체 주택에 대해 세금을 계산한 다음 이를 지분별로 나누므로 이에 대한 절세 효
과가 나타나지 않는다. 그러나 종부세는 공동등기를 하면 12억 원까지는 과세되지
않는다.

다음으로 양도세 부분을 살펴보자.

1세대 1주택을 가지고 있는 경우에는 비과세 요건을 갖추었는지 그리고
보유기간이 얼마나 되는지에 따라 세금의 크기가 달라진다. 만일 김 씨가 이
집을 10년 이상 보유했고 그리고 비과세 요건을 갖추었다고 하자. 이런 상황

에서 양도차익이 15억 원이라면 다음과 같이 과세표준이 결정된다.

- 과세되는 양도차익 : 15억 원 × {(20억 원 − 9억 원) / 20억 원} = 8억 2,500만 원
- 과세표준 : 8억 2,500만 원 − 8억 2,500만 원 × 80% − 250만 원(기본공제)
    = 1억 6,250만 원

전체 양도차익 15억 원 중 과세가 되는 부분은 결국 1억 6,250만 원 정도가 된다. 나머지는 비과세와 장기보유공제로 없어졌다. 그밖에 미리 공동등기가 되어 있다면 추가로 절세 효과를 볼 수 있다. 단독등기 경우와 비교해 보자.

- 단독등기 시 : 1억 6,250만 원 × 6~38% = 41,975,000원(35%, 누진공제 1,490만 원)
- 공동등기 시 : [(1억 6,250만 원 × 1/2) × 6~38%] × 2 = 28,560,000원(24%, 누진공제 522만 원)

참고로 공동등기를 할 때에는 각 지분별로 세금을 계산하며 기본공제는 각자 250만 원을 받을 수 있다(단, 앞의 계산은 이 부분을 고려하지 않음).

마지막으로, 상속세 부분을 보자.

상속세의 경우 피상속인(사망자)의 유산의 크기에 따라 세금이 결정된다. 만일 피상속인의 배우자가 살아 있는 상태에서 상속하게 되면 대개 10억 원(배우자공제 5억 원＋일괄공제 5억 원)까지는 세금이 없다. 만일 배우자가 있고 주택 외에 5억 원 정도의 재산이 더 있다면 상속세는 다음과 같이 예측된다.

- 기준시가로 신고하는 경우

없다. 총 상속재산가액은 15억 원(주택 기준시가 10억 원+주택 외 재산 5억 원)이며 이에 기본 상속공제 10억 원과 2009년에 신설된 동거주택 상속공제(10년 이상 동거한 경우 주택가액의 40%를 5억 원 한도로 공제하는 제도)로 5억 원을 받을 수 있기 때문이다.

- 시가로 신고하는 경우

감정평가 등을 받아 시가 20억 원으로 신고하는 경우에는 상속재산가액이 25억 원이 되므로 상속세가 나올 수 있다. 이런 상황에서는 배우자 상속공제액 등을 늘리면 세금이 줄어들 수 있다.

규모가 큰 단독주택을 가지고 있는 상태에서 상속이 발생하면 세금이 크게 나올 수 있다. 미리 세금의 크기를 예측해 보고 어떻게 해야 문제가 없는지 대책을 마련해 두는 것이 필요하다.

[Advise] 오래전에 취득한 단독주택의 취득가액

오래전에 취득한 단독주택이라면 취득가액을 알기가 매우 어렵다. 이러한 경우에는 어떻게 취득가액을 구할까? 세법은 이러한 상황을 고려하여 양도가액에 기준시가 비율(양도시점과 취득시점의 기준시가)을 곱해 취득가액을 환산할 수 있도록 한다. 식으로 알아보면 다음과 같다.

$$\text{취득 환산가액} = \text{양도가액} \times \frac{\text{취득 시 기준시가}}{\text{양도 시 기준시가}}$$

환산가액 제도는 실제 취득가액을 알기가 어려운 상황에서 유용한 제도이다. 그런데 요즘 이 제도를 편법적으로 활용하는 사례들이 드러나고 있어 문제가 되고 있다. 실거래가액이 있는데도 이를 무시하고 이 제도를 이용하고 있기 때문이다.

다가구주택과 다세대주택의 세금 차이

주택의 형태가 다가구인지 다세대인지에 따라 세금의 내용이 달라진다. 다음에서 다가구주택과 다세대주택이 뭔지, 그리고 그와 관련한 세금에는 어떤 것이 있는지 자세히 알아보자.

많은 사람들이 외관이 비슷해서인지 다가구주택과 다세대주택을 비슷하다고 생각한다. 하지만 세금 측면에서 보면 이 둘의 차이는 명확하다. 대체로 다가주주택은 우대하지만 다세대주택은 그렇지 않다. 그렇다면 이 둘을 어떻게 구별할까? 일단 세법은 다가구주택은 3층 이하의 주택으로, 구분등기가 되지 않은 주택을 말한다. 이 다가구주택에 해당하면 양도할 때 1주택으로 본다. 따라서 이 주택을 3년 이상 보유하는 등 비과세 요건을 갖추면 비과세를 적용한다. 그런데 다세대주택은 4층 이하의 주택으로, 구분등기가 된 호수를 각각 한 채씩 본다. 따라서 구분등기된 주택(다세대주택)을 두 채 이상 가지고 있다면 양도세가 과세되는 것이 원칙이다.

구분	다가구주택	다세대주택
세법상 정의	구분등기가 되어 있지 않은 주택	구분등기가 되어 있는 주택
건물 구조	건축 면적이 660㎡ · 3층 · 19가구 이하 주택	동당 건축 면적이 660㎡ · 4층 · 19가구 이하 주택
세법상 취급 — 보유 시	각 호를 1주택으로 간주	각각 한 채로 간주
세법상 취급 — 임대 · 양도 시	단독주택으로 간주	각각 한 채로 간주

다가구주택과 다세대주택의 과세 방법

다가구주택과 다세대주택의 과세 방법을 알아보자. 단, 다세대주택은 주택을 각각 한 채씩 보유한 것과 같으므로 세금 문제가 쉽게 정리된다.

: 취득

다가구주택은 취득 및 양도할 때 1주택으로 간주된다. 따라서 취득과 관련한 세율은 1주택의 면적이 85㎡ 이하는 2.2%, 그 초과분에 대해서는 2.7%가 부과된다(단, 2011년부터는 9억 원 초과 주택과 고가주택자는 감면이 배제된다). 다세대주택은 각 한 채를 기준으로 앞의 세율을 적용한다.

: 보유

보유 시에는 재산세와 종부세가 부과된다. 그런데 종부세를 과세함에 있어서 다가구주택은 호별로 주택 수를 정하므로 아래의 요건을 충족하면 종부세가 과세되지 않는다. 예를 들어 서울에서 임대사업을 하려면 서울을 포함한 수도권 내의 지역에서 1호의 주택이 있으면 주택 수 조건을 충족한다. 이외

구분	규모	공시가격	임대호수	임대기간	비고
건설임대	중형주택 규모 이하(149㎡)	6억 원 이하	2호 이상	5년 이상	과세기준일(6. 1)현재 시 · 군 · 구청과 세무서에 등록해야 함
매입임대	중형주택 규모 이하	6억 원 이하	1호* 이상	5년* 이상	
기존임대	국민주택 규모 이하	3억 원 이하	2호 이상	5년 이상	2005년 1월 5일 이전에 시 · 군 · 구청과 세무서에 등록한 주택

* 최근 서울을 포함한 수도권은 한 채, 비수도권도 한 채로 변경되었다. 임대 기간은 5년으로 단축되었다.

면적, 가격 등의 조건도 충족해야 한다.

: 임대

다가구주택이 한 채에 해당하는 경우에는 원칙적으로 월세 소득에도 소득세가 과세되지 않는다. 다만, 다가구주택의 기준시가가 9억 원을 초과한 경우에는 고가주택에 해당하여 월세 소득에 대해 소득세가 과세된다. 다세대주택은 두 채 이상에 해당하면 월세 소득에 대해 소득세가 과세된다. 전세보증금에 대한 과세는 세 채 이상 소유할 때 발생한다.

: 양도

다가구주택 또는 다세대주택을 양도한다고 하자. 세금이 어떻게 적용될까?

먼저, 다가구주택의 경우 이를 한꺼번에 양도하는 경우에는 단독주택으로 보므로 이 주택이 비과세 요건을 갖추었다면 비과세를 적용한다. 이때 양도가액이 9억 원이 넘는 경우로서 9억 원 초과분에 대한 양도차익에 대해서는 과세된다.

다음으로, 다세대주택은 구분등기된 주택 하나하나가 1주택에 해당하므로 다주택자에 해당될 수도 있다. 따라서 다가구주택과는 달리 세금을 내야 하는 상황에 몰릴 수 있다.

인천광역시에 거주하고 있는 조항구 씨. 현재 조 씨는 공부(公簿, 토지대장이나 건축물관리대장) 상에서는 상가로 되어 있는 건물에서 거주하고 있다. 만일 이 건물을 양도하는 경우 발생하는 세금은 무엇이며 어떻게 될까? 그리고 절세하는 방법에는 어떤 것이 있을까?

세법은 형식상의 내용과 실질적인 내용이 다른 경우에는 실질적인 내용을 우선하여 처리한다. 다만, 실질적인 내용이 분명하지 않는 경우에는 형식적인 내용을 차선책으로 택한다. 이러한 원칙을 실질과세 원칙이라고 하고 세법 전반에 걸쳐 적용되고 있다. 몇 가지 예를 들면 다음과 같다.

: 상가를 주택으로 사용하는 경우

상가를 주택으로 사용하면 실질과세 원칙에 따라 주택으로 판정한다. 오피스텔도 마찬가지이다.

구변경 씨는 상가를 개조하여 주택으로 사용하고 있다. 만일 이 상가가 주택으로서 비과세 요건을 갖추었다면 비과세 혜택을 받을 수 있을까?

▶ 상가를 주택으로 용도 변경하여 사용하는 경우에 주택으로 보는 것이며 당해 주택이 비과세 요건을 갖추었다면 양도세를 비과세한다. 보유 요건은 주택으로 사용하는 기간을 말하므로 용도를 변경한 후 2년을 주택으로 사용해야 한다. 참고로 당해 주택으로 사용한 사실에 대하여는 납세자가 객관적인 자료로 입증해야 한다. 예를 들면 주민등록등본 및 내부 사진, 공과금, 배달증명 등을 종합하여 판단을 내리면 된다.

주택을 사무실 또는 사업장으로 사용하는 경우

주택을 사무실 또는 사업장으로 사용하는 경우에는 실질과세 원칙에 따라 주택으로 보지 않는다. 다만, 사실상의 용도가 불분명한 경우에는 공부상의 용도로 따지게 되므로 입증은 주장자가 해야 한다. 주택을 사업장으로 사용하면 과세방식이 바뀐다. 다음 사례를 보자.

: Case 3-3 :

이백호 씨는 2주택자이나 1주택은 사무실용으로 사용하고 있다. 이런 상황에서 본인이 거주하고 있는 주택을 처분하면 양도세는 비과세를 받을 수 있을까?

▶ 받을 수 있다. 단, 비과세를 받기 위해서는 거주한 주택 외의 주택을 사무실용으로 사용하고 있음을 입증해야 한다.

겸용주택은 상가와 주택이 결합된 주택이다. 따라서 이런 종류의 건물을 취득하거나 보유할 때 발생하는 취득세나 재산세 등 지방세는 상가와 주택을 구분하여 매겨진다. 하지만 국세인 양도세는 다음처럼 면적에 따라 결정한다(옥탑방 등 부수적인 시설은 용도에 따라 구분하되, 용도가 불분명한 경우 면적별로 안분).

- 주택의 면적 > 상가의 면적 : 모두 주택으로 본다.

- 주택의 면적 ≤ 상가의 면적 : 주택 부분은 주택, 상가 부분은 상가로 본다.

참고로 겸용주택이 9억 원을 초과하는 경우 고가주택이 될 수 있다. 이때 주택의 면적이 주택 외의 면적보다 커서 전체를 주택으로 보는 경우에는 전체의 실거래가액으로 고가주택 여부를 판정한다. 만일 주택의 면적이 주택 외의 면적보다 작은 경우에는 주택과 그 부수토지의 가액만으로 고가주택 해당 여부를 판정한다.

: Case 3-4 :

갈갈이 씨는 1~2층은 점포, 3층은 주택으로 이루어진 상가겸용주택을 가지고 있다. 이 건물이 9억 원이라면 어떻게 해야 세금을 덜 낼 수 있을까? 갈 씨는 다른 건물을 가지고 있지 않다.

▶ 이런 상황에서는 건물 전체를 주택으로 인정받는 것이 좋다. 이렇게 되면 전체 양도가액에 대해 비과세 혜택을 받을 수 있기 때문이다. 이를 위해서는 주택의 면적을 상가보다 크게 늘리도록 한다. 사례의 경우에는 미리 2층을 주택으로 용도변경을 하거나 실제 주택으로 사용하여 주택으로 인정받도록 한다. 단, 전체에 대해 비과세를 받기 위해서는 주택으로서의 보유기간이 2년 이상이 되어야 한다.

참고로 용도변경이나 증축 등을 통해 고가주택이 된 경우의 장기보유공제는 주택 외의 부동산으로의 보유기간에 따른 공제율과 주택으로의 보유기간에 따른 공제율 중 큰 것으로 한다(재산세과 264, 2009. 9. 21).

무허가 주택을
보유한 경우의
세금 문제

무허가 주택은 관청으로부터 건물 사용에 대한 공적인 허락을 받지 않고 사용되는 건물을 말한다. 이러한 무허가 주택은 도처에 널려 있는데 이를 둘러싸고 세금 문제가 복잡하게 대두된다. 다음에서는 무허가 주택에 대한 세금 문제를 정리해 보자.

무허가 주택은 미등기 자산에 해당하는가

현재 미등기 자산을 양도하면 양도세 측면에서 불이익이 매우 크다. 미등기 자산을 양도하는 것은 부동산 시장을 왜곡하고 탈세를 조장하는 원인이 되기 때문이다. 그래서 양도세 세율이 70%에 이른다. 그렇다면 무허가 주택은 등기 과정을 밟지 않았으므로 미등기 자산에 해당될까?

이에 대해 세법은 등기가 처음부터 불가능한 주택에 대해서는 미등기 자산으로 보지 않는다. 이러한 자산에는 주로 '건축법'에 의한 건축 허가를 받지 아니하여 등기가 불가능한 자산 등이 해당된다. 하지만 등기가 가능한데도 등기를 하지 않고 양도한 경우에는 미등기 자산에 해당된다. 실무적으로 미등기 자산인지를 확인하려면 관할 시·군·구청에 문의하면 된다.

: 무허가 주택도 비과세 혜택을 받을 수 있는가

무허가 주택도 1세대 1주택으로서 비과세를 받을 수 있을까? 당연히 받을 수 있다. 하지만 비과세 혜택을 받기 위해서는 앞에서 본 미등기 자산에 해당되지 않아야 하며, 주택으로서의 보유기간 등을 충족해야 한다. 한편 토지가 시유지 또는 국유지에 해당하면 본인 소유가 아니므로 부수토지에 대해서는 비과세 혜택을 받을 수 없다.

: 무허가 주택에 대해 특별 분양권을 받으면

무허가 주택도 실질용도가 주택에 해당하면 일반 주택처럼 동일하게 취급된다. 따라서 비과세도 가능하고 중과세 대상 자산이면 중과세 제도도 적용된다. 그런데 무허가 주택이 수용되어 보상금을 받는 한편, 특별 분양권을 받는 경우가 있다. 이런 경우 보상금과 분양권의 세금 관계는 어떻게 될까?

- 수용으로 보상금을 받으면 : 일단 수용 자체가 양도가 되므로 보상금에 대해 과세 또는 비과세가 결정된다. 만일 1세대 1주택 상태에서 보상금을 수령했다면 비과세 적용이 가능하다.
- 특별 분양권을 받아 이를 분양권 상태에서 양도하면 : 특별 분양권은 일반 분양권과 하등 다를 게 없다. 따라서 분양권 계약일로부터 양도일까지의 기간에 따라 세율이 결정되며 과세된다.
① 특별 분양권에 의한 주택 취득시기 : 잔금 청산일이 된다.

② 특별 분양권에 의한 주택의 비과세 요건 : 특별 분양권으로 취득한 주택의 보유기간과 수용된 주택의 보유기간을 통산하지 않는다. 따라서 완공 주택의 잔금 청산일로부터 2년 보유 요건을 충족해야 한다.

: 폐가의 경우

폐가(廢家)도 주택으로 간주될까? 국세청은 주택으로 사용하던 건물을 장기간 공가 상태로 방치한 경우에도 공부상의 용도가 주거용으로 등재되어 있으면 주택으로 본다. 다만, 오랜 기간 공가 상태로 방치한 건물이 건축법상 건축물로 볼 수 없을 정도로 폐가가 된 경우에는 주택으로 보지 않으며 이에 해당하는지의 여부는 관할 세무서장이 사실 조사하여 판단할 사항이라고 하고 있다. 참고로 건축법(2조)상의 '건축물'이란 토지에 정착(定着)하는 공작물 중 지붕과 기둥 또는 벽이 있는 것과 이에 딸린 시설물, 지하나 고가(高架)의 공작물에 설치하는 사무소 · 공연장 · 점포 · 차고 · 창고를 말한다. 따라서 폐가의 경우 단순히 사람이 살고 있지 않다고 해서 무조건 주택 수에서 제외하는 우를 저지르지 않아야 한다.

: **Case 3-5** :

경기도 하남시에 거주하고 있는 박덕풍 씨는 충청도 면 지역에 소재한 주택을 보유하고 있다. 그런데 이 주택은 사람이 살고 있지 않으며 거의 쓰러져 가는 폐가나 마찬가지이다. 이 상태에서 박 씨는 하남의 주택을 팔려고 한다. 이 주택은 비과세 혜택을 받을 수 있을까? 단, 이 주택은 세법상 농어촌주택 등에 해당하지 않아 2주택 보유에 대한 비과세 특례제도가 적용되지 않는 주택이라고 하자.

▶ 참 답답한 상황이다. 거의 살지도 못하는 집 때문에 비과세 혜택을 받지 못할지도 모르기 때문이다. 덕풍 씨와 같은 상황이라면 폐가 상태의 집을 먼저 처분한 다음 하남의 주택을 양도하든지, 아예 쓰러져간 집을 확실히 없앤 후에 하남에 있는 주택을 양도하는 것이 좋다. 왜냐하면 국세청이 일단 주택으로 사용하던 건물을 장기간 공가 상태로 방치한 경우에도 공부상 용도가 주거용으로 등재되어 있으면 주택으로 볼 가능성이 높기 때문이다. 물론 장기간 공가 상태로 방치한 건물이 건축법상 건축물로 볼 수 없을 정도로 폐가가 된 경우에는 주택으로 보지 않지만 이것도 어디까지나 관할 세무서가 판단하게 된다. 덧붙여 말하자면, 이렇게 사실 판단을 필요로 하는 것들은 상황에 따라 세법의 적용 기준이 달라질 수 있음을 의미한다. 결국 납세자에게 불리하게 작용할 가능성이 매우 높다.

[Advise] 무허가 주택도 비과세가 가능하다

무허가 주택도 실질적으로 주택으로 사용하면 주택에 해당한다. 따라서 1주택이 무허가 주택에 해당하면 비과세를 받을 수 있다. 무허가 주택임을 확인받을 수 있는 서류로는 재산세 납부 영수증 또는 무허가건물확인원 등이 있다.

단독주택을 멸실시키고 다시 신축하는 경우가 있다. 예를 들어 단독주택을 새로 지을 수도 있고 다세대주택으로 지어서 일부를 파는 경우이다. 자, 이러한 경우에는 세금 문제가 어떻게 될까?

: 단독주택을 멸실시키고 단독주택을 지을 때

단독주택이 낡아 새롭게 신축한다고 하자. 이 주택 한 채를 보유한 경우에는 비과세 요건이 어떻게 될까?

세법은 단독주택을 보유하고 있다가 그 주택이 노후 등의 이유로 신축된 경우, 보유기간을 계산하는 방법을 살펴보자. 당초 주택의 보유기간과 신축 주택의 보유기간을 통산하여 계산한다. 예를 들어 구 주택을 취득한 해가 2000년이고 멸실일이 2002년인 상태에서 신축주택을 2003년에 준공했다고 치자. 이 주택을 2012년에 양도하는 경우라면 보유기간은 '구 주택 보유기간 2년+공사기간 1년 + 신축주택 보유기간 10년' 등 총 13년을 보유한 것으로 본다.

한편 단독주택 한 채를 보유하던 중에 새로운 주택 한 채를 취득하고 그 사이에 기존의 단독주택을 노후 등으로 신축하는 경우에도, 새로운 주택을 취득한 날로부터 3년 이내에 기존 주택이 신축 완성되어 양도할 때 일시적 2주택 비과세 혜택을 받을 수 있으며, 보유기간은 앞에서 보는 것과 같은 방법으로 따진다.

단독주택을 철거하고 다세대주택을 지어 파는 경우에 다양한 세금 문제가 파생한다.

• 분양 목적 : 분양(판매)을 목적으로 다세대주택을 신축하여 판매(동 주택이 판매되지 않아서 그 전부 또는 일부를 일시적으로 임대하다가 판매하는 경우를 포함)하는 경우에는 사업소득에 해당되며 종합소득세를 부과한다.

• 임대 목적 : 임대할 목적으로 이를 신축하여 임대용으로 사용하다가 양도하는 경우에는 양도세가 부과되는 것이 원칙이다. 다만, 사업소득에 해당하는지 또는 양도소득에 해당하는지의 여부는 그 규모, 횟수, 태양 등에 비추어 사업 활동으로 볼 수 있을 정도의 계속성과 반복성이 있는지의 여부 등을 고려하여 관할 세무서장이 판단한다.

주택을 멸실한 후 나대지 상태로 양도하는 경우에는 주택을 양도한 것이 아닌 토지를 양도한 것으로 본다. 이 경우 멸실일부터 2년간은 나대지 상태로 양도해도 장기보유공제와 누진세율을 적용받을 수 있다. 세법은 철거일 또는 멸실일부터 2년간은 사업용 토지로 인정하기 때문이다. 참고로 여기서 장기보유공제는 당초 주택의 취득일부터 나대지의 양도일까지의 기간을 기준으로 공제율을 따진다.

한편 멸실한 후에 토지를 양도할 때 취득가액은 어떻게 산정할까?

이에 대해 세법은 토지의 이용 편의를 위하여 당해 건물을 철거하고 토지만을 양도하는 경우 멸실된 건물의 취득가액과 철거비용의 합계액에서 멸실 건물의 처분가액을 차감한 잔액을 필요경비에 산입한다고 되어 있다. 즉 멸실 비용 등을 취득가액으로 인정받기 위해서는 당초부터 건물을 철거하여 토지만을 이용(건물을 철거 후 새로운 건물을 신축하는 경우는 제외)하려는 목적이었음을 인정받아야 한다는 것이다. 만일 이에 대해 인정받을 수 없다면 철거비용 등을 취득가액으로 인정받을 수 없다. 이 부분은 사실 관계를 판단하는 문제이므로 세무 전문가와 함께 상의하여 처리하는 것이 좋다.

[Advise] **보유한 주택이 재개발에 들어가는 경우**

재개발은 노후화된 지역의 주택이나 기타 건물을 모두 없애고 새롭게 주택 등을 짓는 방식이다. 앞의 아파트 부분에서 본 재건축은 헌집을 새집으로 짓는 것을 말한다. 따라서 사업 진행 방법이 약간 다를 수 있다. 하지만 세법은 이 둘을 거의 구별하지 않고 동일하게 취급하고 있다. 예를 들면 관리처분계획인가일을 기준으로 입주권을 구별하고 입주권에도 비과세를 적용한다. 또한 완공 이후에 주택을 양도하는 경우에는 공사 기간을 포함하여 보유기간을 따지기도 한다.

소형 다주택자에게
꼭 필요한
절세법

서울에 거주하고 있는 상승세 씨는 현재 2주택을 보유하고 있다. 그런데 이 주택들은 모두 재개발이 필요한 지역의 소형주택으로 시세는 2억 원 이하이다. 상 씨는 어떻게 절세 전략을 세워야 할까?

국내에서 2주택 이상을 가지고 있는 경우에는 특히 양도세 부분을 신경 써야 한다. 그렇지 않으면 추후에 낭패를 볼 수 있다. 두 채와 세 채 이상으로 구분하여 현행 과세 제도를 살펴보자.

: 두 채인 경우

얼마 전까지만 해도 국내에서 두 채를 가지고 있는 경우에는 큰 문제가 없었다. 한 채는 거주용으로, 한 채는 투자용으로 용인하는 분위기가 있었기 때문이다. 하지만 2주택이 사회적으로 문제가 되자 2007년부터 2주택에 대해서도 본격적으로 세금을 규제하기 시작했다. 그렇게 해서 탄생한 제도가 바로 2주택 중과세이다. 이 제도가 적용되면 세율이 50%에 이르고 장기보유공제를 받을 수 없다. 하지만 현 시점에서는 이 제도가 약간 변형되어 적용되고 있다.

• 2주택 중과세 대상

서울 및 경기도(읍·면 지역 제외)에서 2주택을 보유하고 있으면 이 제도가 적용된다. 다만, 위 외 기타 지역은 기준시가가 3억 원을 넘어야 중과세 대상이 된다. 따라서 상승세 씨는 서울에 2주택을 보유하고 있어 중과세 대상 주택이 두 채가 되므로 2주택 중과세 제도를 적용받는다.

• 소형주택에 대한 중과세 제외

위와 같이 중과세 대상 주택이 두 채가 되더라도 소형주택에 해당하는 주택을 먼저 양도하면 중과세 제도를 적용하지 않는다. 여기서 소형주택은 기준시가가 1억 원 이하인 주택을 말한다. 만일 두 채 모두 기준시가가 1억 원 이하인 경우에는 어느 것을 양도하더라도 중과세 제도를 적용받지 않는다.

• 2009~2012년의 중과세 제도

이 기간에는 중과세 세율 50%가 적용되지 않고 보유기간에 따른 일반세율이 적용된다. 세법이 한시적으로 중과세 세율을 유예했기 때문이다. 한편 중과세 대상 주택은 장기보유공제를 받을 수 없었으나, 2012년부터는 이 공제를 적용한다.

세 채 이상인 경우

• 3주택 중과세 대상

서울 및 경기도(읍·면 지역 제외) 그리고 광역시(읍·면 지역 제외)에서 3주택을 보유하고 있으면 3주택 중과세 제도(60% 세율과 장기보유공제 적용 배제 원칙)가 적용된다. 위 외 기타 지역은 기준시가가 3억 원을 넘어야 한다. 예를 들어 서울과 부산에 각각 한 채 그리고 충남 지역에 기준시가 3억 원을 초과한 주택이 한 채가 있다면 중과세 대상 주택은 모두 세 채가 된다.

• 소형주택에 대한 중과세 제외

위와 같이 3주택 중과세 대상 주택을 판정하였다고 하더라도 소형주택을 먼저 팔면 중과세에서 제외한다. 그런데 소형주택은 2주택 중과세 제도에서의 소형주택과는 달리 양도할 때의 기준시가가 4,000만 원(이외 2003년 말 이전에 취득하는 등의 조건이 있음) 이하인 주택을 말한다.

• 2009년 3월 16일~2012년의 중과세 제도

이 기간에는 중과세 세율 60%가 적용되지 않고 보유기간에 따른 일반세율이 적용된다. 세법이 한시적으로 중과세 세율 적용을 유예했기 때문이다. 한편 중과세 대상 주택은 여전히 장기보유공제를 받을 수 없었으나 2012년부터는 공제를 받을 수 있다.

앞의 상승세 씨는 서울에서 소형주택을 두 채 가지고 있으므로 다음과 같이 처분 전략을 세우면 된다.

• 기준시가가 1억 원 이하인 주택이 있는 경우

이 주택을 먼저 양도하면 중과세 제도는 적용되지 않는다. 따라서 3년 이상 보유하면 장기보유공제도 적용받을 수 있다.

• 기준시가가 1억 원을 넘는 주택만 있는 경우

양도차익이 작은 것을 먼저 처분한다. 만일 처분시기가 2009~2011년 중에 걸쳐 있다면 장기보유공제는 받을 수 없으나 2012년은 받을 수 있다.

세율은 무조건 누진세율을 적용받을 수 있다.

[Advise] 중과세 제도는 없어질까?

최근 정부와 정치권의 일부, 2012년 정기국회에서 다주택자에 대한 중과세 제도를 아예 폐지할 움직임을 보이고 있다. 부동산거래가 극도로 위축되자 부동산 심리를 회복하기 위해서다. 하지만 이 제도가 폐지되더라도 세금 측면에서는 변동이 없을 것으로 보인다. 현재 주택에 대해서는 중과세와 관계없이 장기보유공제도 적용되고 기본세율도 적용되고 있기 때문이다. 단, 토지의 경우에는 중과세세율은 한시적으로 적용되지 않지만 장기보유공제 적용을 허용하고 있지 않다.

Tip │ 소형 다주택자와 취득세 감면

2011년부터는 소형주택을 취득하더라도 다주택자에 해당하면 취득세 50% 감면이 허용되지 않는다. 다만, 개인별로 일시적 2주택자는 감면을 받을 수 있다. 자세한 것은 28쪽을 참조하기 바란다.

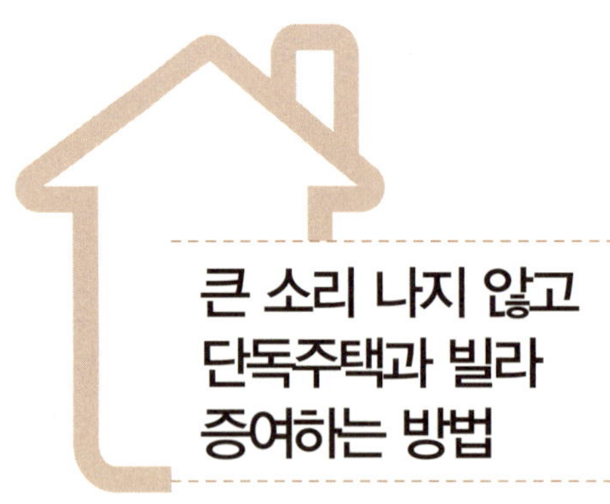

큰 소리 나지 않고
단독주택과 빌라
증여하는 방법

경기도 고양시 일산구에 살고 있는 최이산 씨. 최 씨는 현재 2주택을 보유하고 있다. 그런데 이 중에서 한 채를 자녀에게 증여하고자 하는데 증여세가 얼마가 나올지 매우 궁금하다. 최 씨는 해당 주택을 얼마 전에 2억 원 주고 구입했는데, 현재 이 주택의 기준시가는 1억 원이다. 최 씨의 경우 증여일 전후 3개월 이내의 매매사례가액 등은 없다. 증여세는 얼마가 나오고 증여 절차는 어떻게 될까?

: 빌라주택의 증여 금액은 어떻게 결정되나

이러한 상황에서 고민거리는 과연 증여 금액을 얼마로 할 것인가이다. 증여 금액에 따라 내야 하는 세금이 달라지기 때문이다. 그렇다면 최 씨의 경우 증여 금액을 어떻게 결정해야 할까?

일반적으로 증여 재산은 원칙적으로 증여일 현재의 '시가' 로 평가한다.

여기서 시가란 시장에서 제3자간에 정상적으로 거래되는 가격을 말한다. 하지만 증여 재산은 시장에서 거래되는 것이 아니므로 시가를 확인하기가 매우 힘들다. 따라서 기준시가를 시가 대용으로 사용해 왔다.

그런데 여기서 문제점이 하나 툭 튀어나온다. 세법은 증여일 전후 3월 이내의 기간 중에 발생한 다음의 금액도 시가로 보기 때문이다.

- 해당 자산이나 유사한 재산*에 대해 매매 사실이 있는 경우 그 거래가액(부당한 거래금액은 제외)
- 감정가액이 있는 경우 감정가액의 평균액(2 이상의 감정평가법인의 감정을 요함)
- 당해 재산에 수용 · 경매 또는 공매 사실이 있는 경우 해당가액
- 3월 내에 건축한 건물의 신축가액이 확인되는 경우 그 신축가액

예를 들어 증여일이 7월 31일이지만 9월 30일에 증여받은 주택을 처분하여 5억 원(기준시가 4억 원)을 받고 10월 31일에 신고하면 기준시가가 아닌 처분 가격으로 증여세가 과세될 수 있다.

따라서 위의 내용만을 보면 최 씨의 자녀는 기준시가로 신고해도 문제가 없는 것으로 보인다. 증여일 전후로 매매사례가액 등이 없기 때문이다.

---

* 유사한 재산에 대해 매매사례가액 적용은 증여일 전 3개월부터 증여세 신고 시까지를 기준으로 한다
 (2010년 세제 개편안).

그렇다면 안심하고 기준시가에 맞춰 신고할 수 있을까? 아니다.

여기서 주의할 것이 있다. 앞의 사례처럼 3개월밖의 당해 재산의 매매사례가액이나 감정가액 등도 가격 변동이 없다고 인정되는 경우에는 평가위원회의 자문을 거쳐 시가로 인정되고 있기 때문이다. 실무적으로는 증여일로부터 2년 이내에 취득한 금액도 시가로 인정될 수 있는 소지가 있다. 따라서 최씨의 취득시기에 따라 신고 금액은 다음과 같이 정하는 것이 안전하다.

• 증여일 기준하여 2년 전에 취득한 경우

기준시가로 신고해도 무방하다.

• 증여일 기준하여 2년 이내에 취득한 경우

과세당국이 적극적으로 이 금액으로 과세할 가능성은 그다지 높지 않다. 이 금액으로 과세하기 위해서 법에서 정한 평가심의위원회의 자문을 거쳐야 하기 때문이다. 하지만 그 취득가액으로 과세할 가능성도 있으므로 이러한 상황에서는 증여시기를 좀 더 늦추는 것이 바람직하다.

: 증여 절차와 증여세 신고 방법

일단 신고 기준이 되는 증여 금액이 결정되었다면 증여는 언제든지 할 수 있다. 이렇게 증여를 한 후에는 증여일이 속하는 달의 말일로부터 3개월 이내에 증여세 신고를 수증자의 관할 세무서에 하면 된다. 여기서 증여일은 보통 증여등기 접수일을 말한다. 증여세를 신고할 때에는 과세표준 신고서와 증여 재산명세서를 제출해야 하며 이밖에 증여 계약서와 통장 사본 등도 제출해야 한다. 참고로 자녀에게 증여한 경우로서 자녀가 부담하는 증여세와 취득세 등에 대해서도 증여세를 추징하는 경우가 있다. 따라서 증여세와 취득세 등도 사전에 증여를 하여 이런 문제를 예방하는 것이 좋다. 한편 증여받은 재산을 반환받으면 여기에도 증여세가 나오는 경우가 있다. 다음 사례로 확인해 보자.

: Case 3-6 :

이증여 씨는 자녀에게 증여한 부동산을 다시 반환받으려고 한다. 이때 어떤 세금 문제가 있는가?

▶ 세법은 부동산에 대해서는 반환 기간에 따라 증여세의 과세 여부를 판단하고 있다. 구체적으로 보면 증여세 신고기한(증여일이 속하는 달의 말일부터 3개월) 내에 부동산을 반환하는 경우에는 당초 증여분과 반환분 모두에 대해 증여세를 부과하지 않는다. 따라서 증여가 여의치 않은 경우에는 이 기간 내에 취소하면 될 것이다. 물론 이렇게 취소한다고 해서 취득세가 취소되는 것은 아님을 염두에 두어야 한다. 그런데 신고기한으로부터 3개월 내에 반환을 받으면 당초 증여분에 대해서만, 6개월이 경과하면 반환받은 부동산에 대해서도 증여세를 부과하므로 주의해야 한다.

[Advise] 만일 배우자에게 증여하는 경우

배우자에게 증여하는 경우에는 증여 금액이 6억 원까지는 세금이 없다. 따라서 이 금액 이하에서 증여 금액을 올려두면 향후 양도할 때 양도차익을 줄일 수 있다. 이런 경우에는 다음과 같은 경우를 유의해야 한다.

먼저, 감정평가를 두 군데에서 받도록 한다. 세법은 감정평가법인을 통해 2 이상의 감정평가를 받아 평균한 금액을 증여 금액으로 인정한다.

다음으로, 증여를 받은 부동산은 증여일로부터 5년이 지난 다음에 양도하도록 한다. 그 이전에 양도하면 증여 효과가 박탈되기 때문이다(이월과세 제도). 즉 증여할 때 증여가액을 취득가액으로 인정받지 못하고 당초 증여자의 취득가액으로 양도세를 계산하게 된다.

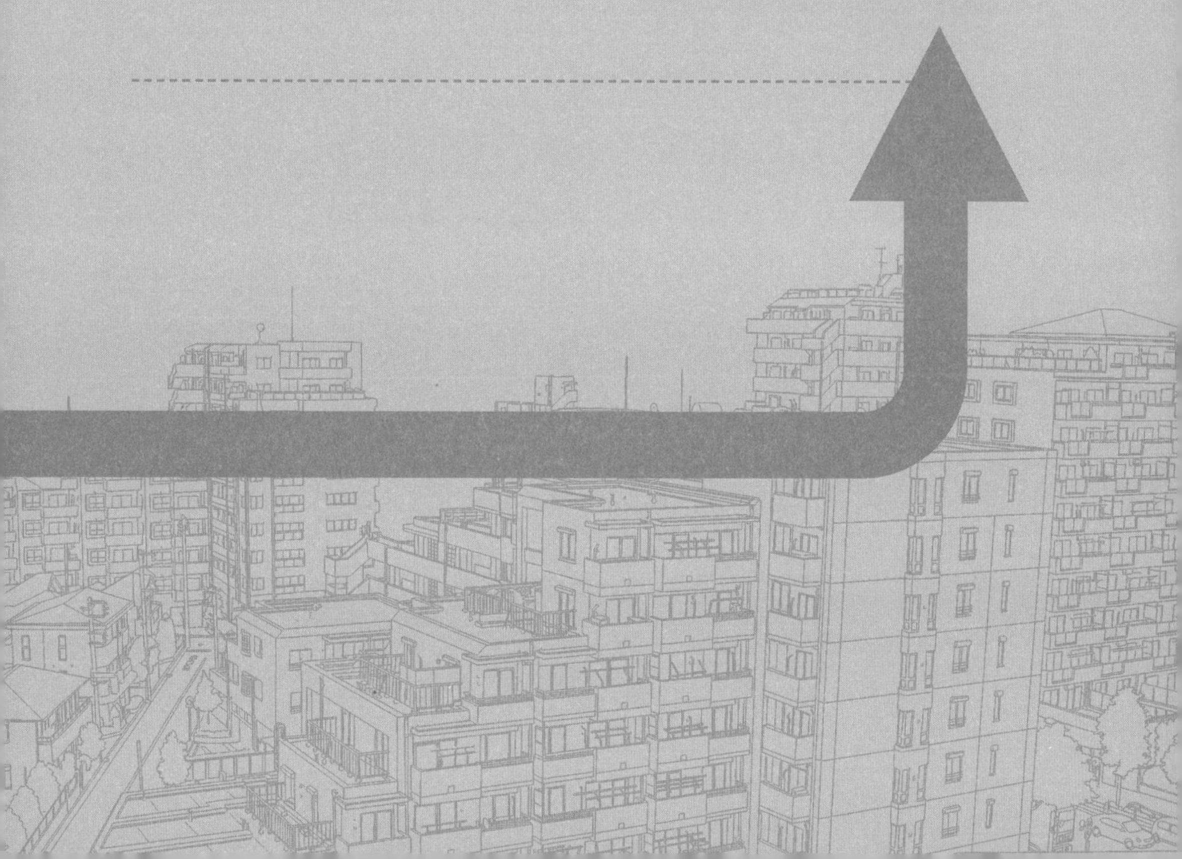

4

주택임대사업과 절세 대책

주택임대사업의
세금 체계와
신고법

주택을 임대하는 것은 사업에 해당한다. 따라서 임대를 통해 발생하는 소득이 있다면 당연히 소득세를 내야 한다. 하지만 현실적으로는 세금을 내는 경우가 많지 않다. 현실이 이렇다 보니 과세당국은 세금 징수를 원활히 하기 위해 여러 가지 제도들을 도입하고 있다. 주택임대사업을 하고 있거나 계획하고 있다면 이러한 세금 체계들에 대해 잘 알아야 할 것이다. 우선 주택임대사업의 세금 체계와 세금 신고법에 대해 알아보자.

: 주택임대사업자의 세금 체계

주택임대사업자는 부가가치세법상 과세사업자에 해당되지 않는다. 임대 행위가 대부분 서민과 관계가 있어 임차인에게 부가세를 징수하는 것을 방지하기 위해 면세용역으로 지정하고 있기 때문이다. 따라서 주택임대사업을 하면 면세사업자로 사업자등록증을 교부받는다. 그런데 임대 중에는 보유세인 재산세와 종부세를 부과받을 수 있다. 다만, 종부세는 1호 이상을 5년 이상 임대하는 등의 조건을 갖춘 경우 비과세를 적용받는다. 이러한 세금들은 그리 큰 금액이 아니기 때문에 별로 문제가 되지 않는다. 문제는 월세와 전세 보증금의 이자상당액에 대해 종합소득세가 과세될 수 있다는 것이다. 만일 주택임대소득 외에 다른 소득이 있다면 이들 소득을 합산하여 과세하므로 세금이 증가될 소지가 있다.

남몰래 씨는 다주택자이지만 사업자등록을 하지 않고 있다. 그리고 월세에 대해서도 신고를 안 하고 있다. 신고를 하지 않았는데도 세무서에서 이에 대해 추적할 수 있는가?

▶ 현 제도에서는 추적하기가 쉽지 않다. 세원을 포착하는 것이 매우 힘들기 때문이다. 그래서 과세당국은 주택임대소득에 대한 세원 노출을 위해 여러 가지 조치를 취하고 있다. 그 중 대표적인 조치 중 하나가 바로 근로자들에게 월세에 대한 소득공제를 허용하여 임대자의 소득을 노출시키는 것이다. 근로자가 연말정산 때 제출한 소득공제서류를 바탕으로 임대자의 소득을 파악한다는 것이다. 이러한 제도가 정착되면 임대자의 세원 노출은 피할 수 없게 될 것이다.

: 주택임대소득자의 세금 신고법

주택임대소득자는 다음 해 1월 중에 관할 세무서에 수입금액을 신고해야 한다. 이는 면세사업자들에게 부여된 의무로서 관할 세무서에서 보내온 안내문에 따라 신고하거나 전자방식으로 신고해야 한다. 이렇게 신고된 수입금액은 1년간의 수입금액을 확정시키는 효력이 있다. 물론 이를 허위로 신고하면 세무서의 판단에 따라 세무조사 대상이 될 수도 있다.

그리고 이렇게 신고된 금액을 기초로 5월 중에 종합소득세 확정신고를 하게 된다. 종합소득세는 개인에게 발생하는 6가지의 소득(이자, 배당, 근로, 사업, 연금, 기타 소득)을 합산하여 소득세율 6~38%로 과세하는 것을 말한다. 부동산 임대소득은 2010년부터 사업소득에 포함된다. 만일 주택임대소득 외 다른 소득이 많다면 주택임대소득에 적용되는 세율 또한 상당히 높아지게 될 것이다.

예를 들어 근로소득에 대한 과세표준이 1억 원이라면 이미 최고세율인 38%를 적용받는 상황에서 여기에 과세되는 주택임대소득이 1,000만 원이라면 380만 원의 소득세가 부과된다. 추가소득에 대해서는 최고세율이 적용되기 때문이다. 참고로 이렇게 임대소득이 파악되면 국민연금이나 건강보험료 등이 별도로 부과될 수 있다.

⋮ Case 4-2 ⋮

경기도 화성시에 거주하고 있는 신동탄 씨는 2주택자이다. 그는 한 채는 본인이 거주하고 나머지 한 채를 전세로 임대하고 있다. 그렇다면 신 씨는 사업자등록을 해야 하는가? 만일 하지 않으면 불이익은 없는가?

▶ 원래 주택임대사업자는 소유 주택이 2채 이상인 상태에서 월세를 받는 경우에만 소득세 과세 대상자에 해당한다. 따라서 신 씨의 경우에는 사업자등록을 하지 않아도 전혀 문제가 되지 않는다.

⋮ Case 4-3 ⋮

김도매 씨는 현재 도매업을 영위하고 있다. 그리고 이밖에 주택을 임대하여 월세로 월 100만 원을 받고 있다. 도매업에서 발생하는 소득(수입-경비)은 대략 연간 2억 원 정도가 된다. 이 경우 월세소득은 어떻게 신고해야 하는가?

▶ 월세소득이 소득세 과세 대상 소득이라면 다른 종합소득에 합산하여 과세된다. 따라서 김 씨의 경우 소득이 발생한 해의 다음 해 5월 중에 도매업에 발생한 소득과 주택월세소득을 합산하여 신고해야 한다.

[Advise] 주택임대와 부가세
주택을 임대하면 월세든 전세든 임차인으로부터 부가세를 거두지 않아도 된다. 주택 임차인은 대부분 서민으로 보아 부가세를 면제하기 때문이다.

전세 보증금에도 소득세가 붙는다?

부동산을 임대하면 원칙적으로 임대소득에 대해 소득세를 과세하는 것이 원칙이다. 하지만 주택임대소득에 대해 무차별적으로 과세하면 세입자에게 세금이 넘어갈 수 있으므로 세 부담을 완화하고 있다. 주택임대소득에 대해 어떤 경우에 과세되며 어떤 경우에 과세되지 않는지 살펴보자.

: 임대소득세는 어떻게 과세될까?

2주택을 보유한 상태에서 주택을 월세로 임대하는 경우 원칙적으로 과세된다. 1주택을 보유했을 경우에는 기준시가 9억 원을 초과하는 고가주택을 월세로 임대하는 경우 과세된다. 그리고 주택임대보증금에 대해서는 3주택 이상인 경우에만 세금을 부과한다. 이러한 내용을 종합하면 다음과 같다.

보유 주택 수	임대소득세가 과세되는 경우	비고
한 채	고가주택의 월세	고가주택은 기준시가 9억 원 초과 주택을 말함
두 채	임대주택의 월세	두 채 이상을 소유한 상태에서 1주택 이상을 월세로 임대하면 과세
세 채 이상	임대주택의 월세와 전세보증금의 이자 상당액	전세보증금의 합계액이 3억 원을 초과해야 과세함

참고로 위의 보유 주택 수는 본인과 배우자(자녀는 제외)가 각각 주택을 소유하는 경우에는 이를 합산한 수를 말한다. 또한 다가구주택은 한 채의 주택으로 보되 구분등기가 된 경우에는 각각을 한 채로 계산한다. 이밖에도 공동소유의 주택은 지분이 가장 큰 자의 소유(동일한 경우는 각각 소유 또는 합의에 의해 소유자를 1인으로 할 수 있음)로 계산한다.

⋮ Case 4-4 ⋮

한주택 씨는 현재 1주택을 보유하고 있으나 임대를 하고 있다. 만일 한 씨가 월세를 받는다면 세금 신고를 해야 하는가?

▶ 1주택자의 경우 고가주택이 아닌 이상 월세를 받더라도 임대소득에 대해 소득세를 부과하지 않는다.

⋮ Case 4-5 ⋮

임대중 씨는 2주택을 보유하고 있다. 그 중 한 채는 월세로 매월 50만 원을, 그리고 다른 한 채는 전세보증금 2억 원을 받고 있다. 임 씨는 임대소득에 대한 종합소득세를 신고해야 하는가? 단, 임 씨는 사업을 하고 있다.

▶ 당연히 신고해야 한다. 단, 월세로 받는 소득 50만 원만 과세 대상이며 전세보증금 2억 원은

과세 대상이 아니다. 그리고 월세소득은 다른 종합소득인 사업소득에 합산되어 과세된다.

⋮ Case 4-6 ⋮

이월세 씨는 다주택자로 주택임대소득이 월 100만 원이다. 이 씨가 소득
세로 내야 하는 금액은 얼마인가?

▶ 우선 이 씨의 연간 소득을 바탕으로 과세소득을 계산하면 다음과 같다.

연간 소득 : 1,200만 원

과세소득 : 1,200만 원 × 52.1%(주택임대 과세율) = 6,252,000원

따라서 종합소득세는 다음과 같이 계산할 수 있다.

과세소득 : 6,252,000원

− 종합소득공제 : 260만 원(가정)

= 과세표준 : 3,652,000원

× 세율 : 6~38%

= 산출세액 : 219,120원(과세표준 × 6%)

위의 사례에서 주택임대 과세율은 국세청에서 고시되고 있는 100%에서
주택 단순경비율을 차감하여 구한 것이다. 주택임대 단순경비율은 47.9%(수
시로 변동)로 고시되어 있다. 이 단순경비율은 주택임대자가 장부를 기장하지
않는 경우 과세소득을 파악하는 방법이다. 통상 수입에서 수입에 주택임대 과
세율을 곱한 금액을 차감한 금액을 과세소득으로 보면 된다.

2011년부터는 전세보증금에 대해서도 소득세를 과세하고 있다. 다만, 세입자에 대한 세 부담을 줄이기 위해 3주택 이상자에 대해서만 과세한다. 그리고 전세보증금을 은행에 예치하여 받은 이자액은 과세소득에서 제외하고 3억 원을 초과한 보증금의 일부(60%)만 과세한다. 참고로 소형임대주택(85㎡이하이고 기준시가 3억 원 이하인 주택)의 전세보증금에 대해서는 2011년부터 2013년까지 과세되지 않는다.

: Case 4-7 :

박보증 씨는 주택 3채를 임대하고 있다. 이에 대한 임대보증금이 5억 원이라면 과세소득은 얼마인가? 이자율은 4%(수시 변동함)이며 임대와 관련하여 발생된 이자 등은 없다고 하고 1년간의 임대소득을 보아 계산해 보자. 단, 위 주택은 소형임대주택이 아니다.

▶ 과세소득은 다음과 같다.

(5억 원-3억 원) × 60% × 4% − 0원 = 480만 원

: Case 4-8 :

전세중 씨는 2주택을 임대하고 있고 전 씨의 배우자도 2주택을 임대하고 있다. 이 경우 전세보증금에 대한 소득세가 과세되는가? 단, 이주택들은 소형주택이 아니다.

▶ 3주택 이상 보유자의 전세보증금에 대해 과세할 때 부부가 보유한 주택을 합산하여 판

정한다. 물론 세액 계산은 부부 개인별로 적용한다. 그런데 여기서 쟁점은 공제금액 3억 원을 어떤 식으로 차감하느냐는 것이다. 이에 대해 세법은 보증금 등을 받는 주택이 2주택 이상인 경우에는 보증금 등의 적수(매일의 잔액 합계액)가 가장 큰 주택의 보증금 등부터 순서대로 3억 원이 될 때까지를 차감하라고 한다. 따라서 앞의 전 씨 명의로 되어 있는 주택이 보증금의 적수가 가장 큰 5억 원이라면 여기에서 3억 원을 공제한다는 것이다. 따라서 전 씨는 본인 앞으로 합계된 전세보증금에서 3억 원을 차감한 잔액에 대해, 전 씨의 배우자는 전체 보증금에 대해 과세가 된다.

[Advise] 월세 소득공제와 세원 투명화

과세당국은 주택임대에 대한 소득세를 과세하기 위해 여러 가지 제도들을 도입하고 있다. 그 중 대표적인 것이 월세에 대한 소득공제이다. 예를 들어 2009년 2월부터 근로자가 국세청 홈페이지에 임차 사실을 올려두면 신용카드공제를 받을 수 있다. 이를 받으려면 지급일로부터 1개월 내에 반드시 등록을 해야 한다. 이외에 연봉 5,000만 원 이하 세대주가 월세를 지출하면 이 금액의 40%를 300만 원 한도에서 소득공제를 받을 수 있다.

이런 제도가 정착되면 당연히 임대소득에 대한 세금이 늘어날 것이다. 예를 들어 1,000만 원의 소득이 발생한 경우 이 소득의 60% 정도가 소득금액이라면 600만 원에 대해 다음과 같이 세금이 증가될 수 있다.

적용되는 세율	세 부담액
6%	36만 원(지방소득세 포함 시 396,000원)
15%	90만 원(지방소득세 포함 시 99만 원)
24%	144만 원(지방소득세 포함 시 1,584,000원)
35%	210만 원(지방소득세 포함 시 231만 원)
38%	228만 원(지방소득세 포함 시 2,508,000원)

이밖에 건강보험료 등이 부과될 가능성이 높다.

임대주택
마음대로
처분해도 된다?

다주택자가 주택을 임대하면 임대사업자가 되는 것은 당연하다. 그런데 임대주택이든 비임대주택이든 이를 처분하면 세금 관계가 어떻게 되는지를 아는 것이 중요하다. 현실적으로 아무 생각 없이 양도하면 때로는 중과세 대상이 되는 경우가 있고 생각보다 세금이 많이 나오는 경우도 있기 때문이다. 임대주택의 처분과 관련된 세금 문제들을 살펴보자.

: 임대주택의 처분과 세금 관계

임대주택을 처분하는 경우에는 일반적으로 양도세가 부과된다. 물론 양도세 과세 체계에 따라 다양한 세금 관계가 형성된다. 그런데 관건은 임대주택사업자는 비임대주택사업자에 비해 얼마의 세금을 내느냐 하는 것이다. 즉 특별한 혜택이 없는가 하는 것이다. 이를 이해하기 위해서는 먼저 양도세에 대한 내용을 잘 알아야 할 필요가 있다. 양도세는 1세대 2주택 이상자에 대해 원칙적으로 과세하며, 중과세 대상 자산에 해당하면 중과세를 적용한다. 하지만 나라가 주택임대사업은 정책상 장려할 필요가 있다고 판단해서 때에 따라서는 양도세를 면제하기도 하며 임대사업자의 거주용 주택에 대해서는 비과세를 적용한다. 물론 이러한 혜택을 받기 위해서는 법에서 정한 조건을 충족해야 한다. 이에 대한 내용을 살펴보자.

① 양도세 면제를 받기 위한 조건

이는 주로 IMF 기간에 취득한 5호 이상의 국민주택을 5년간 임대했거나 신축주택을 포함한 2주택 이상을 5년간 임대한 경우에 적용하고 있다. 물론 관할 시·군·구청 및 관할 세무서에 등록이 되어 있어야 한다(186쪽 참조).

② 거주용 주택에 대한 비과세 조건

임대주택사업자는 기본적으로 다주택자에 해당한다. 하지만 임대주택사업은 장려해야 하는 측면이 있으므로 다음과 같은 조건을 충족한 경우에는 거주용 주택에서 2년 보유 및 2년(1년으로 단축될 수 있다. 아래 Tip 참조) 거주한 경우에는 이에 대해서 양도소득세를 비과세한다(일시적 2주택 비과세 특

구분		거주용 주택 비과세를 위한 조건
매입 임대주택	2003년 10월 29일 이전 기존사업자	두 채 이상, 임대기간 5년 이상 단, 주택은 85㎡ 이하이고, 취득 당시 3억 원 이하일 것
	2003년 10월 30일 이후 신규사업자	한 채 이상(수도권 내), 임대기간 5년 이상 단, 주택은 149㎡ 이하이고, 6억 원* 이하일 것
건설 임대주택	두 채 이상, 5년 이상 임대 단, 주택은 149㎡ 이하이고, 취득 당시 6억 원 이하일 것	

* 6억 원 기준은 취득 당시가 아닌 해당 주택의 임대개시일(사업자등록일을 말함)을 기준으로 산정함에 유의해야 함.

례도 가능). 참고로 서울 등에 적용되던 2년 거주 요건을 삭제되었으나, 주택임대사업자의 거주용 주택에 대한 비과세 요건에는 2년 거주 요건이 전국적으로 신설되었음에 주의해야 한다.

오주택 씨는 주택 다섯 채로 임대주택사업을 하고 있다. 그런데 임대기간이 3년밖에 되지 않았다. 이런 상황에서 임대주택을 양도하면 세금 관계는 어떻게 되는가?

▶ 다주택자는 기본적으로 양도세가 과세되는 것이 원칙이다. 따라서 감면기간이 지나기 전에는 항상 이 문제를 고려해야 한다. 이밖에 그동안 감면받은 재산세와 종부세 등을 추징받을 수 있다. 자세한 것은 구청 등에 문의하라.

비임대주택의 처분과 세금 관계

임대주택 외에 다른 주택을 양도하는 경우의 세금 관계는 감면 주택과 중과세 배제 주택 여부에 따라 살펴볼 수 있다. 이를 요약하면 다음과 같다.

① 감면 주택인 경우

조특법 제97조와 제97조 2, 제98조의 3 등에 의한 임대주택(6장 참조)에 해당하는 경우로서 다른 주택이 한 채 있는 상태에서는 비과세가 가능하다. 중요한 정보이니 잘 기억해 두자.

② 거주용 주택인 경우

2012년부터 2년 보유 및 2년 거주한 1주택에 대해서는 비과세를 적용한다. 여기서 2년 거주는 임대사업자등록일 이전에 거주한 기간도 인정한다. 따라서 현재 2주택을 보유하고 있는 경우에는 비거주한 주택을 임대주택으로 등록하고(물론 요건은 갖추어야 한다) 임대를 개시하고 이후 2년 보유 및 2년 거주한 주택을 바로 양도하면 비과세를 받을 수 있다. 참고로 임대주택은 5년간 반드시 임대를 해야 하며, 중도에 임대를 포기하면 비과세금액을 추징하게 된다.

⋮ Case 4-10 ⋮

주택만 씨는 임대주택사업을 하고 있다. 그렇다면 임대주택사업용이 아닌 거주용 주택을 팔면 비과세를 받을 수 있는지 궁금하다.

▶ 받을 수 있다. 다만, 거주용 주택은 2년 보유 및 2년 거주 요건이 있다.

Tip | 임대사업자의 거주용 주택 비과세요건

최근 신설된 임대사업자의 거주용 주택의 비과세요건은 3년 보유 및 2년 거주이나 이중 보유 요건은 2012년 6월 말일부터 3년에서 2년으로 단축될 예정이다. 그렇다면 2년 거주 요건은 어떻게 될까? 앞의 보유기간이 단축된 것은 다름 아닌 거래활성화에 있다. 따라서 이러한 맥락에서 보면 2년 거주 요건도 1년으로 단축되지 않을까 싶다. 구체적인 것은 개정세법을 통해 확인하기 바란다.

임대사업과 분양사업의 차이점을 찾자

주택을 신축할 때에는 이 주택을 임대할 것인지 분양할 것인지 사전에 의사결정을 해야 한다. 임대사업이냐 분양사업이냐에 따라 수익 형태가 달라지고 세금의 내용도 달라지기 때문이다. 그렇다면 임대사업과 분양사업에 관련되는 세금 내용은 어떻게 다르며, 분양을 목적으로 주택을 신축했다가 분양이 안 되어 임대하는 경우에는 어떤 세금 문제가 발생할까? 관련된 문제를 살펴보자.

: 임대사업과 분양사업의 세무 비교

임대사업의 경우에는 임대수익에 대해, 분양사업의 경우에는 분양소득에 대해 과세한다. 임대사업과 분양사업의 세무를 각각의 항목에 따라 비교하면 다음과 같다.

위와 관련하여 주의해야 할 사항은 주택 수를 판정하는 부분이다. 임대사

구분	임대사업	분양사업
소득 명칭	임대소득	분양소득
과세 대상 소득	임대수익 − 임대비용	분양수익 − 분양비용
기본세율	6~38%	
양도 시	양도세로 과세	사업소득세로 과세
주택 수	임대용 주택도 개인이 보유한 주택으로 취급하여 과세 판단	판매용 주택은 개인이 보유한 주택과는 무관(단, 사실 판단을 해야 할 때가 있음)

업용 주택은 개인이 보유한 주택 수에 포함하여 과세 판단을 하나, 분양사업용 주택(판매용주택 = 재고주택 = 재고자산)은 개인이 보유한 주택이 아니라고 본다. 따라서 다음과 같이 과세 판단을 할 수 있다.

· 임대용 주택 다섯 채+거주용 주택 한 채가 있는 경우

　→ 주택임대사업자의 거주용 주택을 양도하면 과세된다. 단, 거주용 주택이 보유 및 거주 요건을 충족한 경우 비과세를 적용한다.

· 판매용 주택 다섯 채+거주용 주택 한 채가 있는 경우

　→ 거주용 주택을 보유 요건 충족 후 양도하면 비과세된다. 이 경우는 거주 요건이 없다. 1세대 1주택에 대한 일반적인 비과세 규정이 적용되기 때문이다.

실무적으로 분양사업을 하면서 보유한 재고주택(분양이 안 되어 임대하고 있는 경우를 포함)이 사업용인지 아닌지를 두고 과세당국과 실랑이를 벌이는 경우가 종종 있다. 이런 경우에는 세무전문가와 상의하여 미리 문제점을 예방하는 것이 좋다.

주택을 신축했다고 하자. 그런데 분양이 안 되어 임대하는 경우도 있고 당초부터 신축 목적이 임대인 경우도 있다. 각각의 경우 세금 문제는 어떻게 달라지는지 알아보자.

① 당초부터 신축 목적이 임대인 경우

임대를 위해 신축하는 경우라면 사업자등록을 하는 것이 유리하다. 사업자등록을 해야 취득세 등을 감면받을 수 있기 때문이다. 다만, 사업자등록은 사용승인 전에 해야 하며, 세금계산서를 수취하는 과세사업(상가임대사업)은 사업을 시작할 때 해야 부가세를 환급받을 수 있다. 그러나 주택임대사업은 부가세가 면세되는 사업이므로 부가세를 환급받을 수 없다. 임대를 목적으로 신축한 후에는 이를 양도하면 양도세가 부과되는 것이 일반적이다.

② 당초부터 신축 목적이 분양이었으나 부득이 임대한 경우

신축 후에 분양이 안 되어 일시적으로 임대한 경우에는 임대한 주택을 처분하면 이에 대해 사업소득으로 인정받을 수 있다. 물론 이에 대한 입증은 소유자가 해야 한다.

[Advise] 사업자등록, 안 하면 안 될까?

임대사업자는 계속적·반복적으로 사업을 하는 사람이므로 사업자등록을 하는 것이 원칙이다. 다만, 앞에서 본 주택 수가 두 채 이하인 경우에는 월세를 받지 않으면 비과세가 되므로 이 경우 사업자등록을 하지 않아도 문제가 되지 않는다. 물론 주택 수를 초과한 상태에서도 사업자등록을 하지 않았다고 해서 불이익은 없다. 부가세가 과세되는 사업자가 아니기 때문이다. 다만, 임대소득세가 과세되는데도 이를 신고하지 않으면 탈세에 해당하므로 세금이 추징될 수 있다.

앞에서 살펴본 것처럼 주택을 임대하는 경우 주택임대사업자에 해당하게 된다. 다만, 법에서 정한 요건에 미달하여 소득세가 비과세되면 사업자등록을 하지 않더라도 문제는 없다. 지금부터는 주택임대 사업자등록은 어떻게 하는지, 그리고 주택임대사업을 하면 추가로 어떤 감면 혜택을 받을 수 있고 어떤 경우에 양도세가 면제되는지 등을 종합적으로 알아보자.

: 사업자등록은 어떻게 해야 하는가?

주택임대사업의 사업자등록은 관할 세무서에서 하면 된다. 여기서 관할 세무서는 원칙적으로 부동산 소재지를 관할하는 세무서를 말한다. 다만, 임대 주택이 공간적으로 분산되어 있으면 사업자등록을 하기가 불편하기 때문에 세법은 임대주택법에 의하여 주소지 관할 시·군·구청에 임대사업자등록을 먼저 하고 그 등록한 주소지를 사업장으로 하여 관할 세무서에 사업자등록을 한 번으로 끝낼 수 있도록 하고 있다.

: 주택임대사업을 하면 취득세를 감면받는가?

주택임대사업을 하기 위해 임대주택을 취득하면 취득세 등을 감면받을 수 있다. 보통 신축된 공동주택만이 감면 대상이다. 감면 내용은 각 지방자치단체별로 다를 수 있기 때문에 각 관할 시·도에 문의하는 것이 좋다. 참고로 임대주택법 시행령 제6조에서는 일반적으로 주택임대사업을 하기 위해서는 다음과 같은 주택을 기본적으로 보유하도록 하고 있다.

- 건설임대주택의 경우 : 단독주택은 2호, 공동주택은 2세대
- 매입임대주택의 경우 : 단독주택은 1호, 공동주택은 1세대

: 주택임대사업을 하면 보유세가 감면될까?

임대주택을 보유하고 있는 경우에는 재산세가 감면(60㎡ 이하 50% 등)된다. 또한 임대주택의 활성화를 위해 다음과 같은 조건을 갖춘 임대주택에 대해서는 종부세가 비과세된다.

구분		종부세 비과세 요건
매입 임대주택	2005년 1월 5일 이전 기존사업자	두 채 이상, 임대기간 5년 이상 단, 주택은 85㎡ 이하이고 최초 합산배제 신청 시 공시가격(이하 동일)이 3억 원 이하일 것
	2005년 1월 6일 이후 신규사업자*	한 채 이상(수도권 내), 임대기간 5년 이상 단, 주택은 149㎡ 이하이고 6억 원 이하일 것
건설 임대주택	두 채 이상, 5년 이상 임대 단, 주택은 149㎡, 6억 원 이하일 것	

* 비수도권 : 한 채, 5년, 149㎡ 이하, 3억 원 이하(다가구주택은 각 호를 1호로 본다)

종부세를 비과세받으려면 기본적으로 위와 같은 조건을 충족해야 한다. 그리고 관할 시·군·구청에 임대주택을 등록하고, 관할 세무서에 사업자등록을 해야 한다.

: 임대주택 중 양도세가 면제되는 주택은?

임대주택을 양도하는 경우에는 과세하는 것이 원칙이다. 다만, 1호 이상의 주택을 5년 이상 임대하는 경우에는 중과세 제도를 적용하지 않을 뿐이다. 그런데 아래와 같이 IMF 시절에 취득한 주택 중 조특법 규정에 의한 임대요건을 갖춘 경우에는 양도세가 100% 면제된다. 참고로 이런 조항에 의하지 않고서는 양도세가 감면되는 경우는 없다.

구분	감면요건
장기 임대주택 (조특법 제97조)	– 1986~2000년 12월 31일 사이에 취득한 신축주택 등을 5년 이상 임대하고 양도하는 경우 – 일정한 건설·매입주택을 10년 이상 임대하고 양도하는 경우 – 필요한 주택 수 : 최소 5주택
신축 임대주택 (제97조의 2)	– 일정한 국민주택(1999년 8월 20일~2001년 12월 31일 사이에 취득한 신축주택 등)을 5년 이상 임대 후 양도하는 경우 – 필요한 주택 수 : 두 채(단, 한 채는 위 기간에 신축된 주택이어야 함)

* 참고로 2011년 말까지 준공 후 미분양 주택을 취득해 5년간 임대하는 경우 양도세를 50% 감면한다(2011년 2·11 대책).

: Case 4-11 :

김양도 씨는 최근에 임대사업용 주택 세 채를 구입하여 임대하고 있다. 이 주택을 5년 후 양도하면 양도세를 감면받을 수 있는가?

▶ 감면받을 수 없다. 양도세 감면은 주로 IMF 기간 중에 임대한 물건에 대해 조특법에 규정된 요건에 해당하는 경우만 적용된다.

주택임대사업을 할 때에는 세금과 관련하여 다양한 문제들이 나타난다. 실무적으로 다음과 같은 점을 기억하자.

① 주택임대사업자는 취득세를 감면받을 수 있다.

주택을 임대하기 위해 신축된 공동주택을 취득하면 취득세를 감면받을 수 있다. 전용면적 60㎡ 이하의 주택은 100% 면제받을 수 있다. 여기서 유의할 사항은 기존 주택을 취득하여 임대하는 경우에는 임대주택으로서의 감면이 배제된다는 것이다.

② 주택임대사업자는 종합부동산세와 양도소득세를 절감할 수 있다.

1호 이상을 5년간 임대하면 종합부동산세가 비과세되고, 양도소득세도 중과세에서 제외된다. 다만, 이러한 혜택을 누리려면 관할 시·군·구청과 관할 세무서에 등록이 각각 되어야 한다.

③ 임대주택 외의 거주용 주택은 비과세를 받을 수 있다.

임대주택사업용 주택과 거주용 주택이 있는 상태에서 거주용 주택을 양도하면 비과세가 적용된다. 단, 거주용 주택은 보유 및 거주 요건을 충족해야 한다.

④ 의무임대기간 전에 처분하면 세금을 추징당한다.

매입임대주택은 5년간 의무적으로 임대해야 한다. 하지만 부득이 이를 처분하고자 하는 경우에는 관할 시·군·구청에 문의하여 재산세 추징 문제가 발생치 않도록 하자. 다만, 비과세 받은 종합부동산세는 추징이 발생하며 양도소득세는 보유기간에 따른 세율로 세금을 내야 한다.

⑤ 월세소득에는 소득세가 부과된다.

세법에서는 원칙적으로 2주택 이상을 보유하고 있는 상태에서 월세소득이 발생하면 소득세를 과세한다. 만일 1주택을 보유하고 있는 경우에는 기준시가가 9억 원을 초과하는 경우에만 월세소득에 대해 과세한다.

⑥ 전세보증금 과세는 3주택 이상자에게만 적용된다.

2011년부터는 전세보증금에 대해서도 소득세가 부과된다. 다만, 부부와 합해 3주택 이상을 가지고 있는 경우로서 전세보증금이 3억 원을 초과해야 과세된다. 참고로 소형임대주택의 전세

보증금에 대해서는 소득세가 3년간 과세되지 않는다.

⑦ 주거용 오피스텔도 임대주택으로 등록할 수 있다.

2012년 4월 27일부터는 주거용 오피스텔도 임대주택으로 등록을 가능하게 하여 임대주택과 같은 세제감면을 실시한다.

⑧ 월세소득 및 전세보증금을 파악하기 위한 제도에 주의하라.

과세당국은 주택 월세소득을 파악하기 위해 월세지출액의 40%를 300만 원 한도로 소득공제하는 제도를 도입하였고, 2011년 3월부터는 전월세 내역을 신고하는 제도가 도입되었다.

⑨ 주택신축판매사업자는 사용승인일 전에 사업자등록을 하라.

빌라 등을 신축하여 판매하는 사업자는 보존등기를 낸 후 이를 소비자들에게 소유권 이전등기를 한다. 이때 사업자가 사용승인일 전에 사업자등록을 하면 취득세 등이 면제가 된다. 그래서 사업자등록은 미리 해두는 것이 좋다.

⑩ 도시형 생활주택의 세금체계를 익혀라.

도시형 생활주택의 세금은 별도로 있는 것은 아니다. 만약 도시형 생활주택을 지어서 파는 경우라면 건설업으로 본다. 또한 도시형 생활주택을 신축하여 임대하거나 분양받아 임대를 하면 주택임대사업자가 되는 것이다.

5

재건축 · 재개발 아파트 절세법 탐구하기

재건축 · 재개발
사업과
세금 흐름

　재건축 또는 재개발과 관련된 세금은 세무 전문가들도 다루기 힘든 분야이다. 재건축이나 재개발 사업 모두 재산권이 부동산에서 권리 등으로 바뀌면서 세금 관계가 복잡하게 변하고 국세청의 해석 등에 의존하다 보니 정리가 제대로 되지 않기 때문이다. 다음에서는 재건축 또는 재개발과 관련된 중요한 세금 문제를 살펴보자.

① 취득세

　재건축 · 재개발 관련 취득세 등은 사업의 진행 절차에 따라 그 내용이 달라진다. 특히 관리처분 이후의 과세 문제를 꼼꼼히 따져보자.

• 관리처분 전에 부동산을 구입하는 경우

관리처분 전은 부동산에 해당하므로 부동산에 대한 취득세 등을 납부해야 한다. 주택 취득과 관련한 세율은 85m² 이하인 국민주택 규모는 2.2%, 이 초과분은 2.7%로 부과된다(단, 9억 원 초과 주택과 다주택자는 감면 배제된다). 토지와 상가의 경우에는 4.6%이다.

관리처분 이후에 입주권을 구입한 경우에는 토지에 대한 취득세를 내야 한다. 이때 적용되는 세율은 4.6%가 된다. 그런데 여기서 문제가 하나 발생한다. 과세표준을 어떻게 정하느냐 하는 것이다. 즉 토지의 기준시가에 세율을 적용할 것인지 아니면 권리가액 등으로 하는지가 그렇다. 세법은 이에 대해 정부는 '종전 부동산의 권리가액+추가 지불액(프리미엄)'을 과세표준으로 한다. 예를 들어 입주권을 3억 원(추가 부담금 : 5,000만 원 포함)에 취득한 경우에는 2억 5,000만 원에 대해 취득세 등을 내야 한다는 것이다. 추가 부담금(청산금)에 대해서는 추후 건물 완공에 따라 보존등기를 할 때 취득세 등이 부과된다.

이제 재건축 또는 재개발에 의해 주택이 완공되었다고 하자. 이런 상황에서는 취득세를 얼마나 낼까?

먼저, 정비구역을 지정하기 이전에 조합원 자격을 확보한 경우로서 재개발사업에 의해 전용면적 85m² 이하의 주택에 대해서는 취득세 등을 부과하지 않는다. 만일 전용면적 85m²를 초과하면 추가 부담금의 3.16%를 부담하게 된다. 다음으로, 입주권을 승계 취득한 조합원은 전용면적 40m² 이하는 100% 면제, 그리고 40m² 이상~60m² 이하는 2.96%의 50% 감면(추가 부담금의 1.48%)한다. 또한 전용면적 60m² 이상~85m² 이하는 추가 부담금의 2.96%, 전용면적 85m² 초과분은 추가 부담금의 3.16%로 한다.

② 보유세

부동산이나 입주권을 보유한 경우 보유세 문제는 어떻게 되는지 알아보자.

• 관리처분 전에 주택을 보유하는 경우

관리처분 전에는 개인에게 소유권이 있으므로 6월 1일을 기준으로 재산세와 종부세가 부과될 수 있다.

• 관리처분 이후에 입주권을 보유하는 경우

조합원의 재산은 조합에서 관리하고 있으므로 정비사업조합이 재산세 등을 부담하게 된다.

• 완공된 경우

주택이 완공된 경우에는 일반 주택과 다름없이 소유자에게 보유세가 부과된다. 보유세 부과 기준일은 매년 6월 1일이 된다.

③ 양도세

재건축 또는 재개발과 관련하여 주택 등을 양도하는 경우에는 다음과 같이 세금 관계가 형성된다.

• 관리처분 전에 주택을 양도하는 경우

일반 주택을 양도하는 것이므로 주택 수에 따라 과세방법이 결정된다.

• 관리처분 이후에 지분(입주권)을 양도하는 경우

주택 한 채를 보유하는 것은 실수요자로서의 성격이 강하다. 따라서 세법에서는 부동산인 주택이 권리상태로 바뀌었다고 하더라도 그 실질이 1세대 1주택에 해당하고 비과세 요건(2년 보유)을 갖추었다면 비과세를 적용한다. 다만, 여기서 비과세 요건을 판단하는 시점이 중요한데 세법은 관리처분계획인가일 또는 철거일 중 빠른 날 현재를 기준으로 하고 있다. 만일 이날을 기준으로 비과세 요건이 갖추어지지 않았다면 관리처분계획인가일 이후의 실질적으로 주택을 보유한 기간을 입증하여 비과세 요건을 충족시키면 된다. 참고로, 입증하는 방법은 각종 공과금 영수증 등을 제출하는 것으로 한다.

• 완공된 이후에 양도하는 경우

완공된 이후에 양도하는 경우에는 주택으로서 비과세가 될 수도 있고 과세될 수도 있다. 만일 관리처분 전에 1주택을 보유한 상태라면 양도하는 시점에 보유 요건을 충족하면 비과세 혜택을 받을 수 있다. 이때 보유기간에 공사기간도 포함한다는 점에 유의하자.

[Advise] 사업시행 전 두 채 이상을 보유하고 있는 경우

재건축이나 재개발 사업시행인가 전에 두 채 이상을 보유한 상태라면 비과세 혜택을 받을 수 있는 방법이 없다. 투자 수요자에 해당되어 비과세 혜택을 부여하고 있지 않기 때문이다.

재건축 · 재개발 입주권을
구분하는
진짜 이유

입주권, 즉 주택에 들어갈 수 있는 권리가 주택으로 취급되는 경우가 있다. 이렇게 되면 다른 주택에 대한 과세방식이 복잡하게 변할 수 있다. 주택 수가 많아지면 이래저래 세금이 부과되는 경우가 많기 때문이다. 다음에서 입주권을 구분하는 요령을 비롯하여 입주권을 주택으로 보는 이유 등에 대해 알아보자.

입주권

입주권은 재건축이나 재개발 사업상의 조합원이 관리처분 계획에 따라 받은 아파트에 들어갈 수 있는 권리를 말한다. 이 입주권은 주택청약제도에 의해 당첨 받은 분양권과는 그 성격이 다르다. 분양권은 단순한 권리에 불과하므로 다른 주택의 과세방식에 영향을 전혀 미치지 않지만 입주권은 그렇지 않다. 입주권은 다음의 그림 중 공사가 진행되는 구간에서 발생한다.

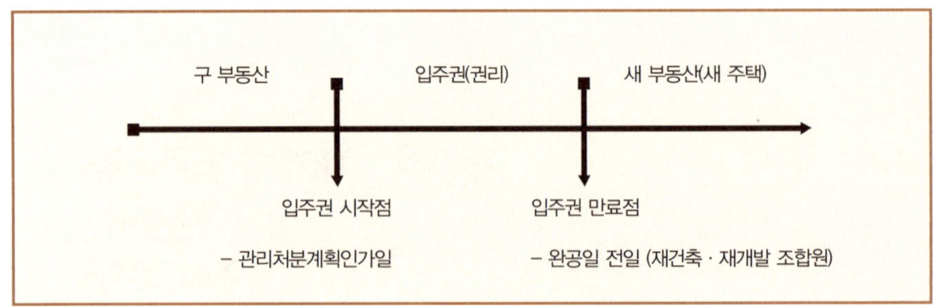

: 입주권을 주택으로 보는 경우

2006년 1월 1일 이후에 관리처분을 받거나 취득한 입주권은 주택으로 본다. 다만, 다음의 것들은 여전히 단순한 권리에 해당하므로 주택으로 취급하지 않는다.

- 2006년 전에 관리처분을 받거나 취득한 입주권(기득권을 보호하는 차원에서 주택에서 제외함)
- 분양권(주택청약제도에 의해 당첨 받거나 미분양된 것을 산 경우)
- 특별 분양권(수용에 의해 보상금을 받고 분양권을 얻은 경우)
- 지역조합이나 주택조합에 의해 보유하고 있는 입주권(근거 법률이 도시 및 주거환경정비법이 아니므로 제외함)

그렇다면 입주권을 왜 주택으로 취급할까?

종전에는 입주권도 단순한 권리로 보고 세법을 적용했다. 이러다 보니 입주권 외에 1주택을 보유하고 있는 경우에는 1세대 1주택에 해당되어 비과세가 가능했다. 그리고 이렇게 1주택에 대해 비과세를 받은 후에 완공된 주택을 1세대 1주택으로 만들어 두면 그 주택에 대해서도 비과세가 가능했다. 그 결과, 두 채 모두에 대해 비과세가 적용되는 상황이 발생하자 입주권을 주택으로 취급하기에 이르렀다.

: 입주권을 주택으로 보는 경우의 과세방식

앞과 같은 방식으로 입주권을 주택으로 보면 과세방식은 어떻게 결정되는지 살펴보자.

① 입주권만 있는 상태에서 입주권을 양도

1세대 1주택 비과세 요건(2년 보유)을 충족하면 비과세가 가능하다. 다만, 보유기간은 관리처분계획인가일과 철거일 중 빠른 날을 기준으로 따진다.

② 입주권과 다른 주택이 있는 상태에서 양도

• 비과세가 가능한 경우

일시적 2주택의 비과세 요건을 충족하면 기본적으로 비과세가 가능하다. 즉 새로운 주택을 취득한 날로부터 입주권을 3년 내에 양도한다. 이와 반대로 입주권 취득한 날로부터 3년 내에 기존 주택을 양도해도 비과세가 성립한다.

• 비과세가 불가능한 경우

입주권과 주택이 있는 상태에서 비과세가 성립되지 않으면 입주권을 팔든 주택을 팔든 먼저 파는 것이 무조건 과세된다. 그런데 과세되는 경우에는 다음과 같이 처분하는 순서에 따라 일반과세와 중과세로 나뉘게 된다. 참고로, 중과세가 적용되면 장기보유공제 혜택이 없고, 세율이 높게 책정될 수 있다(단, 중과세 세율은 한시적으로 적용 유예되고 있음).

입주권을 먼저 양도	절대 중과세 제도는 적용되지 않는다. 법에서 규정하고 있지 않기 때문이다.
주택을 먼저 양도	중과세 제도가 적용될 수 있다.

관리처분계획인가일과 세금의 관계

앞의 그림을 보면 관리처분계획인가일이라는 것이 있었다. 세법은 이날을 기준으로 여러 가지 제도를 운영하고 있다. 예를 들어 원조합원과 승계조합원의 구분, 부동산과 입주권의 구별 등이다.

다음에서 관리처분계획인가일과 관련된 세금 문제를 살펴보자.

관리처분계획이란 조합원이 출자한 기존의 토지 및 건축물을 평가해 사업시행 후 분양하는 신축 건물(아파트·상가 등)을 조합원에게 합리적으로 배분하는 것을 주된 내용으로 하는 포괄적인 행정계획을 뜻한다. 한마디로 사업에 관한 모든 내용이 결정되는 것을 뜻한다.

이밖에도 관리처분계획에는 조합원의 청산금 납부 의무, 일반 분양분의 확정 등 다양한 내용이 담겨진다.

: 관리처분계획인가일과 세금 제도

세법을 보면 관리처분계획인가일을 아주 중요한 날로 취급하는 것을 알 수 있다. 부동산과 입주권을 구분하는 기준이 되고 원조합원과 승계조합원을 구분하는 기준이 되기 때문이다. 그럼, 부동산과 입주권을 어떻게 구분하는지 알아보자.

세법은 재건축 또는 재개발 대상 주택 등에 대해 관리처분인가를 받은 날을 기준으로 그 이전은 부동산, 그 이후는 입주권으로 구분한다. 부동산과 입주권은 세법을 적용하는 데 있어서 많은 차이가 있다.

• 부동산으로 취급되는 경우

앞에서 살펴본 아파트나 단독주택 등과 같은 세금 제도가 적용된다. 따라서 비과세 제도부터 중과세 제도까지 포괄적으로 적용된다.

• 입주권으로 취급되는 경우

일반 주택과 달리 비과세 요건을 산정하는 방법이 다르며 중과세 제도는 적용되지 않는다. 장기보유공제법도 일반 주택과 다르다.

⋮ 원조합원과 승계조합원의 구분

관리처분계획인가일 전의 조합원 자격을 유지하면 원조합원, 그 후에 조합원 자격을 취득하면 승계조합원이라고 한다. 조합원의 성격이 어떤가에 따라 세금 내용이 달라진다. 예를 들어 완공 후 양도할 때 비과세 요건 중 보유기간은 조합원 성격에 따라 산정하는 방법이 다르다.

• 원조합원의 보유기간

구 주택 보유기간＋공사기간＋새 주택 보유기간

• 승계조합원의 보유기간

완공일 이후의 보유기간

⋮ Case 5-1 ⋮

권입주 씨는 현재 2주택과 입주권 1개를 가지고 있다. 이 중 주택을 양도하는 경우와 입주권을 양도하는 경우에 세금 관계는 어떻게 될까? 이 물권들은 모두 서울 지역에 소재한다고 하자.

▶ 입주권을 처분하든 주택을 처분하든 양도세가 부과된다. 그리고 세금을 계산함에 있어서 둘 모두 장기보유공제가 적용되고 세율은 일반세율이 적용된다. 2012년부터 중과세 대상 주택에 대해서도 장기보유공제를 허용하고 있다.

: Case 5-2 :

앞의 권입주 씨가 입주권을 양도하는 경우에는 장기보유공제가 가능하다고 했다. 장기보유공제는 어떻게 적용될까?

▶ 입주권의 경우 기존 건물의 취득일로부터 관리처분계획인가일까지에 대해서만 이 공제제도가 적용된다. 예를 들어 기존 건물을 2003년 1월 1일에 취득하고 관리처분계획인가일이 2012년 1월 5일이라면 보유기간은 9년이 되므로 이에 해당하는 공제율 27%(1세대 1주택인 경우 72%)을 적용한다.

: Case 5-3 :

주정리 씨는 관리처분이 끝난 입주권을 취득했는데, 이 입주권을 양도하고자 한다. 비과세 혜택을 받을 수 있을까?

▶ 그렇지 않다. 관리처분이 끝난 후에 취득했으므로 이 입주권의 주인은 승계조합원에 해당한다. 따라서 비과세 혜택을 받으려면 완공일로부터 2년*을 보유해야 된다. 참고로 나대지를 소유한 조합원도 완공일로부터 2년*을 보유해야 비과세를 받을 수 있다. 다음의 예규를 참조하자.

---

* 2012년 5·10 대책에 따라 3년에서 2년으로 단축됨(2012년 6월 말 시행).

● 재산 46014-228, 2000. 2. 29

재개발조합의 조합원이 재개발사업으로 취득한 재개발주택을 양도하는 경우, 1세대 1주택 판정 시 보유기간은 기존 주택의 보유기간 및 재개발 공사 기간과 재개발한 주택의 보유기간을 통산하는 것이다. 또한 재개발 전에 나대지를 소유한 조합원이 재개발로 취득한 주택의 1세대 1주택 보유기간 계산은 준공검사필증 교부일(준공검사 전에 사실상 사용하거나 사용승인을 얻은 경우에는 그 사용일 또는 사용승인일)부터 양도일까지로 하는 것이다.

[Advise] 입주권으로 보는 시기

입주권으로 보는 시기는 원칙적으로 재건축·재개발사업 일정상으로 볼 때 관리처분계획인가일부터 완공일 전일까지이다. 다만, 재건축 사업의 경우 일자별로 이 시기를 사업시행인가일 등으로 보는 경우가 있는데, 다음 표로 확인해 보자.

구분	재개발 정비사업	재건축 정비사업
2003년 6월 30일 이전	관리처분계획인가일	사업계획승인일
2003년 6월 30일~2005년 5월 30일	관리처분계획인가일	사업시행인가일
2005년 5월 31일 이후	관리처분계획인가일	관리처분계획인가일

재건축사업의 경우에는 2005년 5월 30일 전은 사업시행인가일 또는 사업계획승인일 등을 기준으로 입주권 여부를 따진다. 예를 들어 2004년 3월에 사업시행인가가 난 재건축 입주권을 2004년 8월에 취득했다면 이는 권리를 취득한 것에 해당된다는 것이다.

입주권에 대한 비과세 전략

입주권을 1개 보유하고 있다고 하자. 이를 양도하면 비과세를 받을 수 있을까? 일단 입주권이 주택에서 출발한 경우에는 실질적으로 주택에 해당하므로 비과세를 적용하는 것이 타당할 것이다.

다음에서는 입주권에 대한 비과세를 받는 방법을 알아보자. 그 전에 현행 세법에서 입주권에 대한 비과세를 어떻게 규정하고 있는지 살펴보자.

"도시 및 주거환경정비법에 의한 재건축 주택조합의 조합원이 당해 조합을 통하여 취득한 조합원입주권(2005년 5월 31일 이후는 관리처분계획인가를 받은 경우를 말함)을 양도하는 경우 당해 조합원 입주권의 관리처분계획인가일(인가일 전에 기존 주택이 철거되는 때에는 기존 주택의 철거일) 현재 1세대 1주택 비과세 요건을 충족하고 양도일 현재 다른 주택이 없는 경우에는 비과세를 적용한다."

: 입주권만 있는 경우의 비과세 요건

앞의 내용을 보면 입주권도 비과세 혜택을 받을 수 있음을 알 수 있다. 그런데 일반주택과는 다소 차이가 나는 부분이 있다. 일반 주택은 양도일 현재 시점을 기준으로 보유 요건을 산정하지만, 입주권은 보통 관리처분계획인가일을 기준으로 한다.

• 일반 주택

양도일 현재를 기준으로 보유기간을 산정한다.

• 입주권

관리처분계획인가일 현재를 기준으로 보유기간을 산정한다.

왜 입주권은 양도일 현재가 아닌 관리처분계획인가일을 기준으로 비과세 요건을 판단할까?

원래 비과세 요건은 부동산 상태에서 따지는 것이 비과세 취지에 부합하기 때문이다. 국가 입장에서는 이렇게 하는 것이 비과세를 축소하는 동시에 일정 부분 투기를 방지할 수 있다.

그런데 관리처분계획인가일 이후에도 주택이 철거되지 않고 이 주택에서 거주하는 경우가 종종 있다. 이러한 상황에서는 보유기간은 어떻게 따질까? 이런 경우에는 당연히 실질과세원칙에 따라 보유기간을 인정받아야 할 것이다. 다만, 보유기간에 대한 입증은 주장자가 해야 한다.

참고로 입주권의 양도가액이 9억 원을 초과하는 경우에는 고가주택에 대한 양도세를 계산하는 방식으로 세금의 일부를 내야 한다. 비과세 요건을 갖춘 고가주택은 전체 양도차익에 '(양도가액-9억 원)/양도가액'을 곱한 만큼만 과세가 된다.

입주권과 다른 주택이 있는 상황에서 입주권을 양도하면 비과세 혜택을 받을 수 있을까?

일단 다른 주택이 있는 상황에서는 입주권도 주택으로 취급되므로 일시적 2주택 비과세 특례를 받을 수 있게 된다. 예를 들어 입주권을 보유한 상황에서 일반 주택을 구입하면 주택을 구입한 날로부터 3년 내에 입주권을 팔면 비과세가 된다. 다만, 이때의 비과세 요건은 보통 관리처분계획인가일을 기준으로 따지게 된다.

다시 한 번 강조하면, 입주권도 비과세를 받을 수 있다. 물론 비과세 요건을 판정하는 시점은 관리처분계획인가일이라는 것도 아울러 기억해 두자.

그리고 입주권과 주택이 결합되는 경우에도 다양하게 비과세 혜택을 받을 수 있다. 이때에는 먼저 일시적 2주택 비과세 특례가 적용되는지를 검토하자. 이밖에 만약 이 특례가 적용되지 않으면 실수요자 관점에서 비과세가 적용되는 제도가 있는지 없는지를 검토하자. 세법은 상식적인 수준에서 비과세를 해주는 경우가 많다. 차근차근 비과세 제도를 검토하면 그렇게 어렵지 않다.

주택과 입주권이 있는 경우의 과세와 비과세 판단법

1세대 1주택자는 재건축 또는 재개발 사업에 들어가더라도 세금 문제를 크게 신경 쓰지 않아도 된다. 1주택이 입주권으로 변하더라도 실질은 1주택이므로 비과세를 적용하기 때문이다. 하지만 주택과 입주권을 합쳐서 둘 이상인 경우에는 세금이 부과되는지 그 여부에 관심을 둘 필요가 있다. 자칫 잘못하면 과세가 되기 때문이다. 주택과 입주권을 동시에 보유하고 있는 경우의 과세 방법에 대해 살펴보자.

: 비과세되는 경우

2006년 이후에 취득하거나 관리처분을 받은 입주권은 주택 구실을 한다고 했다. 따라서 입주권을 포함해 주택이 두 채가 되는 경우에는 먼저 비과세가 적용되는지를 검토해 볼 필요가 있다.

예를 들어 입주권을 보유한 상태에서 주택을 취득했다고 하자. 이러한 상황에서는 일시적 2주택 비과세 특례조항이 적용되는지 검토한다. 따라서 비과세 혜택을 받으려면 주택을 취득한 날로부터 3년 내에 입주권을 양도하면 된다. 다만, 입주권에 대한 비과세 요건은 관리처분 전의 부동산 상태를 기준으로 따진다.

이와 반대로 주택을 보유하고 있는 상태에서 입주권을 취득하는 경우가 있다. 이러한 상황에서는 입주권을 취득한 날로부터 보유한 주택을 3년 내에 양도하면 일시적 2주택 비과세 특례를 받을 수 있다.

그런데 이렇게 보유한 주택을 비과세용으로 처분하면 당장 살 집이 없어지게 된다. 그래서 세법은 부득이 위와 같은 상황에 처한 경우를 구제하기 위해 다음과 같은 조건들을 충족하면 특별히 비과세를 적용해 준다(비과세 특례 연장).

- 종전 주택은 양도한 당시에 비과세 요건을 갖추어야 한다.
- 재건축주택 완공 전 또는 완공 후 3년 이내에 종전 주택을 양도해야 한다.
- 재건축 완공 후 2년* 이내에 재건축주택으로 세대 전원이 이사하고 1

---

* 3년으로 연장된 가능성이 있음(개정세법 확인요망).

년 이상 거주해야 한다.

위와 같은 조건을 그림으로 표현하면 다음과 같다.

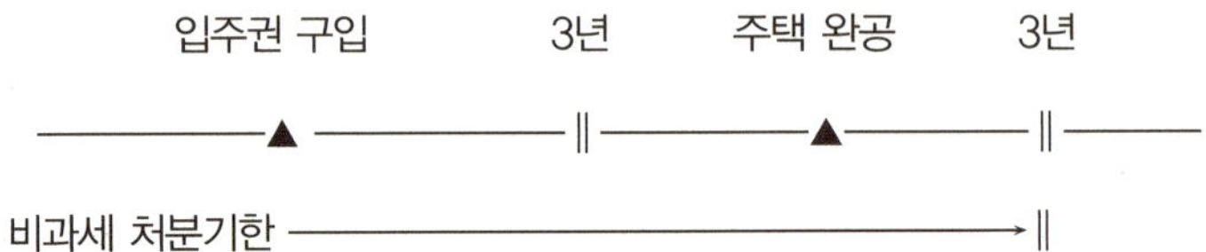

결국 입주권과 주택이 있는 상황에서는 입주권은 주택 취득일로부터 3년, 주택을 양도하는 경우에는 완공일로부터 3년 안까지 양도하면 비과세 혜택을 받을 수 있는 상황을 만들 수 있다.

: Case 5-4 :

나죽자 씨는 입주권만 2개를 가지고 있다. 이러한 상황에서도 일시적 2주택 비과세 특례가 적용될 수 있을까?

▶ 적용될 수 있다. 만일 나 씨가 1입주권을 보유한 중에 새로운 입주권을 취득했다고 하자. 이런 경우 새로운 입주권을 취득한 날로부터 종전의 입주권을 3년 내에 양도하면 비과세를 받을 수 있다. 이처럼 일시적 2주택 비과세 특례제도는 실수요자에게 폭넓게 적용되고 있다.

: 과세되는 경우

위와 같이 입주권을 포함해 주택이 두 채가 있는 경우에는 일시적 2주택 비과세 특례가 적용되는지 등을 검토하면 비과세 판단을 쉽게 내릴 수 있다. 그런데 사업시행인가를 받기 전에 두 채 이상을 보유하고 있는 경우가 있다. 이러한 상황에서는 세금이 나오는 것이 일반적인데 이를 살펴보면 다음과 같다.

- **2주택 중 한 채가 관리처분을 받은 상태에서 나머지 주택을 양도**

입주권도 주택에 해당하므로 1세대 2주택 상태가 된다. 따라서 일시적 2주택 비과세 특례가 적용되지 않는 한 주택에 대해서 과세된다.

- **2주택 중 관리처분 받은 주택이 완공된 후 나머지 주택을 3년 내에 양도**

이러한 상황에서도 비과세가 성립되지 않는다. 완공된 주택은 기존 주택의 연장으로 보기 때문이다. 착각하기 쉬운 내용이다.

결국 재건축·재개발사업에서 발생한 입주권이 있고 다른 주택이 있는 경우에는 실수요자에 해당하면 폭넓은 비과세가, 그렇지 않고 투자 수요자에 해당하면 어김없이 과세가 되므로 본인의 입장이 어떠한가를 먼저 이해하면 과세 여부를 판단하는 것이 생각보다 쉬울 수 있다.

[Advise] 사업시행기간 중에 대체 주택도 비과세가 적용

1주택을 소유(거주 여부 불문) 중에 그 주택이 재건축사업으로 멸실되어 공사기간 중에 거주할 수 있는 주택(대체주택)을 사는 경우가 있다. 이러한 상황이라면 불가피하게 취득한 것이기 때문에 다음과 같은 조건을 모두 충족한 상태에서 그 대체 주택을 양도하면 역시 비과세를 적용한다. 참고로 대체 주택은 사업시행인가일 이후에 구입을 해야 기본적인 조건을 갖추는 것이므로 이에 유의할 필요가 있다.

- 사업시행인가일 이후 대체 주택을 취득하고 그곳에서 1년 이상 거주해야 한다.
- 재건축주택 완공 전 또는 완공 후 3년 내에 그 대체 주택을 양도해야 한다.
- 재건축주택 완공 후 2년(3년으로 연장 가능성이 있음) 이내 재건축주택으로 세대 전원이 이사하고 그곳에서 1년 이상 거주해야 한다.

청산금이
양도소득세에
미치는 영향

재건축이나 재개발 과정을 보면 일단 자신이 보유한 부동산이 있어야만 조합원 자격을 얻는다. 그런데 보유한 부동산에 대한 평가액과 배정받은 주택의 분양가액과 차이가 나는 것이 일반적이다. 이때 평가액이 분양가액보다 더 크면 일부를 돌려받게 되고 부족하면 부족분을 추가로 내야 한다. 이렇게 평가액과 분양가액과의 차액을 납부하거나 수령하게 되는데 이때의 금액을 청산금이라고 한다.

이러한 청산금과 관련되어 다양한 세금 문제가 발생한다. 어떠한 문제들이 일어날지 예상한 사항들을 요약하면 다음과 같다.

- 입주권 수령 없이 현금 청산을 받으면 양도세는 어떻게 과세될까?
- 입주권 및 현금 청산금을 동시에 받으면 현금 청산금에도 세금이 부과될까?

- 입주권을 양도하여 과세가 되는 경우 청산금은 어떤 역할을 할까?
- 완공 후 양도세 비과세 요건을 따질 때 청산금 납부분은 어떤 영향을 미칠까?

: 입주권 수령 없이 현금 청산을 받으면 양도세는 어떻게 과세될까?

부동산을 보유하고 있지만 여러 가지 이유로 인해 입주권을 받을 수 없는 경우에는 현금 청산이 된다. 그렇다면 현금 청산분에 대해서는 세금이 어떻게 나올까?

이에 대해 국세청은 청산금은 종전의 부동산에 대한 유상 대가이므로 이에 대해 양도세가 과세된다고 한다. 따라서 부동산이 주택이면 주택에 관한 세법 제도가 적용되며, 토지이면 토지에 관한 세법 제도가 적용된다. 다만, 청산 대상이 주택에 해당하며 1세대 1주택으로서의 비과세 요건을 충족한 경우라면 비과세도 가능하다. 하지만 비과세 요건을 충족하지 못한 경우에는 과세될 수밖에 없다.

: 입주권 및 청산금을 동시에 받으면 청산금에도 세금이 부과될까?

현금으로 일부가 청산된 경우에도 당해 주택이 1세대 1주택 비과세 대상인 경우에는 양도세가 과세되지 않는다. 그런데 관리 처분액이 9억 원을 초과한 고가주택에 해당하는 경우로서 일부를 현금 청산받은 경우에는 9억 원 초과 부분에 대하여는 양도세가 과세되어야 한다. 참고로 청산금의 양도시기는 원칙적으로 대금을 청산한 날이다. 다만, 대금을 청산한 날까지 당해 청산금에 상당하는 기존 건물이 확정되지 아니한 경우 그 양도시기는 '건물이 확정된 날(「도시 및 주거환경정비법」 제54조의 소유권이전 고시일의 다음 날)'이 된다.

입주권에 대한 양도세가 과세되는 경우 양도차익은 기존 건물에서 발생하는 부분과 관리처분계획인가일 이후에 발생하는 부분으로 나누어야 한다. 장기보유공제를 부동산에서 발생하는 양도차익에서만 적용하기 위해서이다. 이를 그림으로 나타내면 다음과 같다.

	기존 부동산의 양도차익	관리처분 이후의 양도차익
양도가액	권리가액	입주권 양도가액
− 취득가액	구 건물 취득가액	권리가액 + 청산금
= 양도차익	×××	×××
− 장기보유공제	공제함	공제하지 않음
= 양도소득세	×××	×××

이때 청산금(납부분)은 관리처분 이후의 양도차익을 계산할 때 취득가액에 포함된다. 이에 대해 계산한 예는 뒤에서 살펴보자.

: 완공 후 양도세 비과세요건을 따질 때 청산금이 미치는 영향

주택을 완공한 후에 양도하는 경우에는 기존 주택을 취득한 날로부터 양도일까지를 기준으로 보유기간을 따지게 된다. 그런데 청산금 납부분에 대해서는 비과세 기산점이 차이가 날 수 있다. 현행 세법은 청산금을 납부하는 경우로서 당초보다 부수토지 면적이 늘어난 경우 그 증가된 부수토지는 완공일로부터 보유기간을 따지도록 하고 있다. 건물 면적이 늘어나는 것은 문제가 없다. 다음 예규를 참고하자.

● 재산 – 1913, 2008. 7. 25

「도시 및 주거환경정비법」에 의해 재건축된 주택을 양도하는 경우 1세대 1주택 비과세 여부를 판정함에 있어 보유기간 계산은 멸실된 종전주택의 보유기간과 재건축기간 및 재건축한 신 주택의 보유기간을 합산(기존 주택의 면적보다 새로운 주택의 면적이 큰 경우 포함)한다.

다만, 재건축사업 계획에 따라 청산금을 납부한 경우로서 재건축주택의 부수토지 면적이 종전 주택의 부수토지 면적보다 증가한 경우 그 증가된 부수토지는 재건축주택의 사용검사 필증 교부일(사용검사 전에 사실상 사용하거나 사용승인을 받은 경우에는 그 사실상 사용일 또는 사용승인일)부터 보유기간을 계산한다.

[**Advise**] 청산금과 세금

일반적으로 재건축이나 재개발사업에서 청산금을 수령하는 경우보다 납부하는 경우가 더 많다. 보통 자신의 지분에다 추가 부담을 하여 새로운 집을 얻기 때문이다. 그런데 이러한 청산금은 세금에 영향을 미치지만 대지 면적이 증가하지 않는 한 큰 문제는 없다. 다만, 입주권이나 완공된 주택을 양도하는 경우로서 과세가 되는 경우에는 실무적으로 청산금이 장기보유공제에 영향을 주는 경우가 있으므로 과세 방법에 유의할 필요가 있다. 이에 대한 자세한 내용은 뒤의 사례를 참조하자.

입주권은 재건축 또는 재개발사업에서 발생한다. 따라서 자유로이 매매가 이루어지는 상황에서는 입주권에 대한 양도세를 계산해야 하는 일들이 많이 생길 수 있다. 다음에서 입주권 양도세를 계산하는 방법을 알아보자.

통큰이 씨는 2002년 5월 31일에 주택을 1억 원에 취득했다. 이 주택이 재개발에 들어가 2008년 10월 1일에 관리처분인가가 났다. 이 과정에서 이 주택에 대한 권리가액은 2억 원으로 평가되었다. 통 씨가 배정받은 아파트의 조합원 분양가는 3억 원이다. 따라서 그가 추가 부담한 금액은 1억 원이 되었다.

통 씨는 입주권을 2012년 중에 양도하고자 한다. 입주권의 매도가액이 3억 5,000만 원으로 예상된다면 그가 부담해야 할 양도세는 얼마일까? 단, 과세가 되는 경우에는 장기보유공제 30%를 받을 수 있다.

먼저 이 입주권에 대해 비과세 혜택을 받을 수 있는지 점검할 필요가 있다. 만일 통 씨가 이 입주권을 1개만 가지고 있다면 관리처분계획인가일 현재 시점에 3년 보유 등의 비과세 요건을 갖추면 비과세가 가능하기 때문이다.

하지만 비과세가 가능하지 않다면 세금이 나오게 된다. 통 씨의 경우는 비과세가 적용되지 않는 상황이라고 가정한 후 위의 내용에 따라 세금을 계산해 보자.

(단위 : 원)

양도세 과세표준 신고서			
구분	기존 주택	부동산 권리	계
양도가액	2억 (관리처분 계획 인가일 현재 평가액)	3억 5,000만	
취득가액	1억 (기존 주택 취득가액)	3억 (납부한 청산금 포함)	
기타 필요경비	0	0	
양도차익	1억	5,000만	1억 5,000만
장기보유공제(30%, 가정)	3,000만	해당 사항 없음	3,000만
양도소득금액	7,000만	5,000만	1억 2,000만
양도소득 기본공제	1인당 연 250만 원 공제		250만 원
양도소득 과세표준			1억 1,750만
세율	보유기간이 2년 이상이므로 6~38% 세율 적용		35% 구간
산출세액	1억 1,750만 원×35%−1,490만 원(누진공제액)		26,225,000

이밖에 위 산출세액의 10%만큼 지방소득세가 추가된다. 참고로 입주권 양도차익을 기존 주택에서 발생하는 부분과 관리처분계획인가일 이후의 부분으로 나눈 이유는 장기보유공제 제도 때문이다. 현행 세법에서 이 공제는 부

동산에 대해서만 적용하도록 하고 있기 때문이다.

그 결과, 입주권의 양도차익을 둘로 나누다 보니 양도가액과 취득가액이 다음과 같이 결정된다.

	기존 건물	권리
양도가액	권리가액	입주권 양도가액
취득가액	구 건물 취득가액	권리가액 + 청산금

위에서 기존 건물의 취득가액을 모르는 경우에는 환산 등의 방법을 통해 이를 산정해야 한다. 그밖에 장기보유공제와 세율은 다음과 같이 적용한다.

• 장기보유공제

순수 권리가 아닌 기존 부동산 부분에만 기존 부동산의 취득일부터 관리처분계획인가일까지의 기간에 대해 적용한다.

• 세율 적용

기존 부동산의 취득일로부터 입주권 양도일까지의 보유기간에 해당하는 세율을 적용한다.

완공 후
아파트
양도소득세 계산법

아파트를 재건축 등으로 완공했다고 하자. 그리고 이 아파트를 양도하려고 하는데 불행히도 비과세 혜택을 받을 수 없다고 하자. 이러한 상황에서는 양도세를 계산해야 하는데 재건축이나 재개발을 거친 아파트의 양도세 계산 방법이 일반적인 주택과 다르다. 왜냐하면 기존 주택에서 멸실되고 다시 새로운 주택이 건축되면서 재산 관계가 변했기 때문이다.

다음에서 청산금을 지급한 경우에 완공한 주택의 양도세 계산법을 알아보자.

재개발을 통해 취득한 주택을 양도하고자 한다. 자료가 다음과 같을 때 세금은 얼마가 나올까? 단, 세율은 6~38%를 적용하기로 한다.

2004년 1월 5일 취득

취득가액 1억 5,000만 원

관리처분계획인가일 2008년 3월 1일

완공일 2010년 8월 1일

양도일 2012년 6월 30일

양도가액 4억 원

권리가액 2억 5,000만 원

추가 부담금(청산금) 5,000만 원

장기보유공제는 편의상 보유기간의 3%를 적용함.

구분	금 액				비 고
	기존 건물	관리처분계획인가일 이후		계	
		기존 건물	청산금		
양도가액	250,000,000		400,000,000		
(−) 필요경비 　취득가액 　기타필요경비	150,000,000 150,000,000 0		300,000,000 300,000,000 0		
(=) 양도차익	100,000,000		100,000,000		
(=) 수정후 양도차익	100,000,000	83,333,333	16,666,667		1억 원×2억 5천만 원/3억 원 =83,333,333원
(−) 장기보유공제	24,000,000	20,000,000	2,000,000		• 기존 건물 : 8년 보유(24%, 취득일~양도일) • 청산금 부분 : 4년 보유(12%, 관리처분계획인가일~양도일)
(=) 양도소득금액	76,000,000	63,333,333	14,666,667	154,000,000	
(−) 기본공제				2,500,000	연간 1회 적용
(=) 과세표준				151,500,000	
(×) 세율				35%	
(=) 산출세액				38,125,000	과세표준×35%−1,490만 원

재건축이나 재개발 아파트의 양도세를 계산할 때에는 양도차익을 기존 건물분과 청산금 부분으로 나눠 계산해야 한다. 이렇게 하는 이유는 장기보유 공제의 적용법이 다르기 때문이다. 장기보유공제는 다음과 같이 적용한다.

• 기존 건물분에 대한 양도차익

당초 취득일에서 양도일까지의 기간이 3년 넘으면 공제한다.

• 청산금 부분에 대한 양도차익

관리처분계획인가일에서 양도일까지의 기간이 3년 넘으면 공제한다.

[Advise] 완공 후 아파트가 과세되는 경우의 세금 예측

재개발 또는 재건축 아파트를 양도할 때에는 중과세가 적용되는지부터 살펴볼 필요가 있다.

• 만일 중과세가 적용될 경우

장기보유공제가 적용되지 않으므로 양도차익에서 기본공제를 적용한 금액에 세율을 곱하면 세금을 바로 예측할 수 있다.

• 만일 일반과세가 적용될 경우

장기보유공제를 공제받을 수 있는데 이를 받기 위해서는 양도차익을 청산금과 기존 건물에서 발생한 것으로 나누어야 한다.

Tip | 재건축 · 재개발 지분의 증여

재건축이나 재개발을 앞두고 있는 주택을 갖고 있는 경우라면, 미리 증여해두면 세금을 낮출 수 있는 이점이 있다. 추가부담금이 들어가기 전의 금액으로 증여할 수 있기 때문이다. 다만, 이때 증여재산가액은 관리처분하기 전의 주택이라면 종전 부동산처럼 평가(매매사례가액 → 기준시가 순)하면 되나, 관리처분 이후의 입주권이라면 불입 금액에 프리미엄을 합한 금액을 기준으로 평가한다는 점에 유의해야 한다.

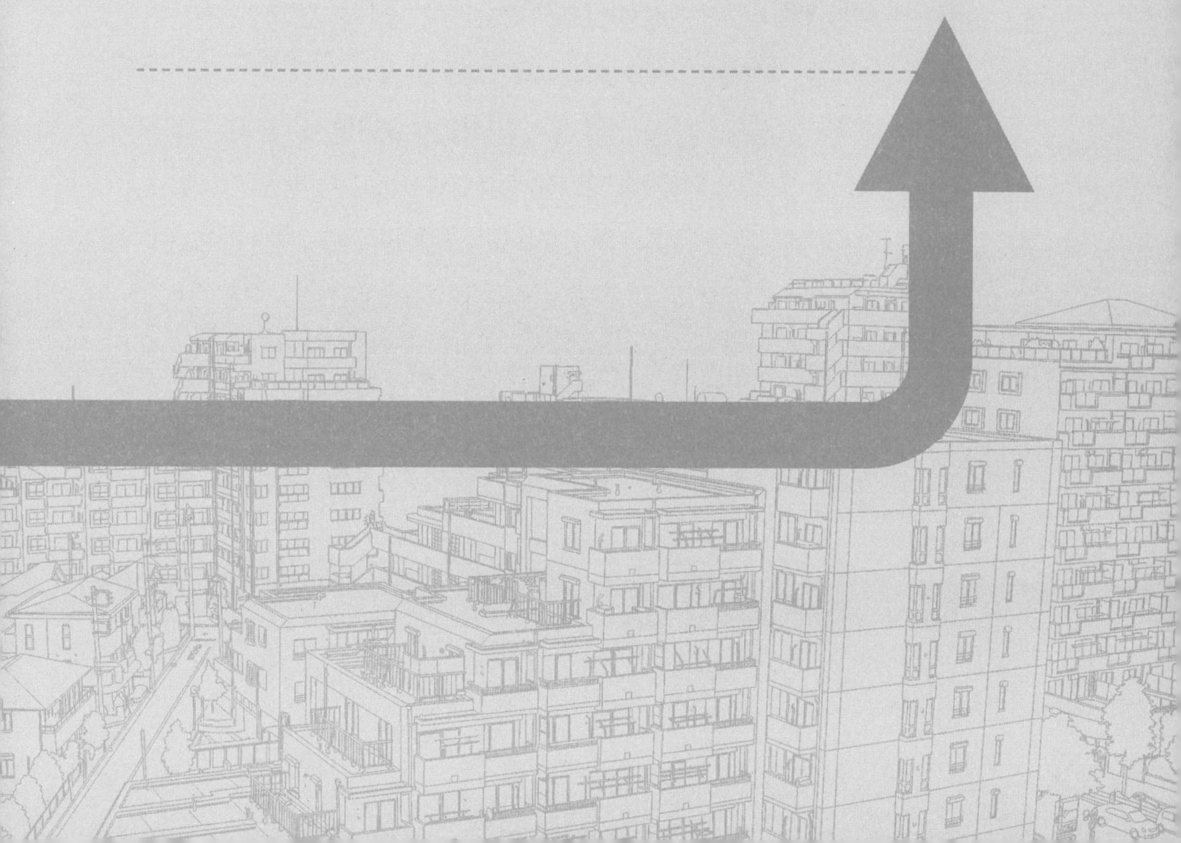

분양권 · 감면 주택과 절세법

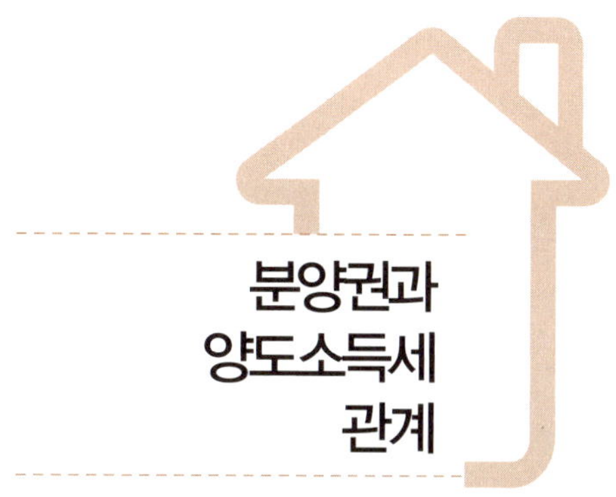

경기도 안양시 평촌 신도시에 거주하고 있는 고나리(45세) 씨는 현재 분양권을 보유하고 있다. 잔금을 마련하기가 힘든 상태라 분양권을 매매하려는 나리 씨. 분양권의 매매 절차와 세금은 어떻게 결정될까? 만일 입주 전후에 매매하면 세금에는 어떠한 문제가 있을까? 한번 알아보자.

분양권의 양도세는 주택과는 달리 단순하다. 양도차익에서 기본공제를 적용한 과세표준에 보유기간에 따른 세율이 적용된다. 부동산에 한해 적용되는 장기보유공제는 적용되지 않고 중과세 세율과도 관련이 없다. 세율은 1년 미만 보유하면 50%, 1년~2년 미만 보유하면 40%, 2년 이상 보유하면 6~38%가 적용된다. 예를 들어 분양권의 양도가액이 2억 250만 원, 취득가액이 1억 5,000만 원이고 보유기간이 1년 8개월이라면 세금은 다음과 같다.

• (양도차익 − 250만 원) × 40% = (5,250만 원 − 250만 원) × 40% = 2,000만 원

만일 2년 이상 보유한다면 다음과 같이 줄어든다. 과세표준 5,000만 원에 24%의 세율을 적용한 후 누진공제 522만 원을 차감하였다.

• (양도차익 − 250만 원) × 6~38% = (5,250만 원 − 250만 원) × 6~38% = 678 만 원

둘을 비교해 보면 보유기간에 따라 세금의 차이가 상당히 많이 나는 것을 알 수 있다. 따라서 분양권을 양도하기 전에 세금의 크기를 미리 확인해 보는 것이 좋다.

그런데 만일 고 씨가 잔금을 청산한 후 바로 분양 주택을 양도하면, 세금을 낼 때 손해가 일어날 수 있다. **잔금을 청산하면 취득세 납부, 고율의 양도세 과세 문제가 발생하기 때문이다.** 보통 분양 아파트의 취득세는 잔금 지급일을 기준으로 내고, 양도세의 경우 이날을 기준으로 보유기간을 산정해 적용세율과 비과세 요건을 결정한다. 좀 더 자세히 보면 잔금을 내면 취득세를 취득가액의 2.2~2.7%을 부담해야 한다(단, 9억 원 초과 주택 등은 감면 배제된다). 또 양도세 세율이나 비과세 요건은 다음과 같이 따진다.

• 잔금 청산일로부터 1년 내에 양도하면 → 50%의 세율 적용
• 잔금 청산일로부터 1년~2년 내에 양도하면 → 40%의 세율 적용
• 잔금 청산일로부터 2년을 초과하여 양도하면 → 비과세 가능. 과세되는 경우에는 6~38 %의 세율 적용.

따라서 입주 전후에 분양권을 양도하고자 하는 경우에는 잔금을 청산하기 전에 이를 매도하는 것이 좋을 수 있다(최근에는 미등기 전매로 보는 경우가 있으므로 주의. 82쪽 참조).

참고로 요즘 분양권은 실거래가 신고 대상이므로 다운계약서를 작성하면 큰일 난다. 마이너스 프리미엄의 경우에도 제대로 신고해 두어야만 매도자는 세금을 물지 않는다. 그리고 같은 해에 신고한 마이너스 프리미엄이 있다면 다른 부동산의 양도차익에서 차감시킬 수 있다. 알아두면 아주 유용한 절세 포인트이다.

[Advise] 분양권 전매제한 제도

현재 분양권 전매가 가능한지의 여부는 주택의 소재 지역, 택지 종류, 주택 규모 등에 따라 달라진다(주택법 시행령 제45조의 2). 다음은 수도권의 전매제한 제도이다. 자세한 것은 시행사 등에 문의하면 정확한 정보를 얻을 수 있다.

구분	전매제한				보금자리주택 거주의무기간
	현 행		개 선		
일반공공택지 (85㎡ 이하)	3년		1년		–
GB해제 공공택지 (85㎡ 이하)	인근시세 70% 미만	민영주택 7년 보금자리 10년	70% 미만	민영 5년 보금 8년	– 1년 → 5년
	인근시세 70% 미만	민영주택 5년 보금자리 7년	70~85% 미만	민영 3년 보금 6년	5년 → 3년
			85% 이상	민영 2년 보금 4년	5년 → 1년

* 수도권 공공택지 85㎡ 초과(1년) 및 민간택지(1년), 지방(공공택지 1년, 민간 택지 제한없음)은 현행 유지

: 분양권을 승계하는 방법

매도자가 건설사와 최초 분양계약을 맺을 때 분양계약서에 기재되어 있는 계약금·중도금·잔금을 기초로 매매계약서를 작성한다. 이를 작성할 때

에는 기불입한 금액과 매수자가 승계한 금액이 얼마인지를 구분하여 기재하는 것이 좋다. 또한 매도자에게 추가로 주기로 한 프리미엄 액수도 명시해야 한다. 매도자는 반드시 본인이 방문해야 하고 매수자는 본인이나 대리인이 함께 방문해야 한다. 매도자는 분양계약서 원본, 검인받은 매매계약서 등을 챙겨야 한다. 그리고 매수자는 인감증명서 1통, 주민등록등본 1통, 신분증, 인감도장 등을 준비해야 한다.

⦂ Case 6-1 ⦂

김팔랑 씨는 보유하고 있던 분양권을 팔았다. 그런데 차익이 하나도 발생하지 않았다. 세금신고를 해야 하는가?

▶ 차익이 발생하지 않더라도 신고를 해야 한다. 신고할 때에는 양도세 신고서에 관련 내용을 기재하고 매매계약서와 분양계약서 사본 등을 주소지 관할 세무서에 제출해야 한다. 신고는 양도일이 속한 달의 말일부터 2개월 내에 한다.

[Advise] 준공 후 분양권 매매 시 주의할 점

아파트가 준공된 후에 잔금 청산 없이 매매하면 이는 분양권의 양도로 과세하는 것이 원칙이다. 그런데 최근 과세관청은 준공검사를 받은 후에 전매하는 분양권에 대해서 미등기 전매로 과세(양도세 세율 70% 적용)하는 사례들이 발생하고 있다. 주의를 요한다.

　　분양권을 양도하면 비과세나 감면을 받을 수 없다. 왜냐하면 분양권은 주택이 아닌 단순한 권리에 해당하기 때문이다. 따라서 양도세 비과세 혜택이나 감면을 받으려면 일단 잔금을 청산해야 한다. 잔금을 청산하는 시점에 주택을 취득한 것이 되기 때문이다.

　　아래에서 주로 분양받은 주택에 대한 비과세 혜택이나 감면 받는 방법을 살펴보자.

: 분양주택과 양도세

　　주택을 분양받으면 계약 시점부터 잔금 청산일까지는 단순한 권리인 분양권에 불과하다. 하지만 잔금을 청산하게 되면 새로운 주택을 취득하게 된다. 그렇다면 신규로 분양받은 주택을 양도하는 경우에는 비과세나 감면이 어떻게 적용될까?

여기서 비과세는 아예 세금이 붙지 않는 것을, 감면은 세금의 일부나 전부를 깎아주는 것을 말한다.

• 신규 분양 주택에 대해 비과세를 받는 경우

1세대가 1주택을 2년 보유하면 비과세를 적용한다. 또한 일시적 2주택 비과세 특례를 적용받을 수 있다. 이러한 규정은 신규 분양 주택이라고 해서 특례를 적용받는 것이 아니라 다른 일반 주택과 동일하게 적용되는 것이다.

• 신규 분양 주택에 대해 감면을 받는 경우

이는 조세정책적인 목적으로 조세특례제한법(이하 조특법)에 감면 규정이 있어야 한다. 예를 들어 현재처럼 미분양된 주택이 있는 경우 이를 해소시키기 위해 한시적으로 감면 규정을 만들어 시행한다.

: 대략적으로 보는 감면 규정

주택 등에 대한 감면 규정은 한시적으로 도입되는 경우가 일반적이다. 따라서 법 규정을 정확히 이해해야 올바르게 감면 규정을 받을 수 있다. 다음에서는 최근의 감면 규정과 주로 IMF 때 '두둥~' 하고 나타난 감면 규정을 요약해 보고자 한다.

최근의 감면 규정은 다음과 같이 명시되어 있다.

서울을 제외한 지역에서 2009년 2월 12일에서 2010년 2월 11일 사이에 시행사와 최초 계약을 하면 다음과 같이 감면을 적용한다(조특법 98조의 3). 비수도권의 2010년 2월 11일 현재의 미분양 주택에 대해서는 감면기한이 2011년 4월 30일로 연장되었다(조특법 98조의 5). 이 규정에 의해 자가 건설 주택도 감면받을

지역	처분 기한		
	감면율	5년 내	5년 이후
서울	감면 배제함	—	—
서울 외 과밀억제권 (149m² 이하) 　　인천시(강화·옹진군 제외), 경기 14개시(의정부, 구리, 남양주(일부), 하남, 고양, 수원, 성남, 안양, 부천, 광명, 과천, 의왕, 군포, 시흥(일부)]	60%	전액 감면 (보유기간과 무관하게 일반세율 6~38% 적용)	5년 이후에 발생한 양도차익만 과세 : 일반세율(6~38%), 장기보유공제 (10~30%) 적용
위 외의 지역	100%	전액 감면	상동

수 있으나 「도시및주거환경정비법」에 따른 주택 재개발사업 또는 주택 재건축사업을 시행하는 정비사업조합의 조합원이 해당 관리처분계획에 따라 취득하는 주택과 보유하는 중에 소실·붕괴·노후 등으로 인하여 멸실되어 재건축한 주택은 제외된다. 한편 이 규정에 의한 감면 주택은 특별히 소유자의 주택으로 보지 않는다. 이렇게 되면 감면 주택은 비과세와 중과세 판단에 영향을 주지 않으므로 감면 주택을 소유한 사람에게 큰 혜택이 된다. 참고로 2011년 말까지 준공 후 미분양 주택을 취득해 5년 이상 임대 시 양도세를 50% 감면한다(조특법 98조의 6).

　　한편 다음 표의 내용은 2000년 초반 전후에 발표된 감면 제도이다. 이들은 크게 임대 유형과 신축 주택 유형으로 나뉘고 있으며 제대로 감면을 적용받기 위해서는 아래의 모든 규정을 순차적으로 검토해야 한다. 참고로 이 규정들에 의한 감면 주택 중 일부는 최근의 규정과는 달리 소유자의 주택으로 취급되어 다른 주택의 비과세를 판단하는 데에 영향을 주는 경우가 있다. 대표적인 것이 조특법 99조와 99조의 3인데 이 경우, 감면 주택이 있는 상황에서 일반 주택을 팔면 비과세 혜택을 받을 수 없다. 정부가 과도한 혜택을 주지 않기 위해 법을 개정했기 때문이다. 단, 조특법 97조나 97조의 2의 규정에 의해서는 소유자의 주택으로 보지 않기 때문에 최근의 규정처럼 일반 주택에 대해서는 비과세가 가능하다(실무상 주의). 이에 대한 자세한 것은 뒤에서 살펴보자.

구분		감면 요건	감면 내용
임대 후 양도 (ㅣ유형)	장기 임대 주택 (조특법 제97조)	– 1986~2000년 12월 31일 사이에 취득한 신축주택 등을 5년 이상 임대하고 양도 시 – 일정한 건설·매입 주택, 10년 이상 임대주택 양도 시 – 필요한 주택 수 : 최소 5주택	50% 감면 100% 감면
	신축 임대 주택 (제97조의 2)	일정한 국민주택(1999년 8월 20일~2001년 12월 31일 신축 주택 등)을 5년 이상 임대 후 양도 시 – 필요한 주택 수 : 두 채(단, 한 채는 위 기간에 신축된 주택이어야 함)	100% 감면(신축된 주택에 대해서만 감면함. 주의!)
	미분양 주택 (제98조)	서울시 외 소재 주택으로서 1995. 10. 31 현재 미분양 주택을 1995년 11월 1일~1997년 12월 31일에 취득 또는 98. 2. 28 현재 미분양 주택을 1998년 3월 1일~12월 31일 기간 중에 취득하여 5년 이상 임대 후 양도 시 – 최소 필요한 주택 수 : 한 채(이하 동일)	20% 세율 적용과 종합소득세 적용 중 선택 가능
신규 주택 취득 후 양도 (ㅣㅣ유형)	신축 주택 취득자 (제99조)	– 1998년 5월 22일~1999년 6월 30일(국민주택은 1999년 12월 31일) 등 사이에 취득한 신규 주택을 양도 시 – 원조합원과 승계조합원 불문하고 감면함	– 5년 내 양도 시 100% – 5년 후 양도 시 5년간 발생 소득을 차감
	신축 주택 취득자 (제99조의 2)	2000년 9월 1일~2001년 12월 31일 중 1년 이상 보유한 주택을 양도하고 신축 주택을 취득 시	양도세율 10%로 적용
	신축주택 취득자 (제99조의 3)	– 2001년 5월 23일~2003년 6월 30일 사이에 주택건설업자와 최초로 계약하고 계약금을 납부하거나(단, 고가주택은 제외), 자가 건설 주택의 경우 위 기간 내에 사용 검사나 사용 승인받은 주택, 단 서울, 과천, 5대 신도시는 2003년 이후 계약분은 해당 사항이 없음(단, 법 개정 전에 착공하여 2003년 1월 1일~6월 30일 사이에 완공된 주택에는 감면함) – 2002년 1월 1일 이후의 승계조합원 감면 배제함	– 5년 내 양도 시 100% – 5년 후 양도 시 5년간 발생 소득을 차감

: 감면주택의 절세 전략

일반적으로 감면을 받을 수 있는 주택이라도 주택이 한 채 있는 상황에서는 비과세를 받는 것이 좋다. 왜냐하면 비과세는 실거래가액이 9억 원까지는 세금을 한 푼도 내지 않아도 되기 때문이다. 실무적으로 보면 감면은 일단 세금을 계산하고 계산된 세금에 100% 등의 식으로 감면을 적용하지만, 감면세액 상당액의 20%를 농특세로 내야 하므로 세금이 완전히 면제되는 것은 아니다. 따라서 감면보다는 비과세가 좋다고 할 수 있다. 하지만 비과세는 2년 보유 등의 조건이 있으므로 이를 지켜야 한다.

그런데 보유한 기간이 짧은 경우에는 어떻게 해야 할까? 이러한 상황에서는 당연히 감면이 좋다고 할 수 있다.

한편 보유하고 있는 주택이 고가주택에 해당되면 먼저 비과세를 적용한 다음 과세되는 부분에 대해서는 별도로 감면을 적용할 수 있다. 예를 들어 감면 주택이 10억 원이라면 양도차익 중 9억 원에 해당하는 부분에 대해서는 비과세를 받고 나머지 과세되는 차익에 대해서는 감면을 받는다는 것이다. 고가주택을 가지고 있는 사람들이 알아두면 좋을 절세 방법이다.

Tip | 조세특례제한법 제99조 3 감면 요건

앞의 감면 규정 중 조특법 제99조의 3 규정은 아주 폭넓게 적용되고 있는 규정이다. 이 규정에 의한 감면 조건을 살펴보면 다음과 같다.

- 2001년 5월 23일~2003년 6월 30일 : 자가 건설 , 사용 승인
- 2001년 5월 23일~2003년 6월 30일 : 계약금 납부, 분양 취득(단 서울, 과천 , 5대 신도시는 2002년 12월 31일까지)

그런데 다음의 고가주택에 대해서는 감면이 제외되므로 유의해야 한다.
- 2001년 5월 23일~2002년 9월 30일 취득분 : 전용 165㎡(50평) 이상, 양도 당시 실지거래
  가액 6억 원 초과
- 2002년 10월 1일~12월 31일 취득분 : 전용 149㎡(45평) 이상, 양도 당시 실지거래가액 6
  억 원 초과
- 2003년 1월 1일~6월 30일 취득분 : 실지거래가액 6억 원 초과

[Advise] 분양권 상태는 감면이 배제된다

요즘 분양되는 아파트 중 양도세가 감면되는 주택들이 상당히 많다. 그런데 간혹 분양권을 양
도하면 감면이 적용되지 않는지 이에 대해 문의를 하는 경우가 있다. 한마디로 말하면 분양권
에 대해서는 감면을 적용하지 않는다. 감면 규정은 주택에 대해서만 한정되어 있기 때문이다.

감면 주택이 있는 경우, 현명하게 처분하는 방법

감면 주택과 일반 주택이 있는 경우에는 처분하는 순서에 유의해야 한다. 처분 순서에 따라 세금 관계가 달라지기 때문이다. 일반적으로 이 문제를 풀기 위해서는 감면 주택을 규정하고 있는 조특법 제97조부터 제99조의 3까지를 모두 검토해야 한다. 다음에서 감면 주택과 일반 주택이 있는 경우의 처분 방법을 알아보자.

앞에서 잠깐 보았듯이 감면 주택의 혜택은 양도세가 감면되는 것과 다른 주택의 과세를 판단하는 데 영향을 주지 않는 것이 된다.

그런데 후자의 혜택은 모든 감면 주택에 주어지지 않고 있다. 이러다 보니 각 조항별로 이런 혜택이 있는지 없는지를 점검해야 일반 주택에 대한 과세 방식을 결정할 수 있다.

일반적으로 감면 주택이 소유자의 다른 주택에 영향을 주는 경우는 비과세와 중과세를 판단할 때이다. 이 문제부터 따져보자.

먼저, 다른 주택의 비과세 판단에 영향을 주지 않는 규정을 살펴보자.

이는 감면 주택을 포함하여 1세대 2주택이 되는 경우로서 일반 주택을 양도하면 비과세를 받을 수 있는가를 알아보는 것과 같다. 만일 일반 주택에 대해서 비과세가 적용된다면 소유자는 큰 혜택을 받게 될 것이다. 이러한 혜택을 볼 수 있는 규정은 다음과 같은 것들이 있다. 구체적인 내용들은 앞에서 확인하기 바란다.

- 조특법 97조와 97조의 2(5호 또는 2호 이상의 임대요건을 갖춘 감면 주택)
- 조특법 98조의 3(최근의 규정에 의해 요건을 갖춘 감면 주택)

다음으로, 다른 주택의 중과세 판단에 영향을 주지 않는 규정을 살펴보자. 예를 들어 감면 주택이 다섯 채가 있고 다른 주택이 두 채가 있다고 하자. 전체 주택 수를 보면 일곱 채가 되는데 이렇게 되면 중과세 제도가 적용될지가 궁금할 것이다. 이러한 상황에서는 다음과 같이 판단을 내리도록 한다.

- 감면 주택 외 1주택이 있는 경우에는 비과세가 가능한지 보고, 비과세가 불가능하다면 일반과세를 적용하면 된다. 세법에서는 감면 주택 외 일반 주택 한 채에 대해서는 절대로 중과세를 적용하지 않는다. 감면 주택 외 일반 주택 한 채는 무조건 중과세에서 제외하고 있기 때문이다.
- 감면 주택 외 일반 주택이 두 채가 있는 경우에는 감면 규정을 살펴보아야 한다. 감면 규정에서는 감면 주택에 대해 소유자의 주택으로 보는

가와 그렇지 않는가에 따라 중과세 적용 여부가 달라지기 때문이다. 이에 대해 조특법 98조의 3과 98조의 6 등(최근 감면 규정)에서는 비과세와 중과세를 적용할 때 소유자의 주택으로 보지 않는다. 따라서 감면 주택을 제외한 주택만을 가지고 중과세 판단을 하면 된다. 하지만 이밖에 다른 조항들은 아예 언급이 없어 다른 주택의 중과세 판단 때 영향을 미치고 있다.

: 감면 주택 외 일반 주택을 처분하는 전략

이제 감면 주택 외 일반 주택을 어떻게 처분해야 하는지 알아보자.

먼저, 일반 주택을 양도해도 비과세가 성립하는 경우에는 시세차익을 감안하여 매도 결정을 하면 될 것이다.

위에서 조특법 97조와 97조의 2 그리고 최근 발표된 98조의 3 규정에서는 일반 주택 한 채에 대해서는 일반 주택을 먼저 처분하더라도 비과세 혜택을 받을 수 있도록 하고 있다.

다음으로, 일반 주택에 대해 비과세가 성립하지 않는 경우에는 좀 더 치밀하게 전략을 수립할 필요가 있다.

이러한 상황에서는 감면 주택을 먼저 처분하여 감면을 받고 향후 일반 주택에 대해서는 비과세를 받을 수 있는 방향으로 처분 전략을 세우는 것이 좋다.

: Case 6-2 :

왕감면 씨는 조특법 99조에 의한 감면 주택과 일반 주택 등 모두 2주택을 보유하고 있다. 일반 주택을 먼저 양도하면 비과세를 받을 수 있는가?

▶ 그렇지 않다. 조특법 99조에 의한 감면 주택은 다른 주택의 비과세 판정 때 소유 주택

으로 보게 된다. 따라서 다음과 같은 결론을 내릴 수 있다.

· 일반 주택을 먼저 양도하면 : 감면 주택을 포함하여 1세대 2주택 상태에서 양도가 되므로 일반 주택에 대해서는 비과세를 받을 수 없다.

· 감면 주택을 먼저 양도하면 : 감면을 적용받을 수 있다. 그 이후 일반 주택을 양도하면 1세대 1주택에 대한 비과세를 받을 수 있다.

[Advise] 감면 주택의 절세 포인트

주택에 대한 감면 규정은 조세특례제한법에 규정되어 있다. 그런데 이 규정들이 그때그때 상황에 따라 만들어지다 보니 감면 요건이 제각각이다. 따라서 독자들께서는 주택 수와 주택 시점 등과 감면 요건을 비교하여 본인에게 유리한 처분 전략을 마련할 필요가 있다. 조특법은 법제처 홈페이지에서 검색할 수 있다.

감면 주택의 양도세 계산법

감면 주택을 양도하여 감면을 받더라도 어느 정도의 세금을 내야 한다. 농특세가 있기 때문이다. 물론 감면 주택의 취득일로부터 5년이 지난 경우에는 양도세의 일부를 내는 경우도 있다.

다음에서 감면 주택의 양도세를 계산하는 방법에 대해 알아보자.

Case 6-3

고단수 씨는 3억 원에 취득한 감면 주택을 5억 원에 양도하고자 한다. 이 주택을 보유한 기간은 5년이다. 양도세 감면율은 처분기한에 관계없이 산출세액의 50%이다. 농특세가 20% 부과된다면 고 씨가 부담해야 할 총세금은? 단, 고 씨는 2주택자에 해당한다.

감면 주택의 양도세는 감면율에 따라 그 크기가 달라지며 감면세액의 20%만큼 농특세가 추가되는 점에 유의하기 바란다.

	구분	계산	비고
양도세	양도가액	500,000,000원	
	(−) 필요경비 취득가액 기타필요경비	300,000,000원 300,000,000원	
	(=) 양도차익	200,000,000원	
	(−) 장기보유공제	30,000,000원	15%(= 5년 × 3%)
	(−) 기본공제	2,500,000원	
	(=) 과세표준	167,500,000원	
	(×) 세율	6~38%	일반세율(보유기간에 따른 세율) 적용
	(=) 산출세액	43,725,000원	35% 누진공제 1,490만 원
	(−) 감면세액	21,862,500원	$산출세액 \times \dfrac{감면소득금액 - 기본공제}{과세표준} \times 50\%$
	(−) 예정신고납부세액공제		폐지
	(=) 결정세액	21,862,500원	
	(+) 가산세 등		
	(=) 자진 납부할 세액	21,862,500원	
	지방소득세	2,186,250원	
	농특세	4,372,500원	21,862,500원 × 20%
	계	28,421,250원	

한편 취득일로부터 5년이 지난 경우에는 다음과 같은 5년간 발생한 소득을 양도소득금액에서 차감한다. 기준시가의 비율로 5년간 발생한 소득을 계산한다.

$$\text{양도소득금액} \times \frac{(\text{취득일로부터 5년이 되는 날의 기준시가} - \text{취득 당시의 기준시가})}{(\text{양도 당시의 기준시가} - \text{취득 당시의 기준시가})}$$

: Case 6-4 :

허억 씨는 취득한 지 5년이 지난 감면 주택을 보유하고 있다. 양도소득금액이 1억 원이고 기준시가가 다음과 같을 때 감면되는 소득금액은 얼마인가?

▶ 〈기준시가〉

– 양도 당시 : 3억 원

– 취득 당시 : 2억 원

– 5년이 되는 날 : 2억 5,000만 원

위의 식에 대입하면 다음과 같은 결과를 얻을 수 있다.

$$1억 원 \times \frac{2억\ 5,000만\ 원 - 2억\ 원}{3억\ 원 - 2억\ 원} = 1억\ 원 \times \frac{5,000만\ 원}{1억\ 원} = 5,000만\ 원$$

참고로 5년 후에 양도하는 경우로서 취득일 이전의 감면 소득에 대해서도 감면이 적용되는지가 궁금할 수 있다. 이에 대해 국세청은 다음과 같이 분양 주택이 아닌 신축 주택의 경우 감면이 적용되지 않는다고 해석하고 있다.

"단독주택(그 부수토지 포함)을 취득하여 보유하다 당해 주택의 주택 재개발사업에 따라 신축 주택을 취득(사용 승인일 : 2003년 4월 30일)한 경우로서 종전 단독주택의 취득일부터 신축 주택의 취득일 전일까지의 양도소득금액은 「조세특례제한법」 제99조의 3 규정에 따른 감면소득에 해당하지 아니하는 것이며, 신축 주택의 취득일(2003년 4월 30일)로부터 5년이 되는 날은 2008년 4월 30일까지임(예규 : 재산 - 220, 2009. 1. 20).”

상당히 논란거리가 될 수 있는 내용이다. 따라서 단독주택 등을 멸실하고 신축한 경우로서 감면을 받고자 하는 경우에는 세무 전문가와 협의하여 세무 처리를 진행할 것을 권한다. 자칫 손해를 볼 가능성이 높기 때문이다.

감면 주택의 양도세는 일반 주택의 양도세를 계산하는 방법과 약간 차이가 있으니, 다음의 내용들을 알아두자.

첫째, 장기보유공제

감면 주택은 중과세 대상이 아니므로 장기보유공제는 어떠한 상황에서도 받을 수 있다. 다만, 공제를 10~30% 또는 24~80% 중 어떤 것을 받을 수 있는지가 관건이 된다.

• 10~30%가 적용되는 경우

감면 주택 외의 일반 주택을 포함하여 2주택 이상인 경우(2012년부터 중과세 제도의 적용여부와 관계없이 무조건 장기보유공제를 적용함)

• 24~80%가 적용되는 경우

감면 주택이 1주택으로 비과세를 받거나 일시적 2주택 비과세 특례를 받는 경우(감면주택의 실거래가액이 9억 원 이하인 경우에는 양도차익 전액에 대해 비과세가 적용되므로 장기보유공제가 적용될 여지가 없다)

둘째, 처분시점에 따라 감면 내용이 달라진다.

• 취득 후 5년 내 양도 시

양도소득금액 전체에 대해 감면율을 곱한다.

• 취득 후 5년 후 양도 시

5년간 발생한 양도소득금액을 전체 양도소득금액에서 차감한다.

셋째, 세율

감면 주택은 중과세 대상에 해당하지 않으므로 중과세 제도가 적용되지 않는다. 따라서 원칙적인 세율인 보유기간에 따른 세율이 적용된다.

넷째, 감면세액의 계산 방법

일반적으로 양도차익이나 양도소득금액을 감면하는 경우라도 다음과 같은 산식에 의해 감면세액을 계산해야 한다(근거 규정은 소득세법 제90조).

$$\cdot \text{감면세액} = \text{산출세액} \times \frac{\text{감면소득금액} - \text{기본공제}}{\text{과세표준}} \times \text{감면율}$$

다섯째, 감면세액 상당액의 20%만큼 농특세가 과세된다.

다주택자가 현명하게 세금 폭탄 피하는 방법

한 세대가 2주택 이상을 보유하고 있다면 일반적으로 과세되는 것이 원칙이다. 세법은 다주택에 대해서는 무겁게 과세하는데, 투기의 성격이 짙기 때문이다. 하지만 다주택자라고 해도 절망하지 말자. 자세히 살펴보면 비과세 혜택을 받을 수도 있기 때문이다. 주택을 많이 갖고 있는 사람이라면 어떤 제도가 적용되는지 정확히 알고 있어야만 허투루 돈을 내지 않을 것이다.

이를 위해서는 비과세와 중과세 대상을 정확히 판단하는 것부터 이해할 필요가 있다.

비과세가 가능한 상황

- 일시적 2주택(새로운 주택을 산 날로부터 3년 내에 기존 주택 양도)
- 일시적 3주택(일반 주택과 상속 주택, 또는 일반 주택과 농어촌주택이 있는 상태에서 새로운 주택을 구입하여 3년 내에 기존의 일반 주택을 양도)

· 주택임대사업자의 거주용 주택

: 중과세가 가능한 상황

· 2주택 중과세

수도권(읍·면 지역 제외)에서 두 채를 보유한 경우(기타 지역은 기준시가가 3억 원을 초과해야 함)

· 3주택 중과세

수도권(읍·면 지역 제외)과 광역시권(군 지역 제외)에서 세 채 이상을 보유한 경우(기타 지역은 기준시가가 3억 원을 초과해야 함)

: 주택 수를 세대별로 집계하는 이유

기본적으로 주택이 두 채가 넘어가는 상황에서 비과세 혜택을 받지 못하면 과세된다. 그렇다면 여기서 주택 수를 어떻게 산정하는지 알아보자.

세법은 이에 대해 '1세대'를 기준으로 주택 수를 따지도록 하고 있다. 1세대는 부부와 동일한 주소에서 생계를 같이하는 직계존비속과 형제자매를 말한다. 예를 들어 부부가 주택을 한 채씩 가지고 있다면 1세대 2주택, 같은 주소를 사용하고 있는 자녀도 한 채를 더 가지고 있다면 1세대 3주택이 된다. 따라서 주택 수를 조절할 때에는 세대의 개념에 맞춰 관리하는 것이 좋다.

그렇다면 왜 이렇게 주택 수를 세대 단위로 집계할까?

일반적으로 주택은 가족들이 모여 생활하는 공간이다. 즉 주택은 투자 대상이 아니라 거주 대상이다. 이에 따라 세법은 세대 단위로 주택 수를 따져 1주택인 경우에는 비과세를 하고 2주택 이상인 경우에는 과세하는 것을 원칙으로 하고 있다. 결국 양도세는 1세대를 중심으로 두 채 이상을 보유한 경우에 문제가 된다. 따라서 사전에 주택 수를 분산시켜두면 세금을 줄일 수 있다.

그런데 보유한 주택 수를 따질 때에는 주택 유형에 따라, 또는 취득 원인에 따라 보유한 주택 수에 해당할 수도 있고 그렇지 않을 수 있다. 따라서 이를 잘 따져야 할 필요가 있다.

: 주택 수에 포함되는 경우

• 입주권

2006년 이후에 관리처분받거나 취득한 입주권

• 오피스텔

오피스텔을 주거용으로 사용한 경우

• 상가겸용주택

주택 면적이 점포 면적보다 더 크면 전체가 주택, 점포 면적이 더 크면 주택 부분만 주택에 해당

• 감면 주택

양도세가 감면되는 주택도 보유 주택 수에 합산되는 것이 원칙이나 일부 감면 주택(조특법 97, 98조의 3 등)은 포함되지 않음.

: 주택 수에 포함되지 않는 경우

• 법인 보유 주택

법인이 보유한 주택은 법인 소유에 해당함. 개인의 주택과는 별개로 취급함.

• 개인의 매매사업용 주택

매매사업자등록을 한 후 사업용으로 보유한 주택은 개인 소유의 주택으로 보지 않음.

- **주택임대사업용 주택**

1호이상·149㎡이하·6억 원 이하·5년 이상 임대 등의 조건을 갖춘 임대용 주택은 거주자의 주택으로 보지 않음.

- **해외 주택**

해외에서 보유하고 있는 주택은 국내 보유 주택으로 보지 않음.

[Advise] 세대 요건, 다주택자에게는 상당히 중요하다

양도세에서 세대 요건은 매우 중요한데, 그 이유는 세대별로 주택 수를 따지기 때문이다. 따라서 다주택자에 해당하는 경우에는 세대의 개념을 정확히 이해한 후 세대분리 등을 통해 주택 수를 관리할 필요가 있다.

[Advise] 1세대 3주택자의 비과세 원리

· **일시적 2주택 + 동거봉양 주택**

국내에서 1세대 1주택을 소유한 거주자가 그 주택을 양도하기 전에 새로운 주택을 취득하여 일시적으로 2채의 주택을 소유하고 있던 중, 혼인 또는 직계존속을 봉양하기 위하여 세대를 합침으로써 일시적으로 3주택이 되는 경우 새로운 주택을 취득한 날로부터 3년 내에 종전 주택을 양도하면 1세대 1주택으로 보아 비과세 규정을 적용한다.

· **일시적 2주택 + 상속주택**

국내에 1세대 1주택을 소유한 거주자가 상속주택을 취득하여 1세대 2주택이 된 상태에서 새로운 주택을 취득하여 일시적으로 3주택이 되는 경우 새로운 주택을 취득한 날로부터 3년 내에 상속주택이 아닌 종전 주택을 양도하면 1세대 1주택으로 보아 비과세 규정을 적용한다.

다주택자는 중과세 제도의 흐름을 주목하라

1세대가 2주택 이상을 보유하면 중과세 대상이 될 수 있다. 중과세 대상이 되면 장기보유공제를 받을 수 없고 세율이 50~60%가 된다. 따라서 이런 중과세 제도를 적용받게 되면 양도차익의 대부분을 세금을 갖다바치는 꼴이 된다.

이러다 보니 중과세 세율이 적용된 상태에서는 부동산 거래가 위축될 수밖에 없다. 그래서 정부는 중과세 세율을 한시적으로 폐지하겠다고 발표했다.

다음에서 중과세 제도의 내용을 보기로 하자.

: 중과세 제도의 완화 내용

얼마 전까지만 해도 중과세 대상 주택을 2주택 또는 3주택 이상 가지고 있었다면 50~60%의 세율이 적용되었다. 하지만 이 제도가 부동산 거래 활성화를 방해하자 정부는 이 세율을 다음과 같이 한시적으로 완화했다.

① 2주택 중과세의 경우

2주택 중과세 대상자의 경우 2009년 1월 1일부터 2012년 12월 31일이 중과세 세율 적용 유예기간이 된다. 따라서 이 기간 내에 양도하면 일반세율, 즉 보유기간에 따른 세율이 적용된다.

구분	2008년 이전	2009. 1. 1~2010. 12. 31	2011. 1. 1~2012. 12. 31*
장기보유공제	적용 배제	좌측과 동일	좌측과 동일
세율	50%	일반세율(50%, 40%, 6~35%)	좌측과 동일

* 8·29 부동산 대책으로 2012년 12월 31일까지 연장되었다. 단, 장기보유공제에는 2012년부터 적용된다.

② 3주택 중과세의 경우

3주택 중과세의 경우 2009년 3월 16일~2010년 12월 31일이 중과세 세율 적용 유예기간이 된다. 따라서 이 기간 내에 양도하면 일반세율, 즉 보유기간에 따른 세율이 적용된다. 참고로 3주택 중과세 대상자의 경우 투기지역 내의 주택을 먼저 양도하면 기본세율 6~38% 외에 10%포인트가 추가된다. 그 결과 기본세율이 16~48%로 변하게 된다. 2주택 중과세의 경우 탄력세율은 적용되지 않는다. 탄력세율에 대한 분석은 뒤에서 살펴본다.

구분	2008년 이전	2009. 1. 1~3. 15	2009. 3. 16~2010. 12. 31	2011. 1. 1~2012. 12. 31*
장기보유공제	적용 배제	좌측과 동일	좌측과 동일	좌측과 동일
세율	60%	45%	일반세율 (투기지역은 탄력세율)	좌측과 동일

* 8. 29 부동산 대책으로 2012년 12월 31일까지 연장되었다. 단, 장기보유공제는 2012년부터 허용된다.

참고로 주택 중과세 제도에서 중과세 대상을 판단하는 것은 매우 중요하다. 115쪽에서 본 내용을 다시 한 번 보도록 하자.

서울 및 경기도(읍·면 지역 제외)에 2주택을 보유하고 있으면 이 제도가 적용된다. 다만, 위 외 기타 지역은 기준시가가 3억 원을 넘어야 중과세 대상이 된다.

서울 및 경기도(읍·면 지역 제외) 그리고 광역시(읍·면 지역 제외)에 3주택을 보유하고 있으면 이 제도가 적용된다. 위 외 기타 지역은 기준시가가 3억 원을 넘어야 중과세 대상이 된다.

Case 7-1

이주택 씨는 서울에 1주택, 그리고 광주광역시에 1주택을 보유하고 있다. 광주에 있는 주택의 기준시가는 2억 원이다. 이 씨가 서울에 있는 주택을 양도하면 중과세 제도가 적용되는가?

▶ 그렇지 않다. 광주의 주택이 기준시가 3억 원을 초과해야 2주택 중과세 제도가 적용되기 때문이다. 2주택 중과세 제도는 주로 수도권 시내에서 두 채를 가지고 있는 경우에 적용된다.

Case 7-2

삼주택 씨는 서울에 1주택, 그리고 강원도 춘천시에 2주택을 보유하고 있다. 춘천시에 있는 주택은 기준시가가 각각 1억 원에 미달한다. 삼 씨가 서울 주택 또는 춘천에 소재한 주택을 양도할 때 중과세 적용 여부는?

▶ 어떤 주택을 먼저 팔더라도 중과세 제도가 적용되지 않는다. 중과세 대상 주택이 전체적

으로 두 채에 미달하므로 중과세 제도 자체가 적용되지 않기 때문이다.

: 중과세 세율 한시적 폐지와 감세 효과

중과세 세율 한시적 폐지에 의한 감세 효과가 얼마나 되는지 3주택의 경우를 예로 들어 살펴보자.

(단위 : 원)

구 분		2009. 3. 15 이전	중과세 제도 완화		중과세 세율 부활
			2009. 3. 16~ 2009. 12. 31	2010~2012년	2013년
양도세	양도가액	300,000,000	300,000,000	300,000,000	300,000,000
	(−) 필요경비 취득가액 기타 필요경비	200,000,000	200,000,000	200,000,000	200,000,000
	(=) 양도차익	100,000,000	100,000,000	100,000,000	100,000,000
	(−)장기보유공제	적용 배제	적용 배제	적용 배제	적용 배제
	(=) 양도소득금액	100,000,000	100,000,000	100,000,000	100,000,000
	(−) 기본공제	2,500,000	2,500,000	2,500,000	2,500,000
	(=) 과세표준	97,500,000	97,500,000	97,500,000	97,500,000
	(×) 세율	45%	6~35%	6~35%	60%
	(=) 산출세액	43,875,000	19,985,000	19,225,000*	58,500,000

* 97,500,000원 × 35% − 1,490만 원(2011년 누진공제) = 19,225,000원(2012년 세율은 6~38%)

위의 표를 보면, 2009년 3월 15일까지는 45%의 세율이 적용되어 약 4,300만 원 정도가 나온다. 하지만 중과세 세율이 완화되면서 산출세액이 2,000만 원 이하로 떨어진다. 그러나 만일 이에 대해 중과세가 적용되면 대략 6,000만 원의 세금이 부과될 수 있다. 이처럼 중과세 세율은 세부담을 상당히 크게 한다.

영구적으로 중과세가
적용 안 되는
주택이 있다

2009년 3월 16일 정부에서 깜짝 놀랄 만한 뉴스 하나를 발표했다. 그것은 다름 아닌 2009년 3월 16일 이후부터 2010년 12월 31일(최근 2012년 12월 31일까지 연장) 사이에 취득한 토지와 주택에 대해서는 앞으로 영구적으로 보유기간에 따른 세율을 적용하겠다는 뉴스였다. 이는 여유가 있는 사람들로 하여금 부동산을 취득케 하여 경기를 활성화시키겠다는 취지가 담겨 있었다.

다음에서 이와 관련된 내용을 살펴보자.

: 세금 혜택이 주어지는 부동산

2009년 3월 16일부터 2012년 12월 31일 안에 취득을 완료한 주택과 토지에 대해서는 앞으로 영구적으로 일반세율이 적용된다. 여유가 있는 사람들이 부동산을 취득하는 환경을 법이 보장했기 때문이다. 구체적으로 살펴보면 다음과 같다.

• 위 기간 내에 취득이 완료된 주택과 토지

여기서 취득이란 잔금 청산일과 등기접수일 중 빠른 날(자가 건축은 완공일)을 의미한다. 이렇게 취득한 주택과 토지에 대해서는 주택 수와 토지 면적에 관계없이 무조건 일반세율로 과세한다.

• 입주권이나 분양권

이는 권리에 해당하므로 위 기간 내에 취득하더라도 중과세 제외 혜택은 없다. 만일 입주권이나 분양권에 의해 주택을 취득(입주권은 완공 또는 분양권은 잔금 청산)하면 일반과세를 받을 수 있다.

• 상가

상가는 당초부터 중과세에서 제외되므로 이 제도와 관련이 없다. 따라서 언제든지 일반세율을 적용받을 수 있다.

• 오피스텔

오피스텔이 주택으로 취급되는 경우에는 이 제도를 적용받을 수 있다고 판단된다.

: Case 7-3 :

오천평 씨는 2012년 8월에 아버지로부터 주택을 증여받았다. 그렇다면 이 주택도 영구적으로 중과세가 적용 배제되는 주택에 해당하는가?

▶ 2009년 3월 16일부터 2012년 12월 31일까지의 기간 중에 별도세대원으로부터 무상(상속·증여 등)으로 취득한 자산에 대해서는 중과세율 적용을 배제한다(재산-135, 2009. 9. 4). 하지만 오 씨가 아버지와 동일세대원이라면 이 혜택을 받을 수 없게 된다.

일반적으로 법인은 법인 소득의 10~22%를 법인세로 낸다. 그리고 법인이 보유한 주택이나 토지를 양도한 경우에는 기본 법인세 외에 매매차익에 30%를 추가로 과세한다. 법인이 투기하는 것을 방지하기 위해서이다. 그런데 이 중 30% 추가 과세는 2009년 3월 16일~2012년 12월 31일까지 한시적으로 적용되지 않는다. 개인의 경우와 마찬가지의 취지로 부동산 거래를 활성화하기 위해서인데, 단, 법인이 보유한 주택이나 토지가 투기지역에 소재하면 기본법인세 외에 10%를 추가로 과세한다. 예를 들어 어떤 법인이 강남구에 소재한 주택을 이 기간에 양도하면 기본세율 10~22%를 내고, 매매차익에 대해서 10%를 추가로 세금을 내야 한다는 것이다.

[**Advise**] 단기매매와 법인 설립

경매 등을 통해 단기매매를 하는 경우에는 양도세 세율이 50%가 될 가능성이 높다. 보유기간이 1년 미만이라면 세율이 50%가 적용되기 때문이다. 따라서 이러한 상황에서는 매매법인을 설립하는 것도 고려할 만하다. 매매법인의 경우에는 일반적으로 보유기간에 관계없이 10~22%를 적용받기 때문이다.

강남 등 투기지역과 탄력세율

투기지역은 부동산 가격이 일정률 이상 급등한 지역으로, 주로 주택과 주택 외로 나눠서 지정한다. 투기지역으로 지정함으로써 대출을 규제하거나 세금으로 규제하여 시장을 안정화하는 목적이 있다.

다음에서 투기지역과 세금 규제와의 관계에 대해 알아보자.

원래 개인이 중과세 대상 주택을 3주택 이상 가지고 있으면 60%의 세율을 적용하였다. 하지만 이 세율이 2009년 3월 16일에서 2012년 12월 31일까지 한시적으로 일반세율로 바뀌었다. 따라서 2년 이상 보유한 주택의 경우 6~38%를 적용받을 수 있게 된다. 그런데 이와 함께 투기지역으로 지정된 지역에 소재한 주택을 먼저 양도하면 6~38% 세율에 10%를 가산하는 탄력세율 제도가 도입되었다. 이렇게 되면 세율은 16~48%가 되어 세금이 증가하게 된다. 이 제도를 두고 있는 이유는 강남 등 부동산 시장에 많은 영향을 끼치는 지역을 집중적으로 관리하여 부동산 가격을 안정화시키겠다는 의도가 담겨 있다.

탄력세율을 적용하는 것과 관련하여 구체적인 내용은 다음과 같다.

- 탄력세율은 누진세율에 대해서만 적용된다. 따라서 단기 매매에 따른 세율 50%나 40%에 대해서는 적용되지 않는다.
- 탄력세율은 3주택 중과세 주택 중 투기지역에 소재한 주택과 비사업용 토지에 대해서만 적용된다. 따라서 2주택을 보유하고 있거나 3주택이라도 투기지역 외의 지역에 소재한 주택을 먼저 양도하면 탄력세율이 적용되지 않는다. 참고로 투기지역은 정부가 수시로 지정 및 해제를 할 수 있다.
- 개인이 부동산 매매업을 영위하는 경우에도 중과세 물건은 개인의 양도세 체계를 따라가므로 세율 적용법은 개인의 경우와 같다.

: Case 7-4 :

삼부자 씨는 서울 송파와 강남, 그리고 서초에 각각 집을 한 채씩 보유하고 있다. 이들 집 모두 2년 이상 보유한 것인데, 그중 서초에 있는 집을 양도하고자 한다. 2012년 12월 31일 내에 양도할 경우에는 세율은 어떻게 될까?

▶ 2009년 3월 16일에서 2012년 12월 31일 사이에 양도하면 3주택자에 대한 중과세 세율이 적용되지 않는다. 중과세 세율을 적용하는 것을 유예하였기 때문이다. 따라서 2년 이상을 보유했으므로 6~38%가 적용될 것이다. 하지만 3주택 중과세 대상자의 경우에는 이 세율에 10%의 탄력세율이 가산된다. 따라서 이렇게 되면 세율이 16~48%가 적용된다. 이를 표로 확인해 보자.

과세표준	세율(%)		누진공제(만 원)	
	2011년	2012년	2011년	2012년
1,200만 원 이하	16	16	–	–
4,600만 원 이하	26	25	108	108
8,800만 원 이하	35	34	522	522
3억 원 이하	45	45	1,490	1,490
3억 원 초과		48		2,390

⋮ Case 7-5 ⋮

이세집 씨는 서울 송파와 강북 그리고 성남에 각각 집을 한 채씩 보유하고 있다. 이들 집은 모두 2년 이상 보유한 것으로, 그중 강북에 있는 집을 양도하고자 한다. 2012년 12월 31일 내에 양도할 경우의 세율은?

▶ 이 기간 내에 양도하면 중과세 세율이 적용되지 않는다. 따라서 2년 이상을 보유했으므로 6~38%가 적용될 것이다. 이 경우에는 탄력세율은 적용되지 않는다. 3주택 중과세 대상자에 해당하나 양도한 물건이 투기지역에 소재하지 않기 때문이다(따라서 양도 당시에는 투기지역 소재 여부를 확인해야 한다).

참고로 법인의 경우에는 탄력세율 제도가 적용되는 것은 아니며 개인과는 다른 방법으로 규제하고 있다.

• 법인이 투기지역에 소재한 주택이나 비사업용 토지를 처분하는 경우

기본세율(10~22%)로 적용되는 법인세 외에 주택 매매차익에 10%의 법인세를 추가한다. 개인의 경우에는 탄력세율이 적용되어 세율이 16~48%까지 변한다. 하지만 법인은 탄력세율이 적용되는 것이 아니라 기

본 법인세 외에 매매차익의 10%가 추가로 과세된다.

[Advise] 정부의 부동산 경기 살리기와 그 영향

최근 정부는 분양가 상한제 폐지, 다주택자 양도세 중과세 폐지, 강남3구 투기지역 해제 등을 추진하고 있다. 얼어붙은 부동산을 살리기 위해서이다. 실제 이러한 일들이 확정되었을 때 세금측면에서 어떠한 영향이 있는지 살펴보자.

첫째, 중과세 제도가 폐지되면 세법적용이 한결 쉬워진다.

일반적으로 주택 수와 관계없이 양도차익이 작은 것을 먼저 처분하는 식으로 전략을 세우면 되기 때문이다. 만일 거주용 주택에 대해서 비과세를 받으려면 나머지 주택들은 임대주택으로 등록을 하면 된다. 중과세 제도의 영구적 폐지는 2013년 1월부터 적용될 가능성이 높다.

둘째, 투기지역에서 해제되면 어떤 영향이 있는지 알아보자.

투기지역에서 해제되면 양도세 탄력세율이 적용되지 않고 DTI규제가 완화되고 주택거래신고 제도를 적용받지 않아도 된다. 이처럼 세금 측면과 세금 외의 측면에서 규제가 완화되므로 구매수요가 일정부분 증가될 수 있다.

1세대 2주택자, 이렇게 처분하라

서울 광진구에 거주하고 있는 심심해 씨는 요즘 잠을 이룰 수가 없다. 사업 자금을 마련하기 위해 오래전에 마련한 주택을 처분하고자 하는데 세금이 만만 치 않을 것 같았기 때문이다. 2주택자로서 어느 주택을 팔아도 양도세가 나오 는 상황이었다. 자료가 다음과 같다고 할 때 심 씨는 어떻게 하는 것이 좋을까?

구분	A	B
시세	6억 원	5억 원
취득가액	3억 원	2억 원
기타	5년 보유	2년 보유

위와 같이 주택을 보유하고 있는 경우에는 어느 주택을 양도하더라도 동 일하게 세금이 나올 가능성이 높다. 그 까닭은 양도차익이 같기 때문이다. 구

체적으로 양도세는 약 9,000만 원 정도가 예상된다. 양도차익에 6~38%의 세율을 곱해 대략적으로 계산한 결과다. 여기서 6~38%를 적용한 것은 2주택자의 경우 중과세 세율이 한시적으로 폐지되었기 때문이다.

이제 심 씨가 특례기간 중인 2012년에 A와 B주택 중 한 채를 처분한다고 하자. 이러한 상황에서는 B주택을 먼저 처분하는 것이 좋다. A주택의 경우 보유 요건 3년(2012년 6월 말 이후는 2년)을 채웠기 때문에 B주택을 양도한 후 A주택을 처분하더라도 비과세 혜택을 받을 수 있기 때문이다. 심 씨가 이렇게 B주택을 처분한 후 새로운 주택을 구입하면 새 주택의 구입일로부터 3년 내에 A주택을 처분하더라도 비과세를 받을 수 있다. 일시적 2주택 비과세를 위한 처분기한이 2년에서 3년으로 연장된 것을 활용한 것이다. 이처럼 일시적 2주택 비과세를 위한 처분기한이 2년에서 3년으로 연장되었으므로 실수요자들이 급히 처분을 서두르지 않아도 되게 되었다. 다만, 이렇게 처분기한이 연장됨으로써 실수요자들이 처분을 서두르지 않게 되어 부동산 거래활성화에는 다소 역행하는 것으로 평가된다.

한편 심 씨가 B주택을 제3자에게 처분하는 것이 아닌 자녀에게 증여한 후 A주택을 처분할 수도 있을 것이다. 이렇게 되면 A주택에 대해서는 양도소득세 비과세를 받을 수 있게 된다. 하지만 실무적으로 볼 때 자녀에게 증여하면 증여세 등이 과도하게 나와 이런 방법이 오히려 불리한 경우가 많다. 또한 자녀가 세법상 세대분리를 인정받지 못하면 양도세는 줄어들지 않는다. 이렇게 되면 증여가 오히려 화를 좌초하는 결과가 된다. 따라서 증여를 선택하기 전에 미리 전문가와 상담하는 것이 좋다.

실무적으로 2주택을 보유한 상태에서 과세되는 경우에는 양도차익의 크기와 비과세 조건 등을 검토하면 의외로 좋은 성과를 얻을 수 있다. 희망을 갖고 전문가와 절세 방법을 찾아보도록 하자.

다주택자가 성년인 자녀에게 집을 증여하는 경우가 많다. 집을 증여하는 이유는 본인의 주택 수를 줄이기 위해, 자녀가 살집을 마련해주기 위해, 주택을 처분하는 경우 많은 세금이 나와 이를 피하기 위해서이다.

그런데 기왕 증여하고자 하는 경우에는 증여대상 주택을 담보로 대출금이 있거나 또는 전세보증금이 있는 경우 이 채무를 함께 넘기면(이를 부담부 증여라고 함) 세금을 줄일 수 있다. 예를 들어 2억 원인 집을 성년인 자녀에게 증여하면 증여세는 대략 3,000만 원 정도가 나온다. 2억 원에서 증여공제 3,000만 원을 제외한 1억 7,000만 원에 20%의 세율과 1,000만 원의 누진공제를 적용한 결과다.

그런데 이 주택에 담보된 부채가 1억 원이 있고 이를 포함해 증여하는 경우라면 증여금액은 1억 원이며 이에 700만 원 정도의 증여세가 나온다. 1억 원에서 3,000만 원을 차감한 7,000만 원에 10%를 곱해서 그렇다. 이때 수증자가 인수한 부채는 유상양도에 해당되어 증여자에게 양도세가 부과된다. 이렇듯 부담부 증여는 두 가지의 세금이 나오게 되며, 사례의 경우 두 세금의 합계액이 1,200만 원이 된다. 앞의 순수한 증여한 세금 3,000만 원에 비하면 1,800만 원 정도 저렴한 셈이다.

2회 이상 양도한 경우의 합산과세

한 해에 2회 이상 양도한 경우에는 합산과세를 조심해야 한다. 합산과세는 1년 동안 거래된 모든 거래의 양도차익을 합산하여 과세하는 방식인데, 이 제도가 적용되면 내야 하는 세금이 늘어날 수 있다. 아래에서 합산과세에 대한 내용을 살펴보자.

합산과세는 한 과세기간(1월 1일~12월 31일)에 2회 이상 양도하는 경우에 양도차익을 합산하여 세금을 정산하는 방식을 말한다. 누진세율로 통산되는 경우 세금이 증가하게 된다. 양도차익 통산은 다음과 같은 기준으로 하면 된다.

구분	내용
세율이 같은 경우	통산한다.
세율이 다른 경우	통산할 필요가 없다(단, 기본공제 250만 원은 1회만 적용된다는 점에 유의할 것).
양도차손이 발생한 경우	양도차익이 발생한 자산에 통산한다. 세율이 다른 경우에는 안분해야 한다.

다음에서 합산과세와 관련하여 다양한 사례들을 살펴보자.

주도자 씨는 2012년 5월 중에 주택을 양도하여 6~38%의 세율을 적용받았다. 또한 같은 해 9월 중에 상가를 양도하려고 한다. 이 상가 또한 6~38%의 세율이 적용된다. 이 경우 두 자산의 종류는 다르지만 양도차익을 합산해야 하나?

▶ 그렇다. 양도세 통산에서는 과세 대상 자산이 중요한 것이 아니라 세율이 중요하다. 이렇게 누진세율 항목이 통산되면 양도세가 증가한다.

구기자 씨는 주택을 양도하여 50%의 세율을 적용받았다. 이후 분양권을 양도하여 40%의 세율을 적용받았다. 이 경우 양도차익을 통산해야 할까?

▶ 통산해도 실익이 없다. 세율이 다르기 때문이다. 이런 경우 굳이 합산하여 신고할 필요는 없으나 뒤에 신고한 자산에 대해서는 250만 원 공제를 적용하지 않아야 한다. 만약 2회 공제를 하는 경우에는 세금 추징이 발생한다.

여자산 씨는 분양권을 마이너스 프리미엄으로 팔았다. 이 마이너스 프리미엄은 다른 자산의 양도차익에서 공제받을 수 있나?

▶ 그렇다. 만일 여러 자산이 있는 경우에는 먼저 양도차손이 발생한 자산과 같은 세율을

적용한 후 남은 차손이 있다면 다른 세율을 적용받는 자산의 양도소득금액 비율로 안분하여 계산한다. 결손금은 당해 연도에 발생한 양도차익에서만 공제되며 다음 해로 이월하여 사용할 수 없다.

: 합산과세는 어떻게 되는가?

일반적으로 합산과세는 2회 이상의 양도에 대해 누진세율(6~38%의 세율을 말함)이 적용되는 상황에서 발생한다. 이 경우 장기보유공제는 물건 별로 각각 적용하고 기본공제는 연간 1회만 받을 수 있다는 점을 기억하자. 합산과세를 하면 일반적으로 세금이 증가하는데 다음의 예를 통해 살펴보자.

A부동산의 과세표준이 1억 원, B부동산의 과세표준도 1억 원이라고 하자. 이러한 상황에서 각각 과세하는 것과 합산하여 과세되는 경우 세금 차이는 얼마나 될까?

• A부동산만 누진세율이 적용되는 경우

합산의 실익이 없다. 세율이 누진세율(6~38%)과 50% 등의 단일세율이 적용되기 때문이다. 단, 기본공제 250만 원은 한 번만 적용된다는 점에 유의하자.

A : 1억 원 × 6~38% = 2,010만 원

B : 1억 원 × 50% = 5,000만 원

• A부동산과 B부동산 모두 50%의 세율이 적용되는 경우

합산의 실익이 없다. 단일세율 50%는 합산과세되나 분산과세되나 산출세액은 같기 때문이다. 단, 250만 원 공제는 단 1회만 공제된다.

A : 1억 원 × 50% = 5,000만 원

B : 1억 원 × 50% = 5,000만 원

합산하게 되면 세금이 증가한다. 각자 계산을 하면 4,000만 원 정도, 합산하여 계산하면 5,500만 원 정도가 된다.

- 각자 계산하는 경우 : (1억 원 × 6~38%) × 2명 = 2,010만 원 × 2명 = 4,020만 원
- 합산하여 계산하는 경우 : 2억 원 × 6~38% = 5,510만 원

이 원리로 본다면 누진세율이 적용되는 경우에는 소득을 분산시키는 것도 절세의 한 방법이라는 것을 알 수 있다. 부동산을 공동등기하는 이유도 이러한 것과 관련이 있다.

[Advise] 연 2회 이상 양도하는 경우의 세금 신고법 정리

양도세 합산과세방식을 정리하여 살펴보자.

- 손해를 본 부동산이 있는 경우 → 손실을 양도차익에서 공제를 받을 수 있다. 단, 여기서 손실은 다음 해의 양도차익에서는 공제할 수 없다.
- 중과세율 + 중과세율이 적용되는 경우 → 합산의 실익이 없다. 다만, 기본공제는 1회만 공제된다.
- 중과세율 + 누진세율이 적용되는 경우 → 합산의 실익이 없다. 기본공제는 단 1회만 적용된다.
- 누진세율 + 누진세율이 적용되는 경우 → 양도차익을 합산해 정산해야 한다.

농어촌주택을 포함하여 2주택인 경우

경기도 용인시에 거주하고 있는 신수지(65세) 씨는 현재 2주택을 보유하고 있다. 신 씨는 이 중 한 채를 팔아 나온 돈의 일부를 곧 결혼할 아들의 결혼자금으로 사용하려고 한다. 그런데 2주택 모두 오랜 기간 보유해서 세금이 꽤 나올 것 같다는 소식을 듣고는 걱정이 이만저만 아니다. 신 씨가 보유한 주택은 2004년에 취득한 용인 주택 한 채와 강원도 평창군 ○○면에 소재한 주택 한 채이다. 신 씨는 어떻게 해야 세금을 줄일 수 있을까?

많은 사람들이 이런저런 사유로 2주택 이상을 보유하고 있다. 따라서 이러한 상황에서 집을 판다면 먼저 양도하는 주택에 대해서는 과세하는 것이 타당하다. 하지만 다주택을 보유한 사유가 부득이하다면 과세하지 않는 것이 바람직하다. 이에 대해 세법은 농어촌에 주택이 있거나 상속 등을 받아 다주택이 된 경우에는 일정한 조건을 두어 비과세를 적용하고 있다. 위 사례의 경우에는 다행히 도시에 한 채, 농어촌에 한 채가 있는 상태여서 일반 주택을 먼저 양도하면 1세대 1주택 비과세 규정을 적용받을 수 있다. 다만, 이러한 혜택을 누리기 위해서는 다음과 같은 내용들을 숙지할 필요가 있다.

먼저 농어촌주택은 세법상의 농어촌주택에 해당되어야 한다. 그런데 실무상 이를 가려내는 것이 쉽지 않다. 왜 그럴까?

세법상의 농어촌주택은 수도권(서울·인천·경기도) 외의 지역 중 읍(도시지역을 제외) 또는 면 지역에 소재해야 한다. 그런데 여기서 읍 지역이 도시 지역에 해당되면 농어촌주택에 대한 자격이 아예 박탈된다. 그렇게 되면 농어촌주택은 일반 주택이 되는 셈이 되어 비과세 혜택이 없어진다. 또한 앞의 지역적인 조건을 갖추었더라도 이농민이 5년 이상 거주한 주택이나 귀농주택 또는 피상속인이 5년 거주한 상속주택 중 하나에 해당되어야 한다. 여기서 이농주택은 이농인이 그곳에서 최소한 5년 이상 거주를 한 주택을 말한다. 귀농주택은 귀농인이 거주할 주택(귀농 전에 취득한 것 포함)을 말하는데, 본적지(또는 연고지)에 소재하고 대지 면적이 660㎡ 이내이고 1,000㎡ 이상의 농지를 소유한 상태에서 당해 농지의 소재지(연접지 포함)에서 취득해야 한다는 조건이 붙는다. 따라서 귀농을 준비하는 사람들은 세부적인 요건을 다시 한 번 확인하는 것이 좋다. 이밖에 상속주택은 돌아가신 분이 5년 이상 거주하면 그로써 족하다. 물론 상속주택은 이런 규정이 아니더라도 일반 주택 한 채에 대해서는 언제든지 비과세를 받을 수 있다. 따라서 상속주택은 이농이나 귀농주택보다는 세금 측면에서 훨씬 더 유리하다.

이제 신 씨가 세금을 줄일 수 있는 방법을 알아보자. 평창군에 소재한 주택이 세법상 농어촌주택에 해당하는 경우에는 용인에 있는 주택을 먼저 처분하는 것이 좋다. 비과세를 받을 수 있기 때문이다. 그러나 평창에 있는 주택이 농어촌주택에 해당하지 않으면 용인 주택은 비과세가 가능하지 않게 된다. 따라서 이러한 상황에서는 평창 주택을 처분하거나 세대가 분리된 자녀 등에게 증여한 후 용인 주택을 양도하는 방안도 생각해 볼 수 있다. 다만, 증여하는 경우에는 증여세와 취득세 등이 부과되므로 증여 효과가 충분히 있는지 이를 검토해야 한다.

참고로 조특법 제99조의 4에서는 투자를 목적으로 연고지가 아닌 곳에서 농어촌주택을 취득하더라도 앞과 같은 비과세 혜택을 부여한다고 명시하고 있다. 다만, 이 규정으로 비과세를 받기 위해서는 2003년 8월 1일부터 2014년 12월 31일까지 취득해야 하고 대지 면적이 660㎡ 이내여야 하며 취득할 당시에 기준시가가 2억 원 이하여야 하는 등의 요건이 있다(281쪽 참조).

[Advise] **농어촌주택의 성격에 따라 처분 방법이 달라진다**

도시에 일반 주택이 한 채 있고 농어촌에 주택을 한 채 보유하고 있는 경우에는 1세대 2주택자에 해당한다. 따라서 이러한 상황에서는 농어촌주택에 대한 세법상의 요건을 정확히 따져본 후 만일 요건을 충족한 경우라면 일반 주택을 양도해도 문제가 없다. 하지만 농어촌주택이 요건을 갖추지 못한 상태에서 주택을 양도하는 경우에는 일반 주택에 대해 비과세가 적용되지 않을 수 있다. 이러한 상황에서는 미리 농어촌주택을 처분하거나 다른 세대원에게 증여한 후에 일반 주택을 처분하는 것이 좋다.

상속주택과
일반 주택이
있는 경우

상속으로 받은 주택은 일반 취득과 별반 다를 바가 없으나, 상속주택은 취득의 불가피성이 있어 일반 주택과는 달리 취급하고 있다. 예를 들어 동일 세대원이 상속으로 받은 주택에 대해 비과세 판정을 내릴 때 피상속인이 보유한 기간을 통산해 보유기간을 따진다. 이밖에도 몇 가지 주의할 것들이 있다.

다음에서 상속주택과 관련된 내용들을 살펴보자.

: 무주택자가 상속을 받은 경우

1세대 무주택자가 상속주택을 취득한 후 양도한 경우로, 양도일 현재 비과세 요건을 갖추었다면 양도세를 비과세 받을 수 있다. 그런데 여기서 쟁점은 보유기간을 언제부터 갖추어야 하는가 하는 점이다. 보유기간의 기산점에 따라 비과세 적용시점이 달라지기 때문이다.

피상속인의 보유기간이 통산된다.

상속 개시일로부터 기산한다.

1주택자가 상속을 받은 경우

1세대 1주택자가 상속주택을 취득하여 2주택자가 된 경우에는 처분하는 순서에 따라 세금 관계가 달라진다는 점을 유의해야 한다.

양도세가 과세된다. 단, 상속 개시 후 5년 내에 양도하는 경우에는 중과세 제도가 적용되지 않는다.

비과세 요건(2년 보유 등)을 갖춘 경우라면 비과세를 받을 수 있다. 세법은 상속주택과 일반 주택이 있는 상황에서 일반 주택을 양도하는 경우에는 비과세를 적용하고 있기 때문이다. 다만, 여기서 한 가지 주의할 사항은 이렇게 혜택을 받을 수 있는 상속주택은 피상속인의 주택 중 한 채에 한한다는 것이다. 만일 피상속인(사망자)이 남긴 주택이 여러 채인 경우에는 피상속인이 소유한 기간이 가장 오래된 것(같으면 거주기간 등을 순차로 고려)만을 상속주택으로 취급한다. 따라서 나머지 주택은 일반 주택에 해당한다.

Case 7-9

정당해 씨는 일반 주택을 보유한 상태에서 주택 한 채를 상속받았다. 정 씨는 피상속인(사망자)과 동일 세대원이 아니다. 만일 정 씨가 일반 주택을 양도하면 비과세를 받을 수 있을까?

▶ 그렇다. 앞의 규정에 따라 일반 주택을 먼저 양도하면 비과세 혜택을 받을 수 있다. 만일 상속주택을 먼저 양도하면 과세되는 것이 원칙이다.

⋮ Case 7-10 ⋮

만일 앞의 정당해 씨가 피상속인과 동일 세대원인 상태에서 상속을 받았다면 정 씨가 보유한 일반 주택을 양도하면 비과세를 받을 수 있을까?

▶ 2010년부터 동거 봉양자인 동일 세대원이 상속을 받더라도 합치기 이전에 보유한 일반 주택에 대해서는 비과세를 적용한다. 하지만 동거 봉양 목적이 아닌 상태에서 기타 동일 세대원이 상속을 받은 경우에는 일반 주택에 대한 비과세 혜택이 없다. 어머니가 주택을 한 채 보유한 상태에서 어머니가 아버지 소유의 주택을 상속받는 경우가 이에 해당한다(주의!).

⋮ 공동으로 상속받은 경우

주택을 공동으로 상속받은 경우에는 소수지분이 발생해 세금 관계가 복잡하게 바뀐다. 균등상속 주택 외의 일반 주택에 대한 비과세 여부를 판정하는 데 있어, 공동상속 주택은 상속 지분이 가장 큰 상속인(같으면 당해 주택에 거주한 자, 최연장자 순으로 한다)의 것으로 하기 때문이다. 다음의 예를 통해 살펴보자.

⋮ Case 7-11 ⋮

A주택은 아버지가 소유, B주택은 어머니가 소유한 상태에서 아버지가 사

망하였다. 그래서 A주택을 아들이 3분의 2, 어머니가 3분의 1을 공동 상속한 경우, 현 시점에서 어머니가 소유한 B주택을 매매할 때 비과세가 가능할까?

▶ 공동상속 주택과 일반 주택을 국내에 각각 1개씩 소유하고 있는 1세대가 일반 주택을 양도하는 경우 소수지분자의 공동상속 주택은 당해 거주자의 주택으로 보지 않는다. 따라서 어머니는 소수지분자이고 1세대 1주택자에 해당되므로 비과세를 받을 수 있다. 참고로 아들의 경우에는 상속주택 외 일반 주택이 한 채 있다면 일반 주택을 먼저 양도하면 비과세를 받을 수 있다.

Case 7-12

공동상속 주택 두 채와 일반 주택 한 채를 소유한 1세대가 양도하는 일반 주택은 1세대 1주택의 비과세 규정을 적용받을 수 있을까?

▶ 없다. 과세당국은 공동상속 주택 두 채가 있는 상황에서 일반 주택을 양도하면 이에 대해서는 비과세를 받을 수 없다고 해석하고 있다(서면4-2479, 2007. 8. 20).

Case 7-13

아버지가 사망하면서 주택 한 채를 남겼다. 이 주택의 2분의 1은 동일 세대원인 어머니가 상속을 받고 나머지 2분의 1은 동일 세대원이 아닌 아들이 상속받았다. 이 주택을 바로 양도하는 경우에 양도세 관계는? 어머니와 아들은 상속을 받기 전에는 무주택자였다.

▶ 어머니의 경우에는 어머니의 보유기간을 아버지의 그 기간과 합산하여 비과세 요건을 따

진다. 따라서 비과세 요건을 갖춘 경우라면 어머니 몫에 대해서는 비과세가 적용된다. 아들의 경우에는 아버지와 동일 세대원이 아니므로 상속 전후의 보유기간이 통산되지 않는다. 따라서 상속 개시일로부터 2년을 보유해야 비과세 요건을 충족한다. 만일 상속이 개시된 후 바로 양도하는 경우에는 다음과 같이 과세방식이 결정된다.

- 양도가액 : 처분가액
- 취득가액 : 상속 개시일로부터 6개월 내에 처분하면 처분가액이 취득가액이 됨.
- 장기보유공제 : 상속 개시일로부터 3년이 넘어야 공제가 가능하다.
- 세율 : 당초 아버지가 취득한 날로부터 양도일까지의 기간이 2년이 넘어가면 누진세율 적용이 가능하다.

2주택 이상 보유자가 상속을 받은 경우

1세대 2주택자가 상속을 받아 3주택자가 된 경우에는 다음과 같이 과세방법이 결정된다.

• 비과세가 되는 경우

일시적 2주택 비과세 특례가 가능한 상황에서 상속주택이 개입되는 경우 상속주택은 없는 것으로 봐준다.

• 과세가 되는 경우

비과세가 되지 않으면 과세가 된다.

∶ Case 7-14 ∶

삼주택 씨는 오래전부터 2주택을 보유한 상태에서 최근 상속주택을 한 채 받았다. 오래전부터 보유한 주택을 한 채 처분하면 비과세를 받을 수 있을까?

▶ 일시적 2주택 비과세 특례가 가능한 상황이 아니므로 먼저 처분하는 주택은 비과세를 받을 수 없다.

[Advise] 상속주택의 양도세 절세 대책

상속주택의 양도세를 계산할 때 취득가액은 신고한 당시의 가액으로 한다. 만일 기준시가로 신고를 했다면 기준시가가 취득가액이 된다(상속 취득세금 포함). 그 결과, 상속이 발생하는 경우 신고를 하지 않으면 대부분 기준시가로 양도세를 내게 된다. 따라서 상속이 발생하면 상속세가 없다고 신고하지 않는 것이 아니라 미리 시가로 신고를 해두면 향후 양도세를 계산할 때 매우 유리하다.

한편 상속받은 부동산을 양도할 때 세율은 피상속인이 보유한 기간을 통산하여 따진다. 예를 들어 피상속인이 2004년에 취득한 주택이 2010년에 상속됐고, 2012년에 양도됐다면 장기보유공제는 불가능하지만 보유기간이 2년 이상에 해당하므로 세율은 6~38%를 적용받을 수 있다는 것이다. 세율을 적용하는 면에서는 피상속인과 상속인의 보유기간이 통산되고 있다.

상속 부동산은 세금 관계가 일반 부동산과 달라서 복잡하다. 따라서 세무사의 도움을 받는 것이 좋다.

세법을 개정하면 주택을 많이 가진 사람을 1주택자로 만들 수 있다. 이게 사실이라면 지금처럼 집 때문에 울고불고하는 사람들이 없어질 텐데 말이다. 현재 세법은 1세대가 1주택을 보유한 상태에서 2년 보유하면 비과세를 적용한다. 그런데 2주택 보유자는 일시적 2주택 등 법에서 정한 비과세를 받지 않으면 대부분 과세하는데, 이때 1주택을 판 후 남아 있는 주택은 언제든지 팔아도 비과세가 된다. 비과세 요건 판단을 '양도일 현재'로 하기 때문이다. 이렇다 보니 주택을 몇 채 보유하더라도 최종적인 주택 한 채에 대해서 비과세가 되는 데 아무런 영향이 없기 때문에 세법이 다주택자를 우대하는 결과가 빚어진다. 다음에서 사례를 통해 이 내용을 확인해 보자.

서울에 거주하고 있는 공작소 씨. 그는 2주택을 보유하고 있는데, 이 주택들을 모두 10년 정도를 보유하고 있다. 이 중 한 주택은 2주택에 해당하여 비과세 혜택을 받을 수 없다. 공 씨는 두 주택을 모두 정리하고 새로운 주택으로 이사를 가려고 한다. 이러한 상황에서 공 씨는 어떤 식으로 세금을 정리하는 것이 좋을까? 현행의 세법 내용을 기준으로 정리해 보자.

먼저, 양도차익이 작은 주택을 먼저 정리한다. 이 주택에 대해서는 일반적으로 세금이 나온다.

둘째, 새로운 주택을 구입한다.

셋째, 새로운 주택을 구입한 날로부터 3년 이내에 비과세 주택을 양도한다.

현행 세법을 기준으로 보면 처음에 양도하는 주택은 과세되지만, 두 번째 양도하는 주택은 일시적 2주택 비과세 기간 내에 팔면 비과세가 된다.

바로 여기서 문제점이 생긴다. 비과세 요건 중 2년 보유 요건의 기산점을 비과세 대상 주택의 당초 취득일로부터 따지기 때문이다. 아래 그림을 보자.

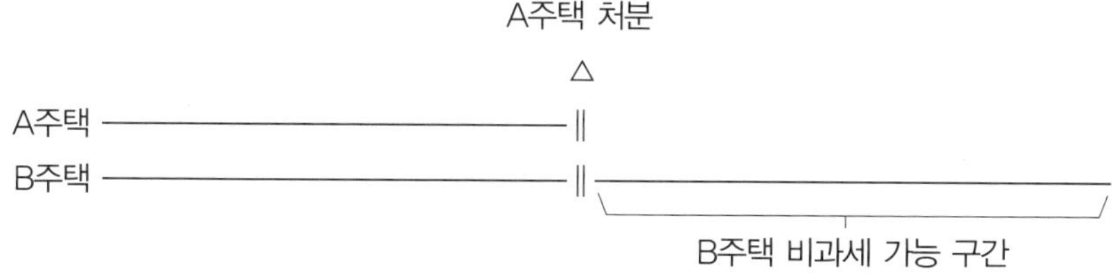

위 그림에서 A주택을 먼저 처분하면 그 이후에 언제든지 B주택을 양도해도 비과세 혜택을 받을 수 있다. 심지어 A주택 양도일의 다음 날에 B주택을 양도해도 비과세 혜택을 받을 수 있게 된다. B주택을 처분한 날 시점에서 보면 1세대 1주택자에 해당하기 때문이다.

그렇다면 비과세 보유기간을 따지는 시점을 A주택을 처분한 날을 기준으로 하면 어떻게 될까?

이 경우에 B주택이 비과세가 되기 위해서는 A주택 양도일로부터 보유기간 3년을 다시 채워야 한다. 따라서 이렇게 법이 적용되면 다주택자들은 비과세를 받기 위해 다주택을 소유하는 것을 포기할 가능성이 높아진다. 비과세 요건을 맞추려면 1주택 상태가 지속되어야 하기 때문이다.

이처럼 비과세를 위한 보유기간을 어느 시점부터 따지느냐에 따라 세금이 미치는 영향이 다르다. 그런데 이에 대해 정부는 당초 취득시점부터 이를 인정하면서 최종적으로 양도일 현재에 비과세 요건을 갖추면 이를 인정하는 방식으로 법을 운용하고 있다. 그러나 원래 1세대 1주택 비과세의 취지에 맞춰보면 1주택이 된 상태에서 보유 요건을 따지는 것이 타당하다. 따라서 제도의 취지에 맞게 법이 개정될 필요가 있다. 만일 국회에서 보유기간을 산정하는 방법을 개정한다면 우리나라의 주택 문화에도 적지 않는 영향을 줄 것은 자명하다. 주택 소유자들이 한 주택에 만족하면서 주택을 재테크나 투자의 수단으로 보지 않을 가능성이 높기 때문이다.

: **Case 7-15** :

김태평 씨 본인과 동거하고 있는 자녀 명의로 한 주택씩을 보유하고 있는 상태에서 김 씨가 새로운 주택을 구입한 후 이사를 가려고 한다. 이 경우 김 씨 본인 명의의 주택을 처분하여 양도세 비과세를 받을 수 있을까? 만일 이를 받을 수 없다면 좋은 방법은 없는가? 위 주택들은 보유기간이 5년 이상 되었다.

▶ 받을 수 없다. 일시적 2주택 비과세 특례를 받을 수 없기 때문이다. 이러한 상황에서는 먼저 자녀를 합법적으로 세대 분리시킨 후 김 씨 명의의 주택을 처분하면 일시적 2주택 비과세 특례를 적용받을 수 있다.

[Advise] 자녀의 보유 주택으로 손해를 보는 경우

자녀가 학생이거나 일정한 직업이 없는 상황에서 주택을 소유하면 세법상 손해를 보는 경우가 있다. 예를 들어 부모의 집을 팔 때 비과세가 적용되지 않을 수도 있으며, 상속주택의 40%를 5억 원 한도까지 공제하는 동거주택 상속공제 혜택을 받지 못할 수도 있다. 따라서 자녀의 명의로 주택을 취득한 경우에는 이래저래 세금 문제가 도사리고 있기 때문에 사전에 정확하게 실익을 분석해야 한다.

자경농지 및 수용토지의 세금 감면

⑧

토지 세금의 모든 것을 낱낱이 파헤쳐 보자

토지에 대한 세금 골격은 앞에서 본 주택 관련 세금 체계와 매우 비슷한 면이 많다. 먼저 농지는 국민생활과 직결되는 것이어서 세금을 약하게 처리하는 경향이 있다. 하지만 투자 목적으로 토지의 성격이 바뀐다면 어김없이 중과세 제도가 따라붙는다. 다음에서 토지와 관련된 세금 문제를 차근차근 알아보자.

① 취득 단계

취득 유형	농지		농지 외 토지	
	과세표준	세율	과세표준	세율
유상매매	실거래가	3.4%	실거래가	4.6%
경매에 의한 취득	낙찰가격	3.4%	낙찰가격	4.6%
증여에 의한 취득	기준시가	4.0%	기준시가	4.0%
상속에 의한 취득	기준시가	3.16%	기준시가	3.16%

농지와 농지가 아닌 토지로 구분하여 취득 관련 세율을 살펴보자.

- 일반 토지 거래 : 4(취득세) + 0.2(농특세) + 0.4(지방교육세) = 4.6%

- 농지 거래 : 3(취득세) + 0.2(농특세) + 0.2(지방교육세) = 3.4%(농지의 취득세율은 3%임)

위의 표를 자세히 살펴보면, 농지와 농지가 아닌 것에서 세율 차이가 있다. 이는 농지 취득에 대해 세법이 배려를 한 까닭이다.

⋮ Case 8-1 ⋮

백투자 씨는 상가를 짓기 위해 나대지를 구입하려고 한다. 백투자 씨는 취득세 등을 얼마로 내야 하는가? 토지의 취득가액은 10억 원이라고 한다.

▶ 개인이 상가를 짓기 위해 나대지를 구입하는 경우에는 취득 관련 세율이 4.6%가 된다. 따라서 이 경우 취득 세금은 4,600만 원이 된다. 참고로 법인이 취득하는 경우에는 세금이 중과세될 수 있다(자세한 내용은 이 책의 자매서인 기업편 참조).

② 보유 단계

토지를 보유하면 일단 재산세가 과세된다. 그리고 나대지나 상가 빌딩 부속토지의 기준시가가 각각 5억 원, 80억 원을 초과하면 종부세가 과세된다. 특이하게 농지나 공장 용지, 골프장 토지 등 재산세가 분리과세되는 토지는 재산세만 과세되고 종부세는 부과되지 않는다. 농지 등은 저율 과세가 필요하고, 골프장 등 사치성 재산은 이미 높은 세율로 과세되었기 때문이다. 위의 내용을 정리한 것이 다음의 표이다.

참고로 별도합산 토지는 주로 상가 부속 토지나 자동차 운전학원용 토지 등 영업용 토지를, 종합합산 토지는 나대지나 잡종지 등을 말한다.

구분	재산세	종부세
과세 대상	분리과세 대상 토지 별도합산과세 대상 토지 종합합산과세 대상 토지	부과되지 않음 별도합산과세 대상 토지(80억 원 초과분) 종합합산과세 대상 토지(5억 원 초과분)
과세 구조	공시지가 × 공정시장가액비율 × 재산세 세율	(공시지가 − 5억 원 또는 80억 원) × 공정시장가액비율 × 종부세 세율

결국 토지에 있어서 종부세는 종합합산 토지인 나대지 등만 문제가 될 소지가 있다. 농지 등 분리과세 토지는 종부세가 과세되지 않고 상가 부속 토지류는 공시지가가 80억 원을 초과해야 하기 때문이다.

┊ Case 8-2 ┊

성지주 씨는 나대지를 100㎡ 보유하고 있다. 이 토지의 기준시가는 4억 9,000만 원이다. 재산세의 과세 방식과 종부세 과세방식은 어떻게 될까?

▶ 나대지는 재산세가 종합합산과세되는 대표적인 지목이다. 종합합산과세가 되면 세율이 높아 세 부담이 늘어나게 된다. 그러나 성 씨는 종부세를 부담하지는 않는다. 기준시가가 5억 원에 미달하기 때문이다.

③ 양도 단계

이 단계에서는 양도세 비과세와 감면, 그리고 중과세 제도를 정확하게 판단해야 한다. 이 중에서 비사업용 토지에 대한 중과세 제도는 매우 중요하니 꼭 알아두자.

구분	내용
비과세	농지를 교환하거나 분합하는 경우에는 양도세 비과세가 가능하다.
감면	• 대토농지 : 3년 자경농지를 대토하는 경우 양도세를 감면받을 수 있다. • 8년 이상 자경농지 : 8년 이상 자경농지에 대해서도 감면이 적용된다. • 수용토지 : 공공사업용으로 수용되는 경우 현금 보상은 산출세액의 20%, 채권 보상을 받으면 25~50%를 감면한다.
중과세	비사업용 토지에 해당하는 경우에는 60%의 세율(2009년 3월 16일~2012년 12월 31일까지 한시적 중과세 세율 적용 배제)로 중과세 한다.

: Case 8-3 :

이농부 씨는 10여 년 전에 취득한 농지를 보유하고 있다. 이 농지를 2010년에서 2013년 사이에 양도하는 경우의 과세방식은 어떻게 될까? 참고로 이 씨는 이 농지에서 농사를 직접 지은 적이 없다.

▶ 농지를 비농업인이 투자하기 위한 목적으로 가지고 있다는 것은 상당히 문제가 된다. 그래서 이 씨처럼 외지인이 농지를 가지고 있다면 이에 대해서는 세금을 중과세한다. 다만, 중과세 제도는 한시적으로 완화되어 적용되고 있으므로 처분기한에 따라 다음과 같이 과세방식이 결정된다.

· 2010년에 양도한 경우 : 장기보유공제 적용 배제 + 6~35%

· 2011년에 양도하는 경우 : 장기보유공제 적용 배제 + 6~35%

· 2012년에 양도하는 경우 : 장기보유공제 적용 배제 + 6~38%

· 2013년에 양도하는 경우 : 장기보유공제 적용 배제 + 60%(안)

참고로 주택에 대한 중과세 제도는 2013년부터 아예 없어질 가능성이 높으나 토지의 경우에는 그렇지 않을 가능성이 높다. 토지에 대한 중과세는 특정한 계층에만 제한적으로 영향을 주기 때문이다. 다만, 중과세 제도 자체가 부동산 수요자의 심리에 영향을 준다는 점에서 토지에 대해서도 이를 폐지할 가능성도 열려 있다. 이에 대한 결정은 2012년 정기국회에서 이루어질 가능성이 높다. 만일 이때 중과세 제도가 폐지되지 않으면 중과세 세율이 60%가 될 수도 있다(물론 한시적으로 중과세 세율 적용 유예기한을 늘릴 수도 있을 것이다).

④ 상속·증여 단계

상속 또는 증여로 토지를 취득하는 경우에는 상속세와 증여세가 부과된다. 시가를 기준으로 상속세 등이 과세되지만, 시가를 정확하게 측정하기 힘든 경우가 많아 현실적으로 기준시가로 과세되는 경우가 많다.

┊ Case 8-4 ┊

최미남 씨는 시골에서 농사를 짓고 있는 아버지로부터 농지를 증여받으려고 한다. 그런데 농지를 증여로 받으면 손해라는 말을 들었다. 정말 그럴까? 농지 가격은 3,000만 원 정도가 된다.

▶ 이 정도의 농지를 증여받게 되면 당장 증여세 문제는 없다. 그리고 상속으로 받더라도 상속세가 부과되지 않을 가능성이 높다. 따라서 상속으로 받든 증여로 받든 세금 차이는 거의 없다고 봐도 된다. 하지만 증여 금액이 3,000만 원을 초과하는 경우에는 상속하는 것이 유리하다고 할 수 있다. 상속세는 배우자가 있는 경우 보통 10억 원까지는 과세되지 않기 때문이다. 그리고 상속을 통해 받으면 아버지가 경작한 기간을 승계받을 수 있어 양도세를 감면받을 때 유리하다.

참고로 농지를 증여받게 되면 증여일 이후에 재촌·자경을 8년 이상 해야 감면을 받을 수 있다.

[Advise] 토지에 대한 재산세 과세방식

토지에 대한 재산세 과세방식은 다소 복잡하다. 분리, 별도합산, 종합합산 등 3가지 형태로 과세가 되고 있어서 그렇다. 대략적으로라도 어떤 식으로 구분되는지 알아두자. 재산세를 과세하는 방식은 비사업용 토지를 판단할 때 일정 부분 도움을 주기 때문이다.

① 분리과세 대상 토지

논이나 밭, 과수원, 목장용지, 임야(문화재 보호구역 안의 임야 등), 공장용 용지(시 지역의 산업단지·공단 지역의 기준면적 이내 토지)는 저율로, 골프장이나 고급오락장용 등의 토지는 고율로 과세한다. 주택 건설용 용지도 대부분 저율로 분리과세 되고 있다.

② 별도합산 대상 토지

공장(시 지역 중 산업단지·공단 지역을 제외한 곳에 있는 공장)용 건축물 부속토지나 영업용 건축물의 부속토지, 그리고 자동차 운전학원용 토지 등 일정한 것은 별도로 모아서 과세한다. 참고로 현재 상가를 짓고 있는 경우에는 건축물이 있는 것으로 모아 별도 합산과세한다.

③ 종합합산 대상 토지

종합합산 대상 토지는 전국의 모든 토지에서 앞에서 본 분리과세와 별도합산 토지, 비과세와 과세경감 토지를 제외한 모든 토지를 말한다. 예를 들어 놀고 있는 땅(나대지)이나 입지 기준 면적을 초과한 공장용지 등이 해당한다.

　거주자가 8년 이상 재촌·자경한 농지를 양도하면 양도세를 100% 감면 (한도 있음)받을 수 있다. 하지만 감면 조건이 매우 까다롭고 한도가 있기 때문에 신중하게 감면에 대해 판단을 내려야 한다. 감면받을 것으로 판단하여 감면을 신청하면 실수할 가능성이 매우 높기 때문이다.

　다음에서 8년 자경농지에 대한 감면 내용을 살펴보자. 8년 자경농지에 대해 감면을 받기 위해서는 재촌 요건, 직접자경 요건, 경작기간 요건, 농지 요건을 동시에 충족해야 한다.

① 재촌 요건

　재촌이란 농지가 소재한 지역에서 거주해야 한다는 것을 의미한다. 다만, 농지 소재지가 아니더라도 연접한 시·군·구(자치구인 구를 말함) 안의 지역에서 거주하거나 농지 소재지로부터 20km 이내에 거주하더라도 거주한 것으로 봐 준다.

만일 실제 재촌했는데도 주민등록초본 등에서 재촌으로 나오지 않는 경우에는
전화가입증명원이나 인우보증서 등으로 재촌했음을 입증하면 된다.

② 직접자경 요건

자경은 원칙적으로 농지를 가진 사람이 농작물의 2분의 1 이상을 자기의
노동력에 의해 직접 경작하였음을 보여줘야 한다. 농지원부나 조합원 증명원,
농지위원장이 확인한 자경농지사실확인서, 농업일지, 농약 및 비료 구입 영수
증, 인우보증서 등으로 입증하면 된다. '직접 경작'이란 거주자가 소유 농지
에서 농작물의 경작 또는 다년성 식물의 재배에 상시 종사하거나 농작업의 2
분의 1 이상을 자기의 노동력에 의하여 경작 또는 재배함을 말하는 것으로, 남
편 소유 농지를 부인이 경작한 경우는 이에 해당하지 않는다(서면4팀 – 359, 2007.
1. 26).

③ 경작 기간

경작 기간은 원칙적으로 8년 이상이다. 그런데 이 기간을 따질 때 몇 가
지 주의해야 할 것들이 있다.

• 상속 농지인 경우

구분	경작 기간
상속인이 농사를 짓는 경우	피상속인(배우자의 자경 기간 포함)의 경작 기간 + 상속인의 경작 기간
상속인이 농사를 짓지 않는 경우	피상속인의 경작기간(단, 상속개시일로부터 3년 내 양도 시 감면을 적용함. 경과규정으로서 2006년 2월 9일 전의 상속 토지는 2008년 12월 31일까지 양도 시 피상속인의 경작 기간을 합산함)

상속인이 농사를 짓는 경우와 그렇지 않는 경우에 따라 기간을 산정하는 방법이 다르다. 상속인이 1년 이상 농사를 지으면 상속 후에 피상속인의 자경 기간을 합산하여 8년을 따진다. 만일 농사를 1년 이상 짓지 않은 경우라면 피상속인의 자경 기간만을 가지고 감면 여부를 따진다(단, 이 경우에는 상속 개시일로부터 3년 내 양도해야 한다).

참고로 2010년부터는 상속농지의 자경 기간이 피상속인뿐만 아니라 피상속인의 배우자의 경작 기간도 상속인의 경작 기간에 합산된다. 예를 들어 아버지가 사망하여 어머니가 상속을 받아 경작한 후, 어머니가 사망하여 아들이 그 농지를 상속받은 경우에는 어머니와 아버지의 경작 기간 모두를 아들의 경작 기간에 합산한다.

• 증여 등의 농지

구분	경작 기간
증여농지	수증자의 경작 기간(따라서 증여를 받은 경우 증여자의 경작 기간이 사라짐)
대토로 취득한 농지	대토 전 경작 기간을 통산함

절세 힌트

상속인이 상속받은 농지에서 재촌·자경하지 않더라도 감면받을 수 있다. 단, 이 경우 상속 개시일로부터 3년 내 해당 농지를 양도해야 한다. 이 기간이 지난 경우에는 1년 이상 재촌자

④ 농지 요건

감면을 받으려면 농업소득세 과세 대상 토지에 해당되어야 한다. 이 토지는 농업 중 작물재배업 분류(통계청)에 속하는 작물의 재배로 발생하는 소득(농업소득)에 대하여 부과된 농업소득세 과세 대상 토지를 말한다. 여기서 작물재배업이란 노지(지붕 등으로 가리지 않은 땅) 또는 특정 시설 내에서 식량 작물, 과실, 음료용 및 향신용 작물, 채소 및 화훼작물, 공예작물 등 각종 농작물을 재배하여 생산하는 산업활동을 말한다(서일 46014-11416, 2003. 10. 9). 이에는 벼나 채소, 잣나무, 밤나무, 호두나무, 감나무, 화훼류 등이 포함된다.

참고로 8년 이상 자경한 농지라도 「국토의 계획 및 이용에 관한 법률」에 의한 주거 · 상업 · 공업지역 안에 있는 농지로 편입된 경우, 이들 지역에 편입된 날부터 3년 이내에 양도하면 편입 시점까지 발생된 양도소득에 대해 감면을 적용하나 편입 후 3년이 지난 후 양도하면 감면 대상에서 제외된다. 다만, 주거 · 상업 · 공업지역 안에 편입된 지 3년이 지난 농지라도 토지 소유자가 1,000명 이상이거나 사업시행 면적이 100만㎡ 이상이 되는 경우는 감면을 적용한다. 최근 편입일로부터 3년이 지난 경우에도 감면을 허용하자는 의견이 있으므로 확정 여부 등에 대해서는 세무 전문가의 도움을 받는 것이 좋다.

절세 힌트
주거지역 등에 편입된 농지는 감면이 제한될 수 있음을 유의하자.

[Advise] 8년 자경농지에 대한 감면규정 요약

8년 자경농지의 감면은 농업소득세 과세 대상 농지를 8년 이상 재촌·자경한 거주자가 양도
일 현재 농지인 당해 토지를 양도하는 경우에는 양도세를 100% 면제한다. 8년 자경감면은 감
면세액 종합세액 종합한도규정이 적용되며, 감면세액에 대해서는 농어촌특별세가 과세되지 않
는다. 8년 자경농지에 대한 감면규정을 요약하면 다음과 같다.

거주지역	직접자경		농지 요건
	대상 농지	경작 기간	
① 농지 소재지인 시·군·구(자치구)에서 8년 거주 ② 그 지역과 연접한 시·군·구(자치구)에서 8년 거주 ③ 농지로부터 20km 이내에서 8년 거주 (2008년 2월 22일 추가)	농업기반공사와 농업법인에게 양도하는 경우	3년 이상 (2012년 12월 31일까지 양도해야 함)	양도일 현재의 농지로서 농업소득세 과세대상이 되는 토지(주거지역 등 편입일 등부터 3년 이내 양도하는 토지)
	그밖의 농지	8년 이상	

8년 자경농지 감면과 관련된 실전 사례

8년 자경농지에 대한 감면 요건과 관련하여 다양한 사례들이 나타나고 있다. 다음에서 이와 관련된 내용들을 하나씩 살펴보자.

Case 8-5

박살내 씨는 농지를 소유하고 있으나 다른 사람이 대신 경작을 하고 있다. 이 경우 박 씨가 자경한 것으로 인정받을 수 있는가?

▶ 그렇지 않다. 박 씨가 직접 농사를 지었다는 것을 입증해야 한다.

Case 8-6

나도해 씨는 본인이 농사를 짓지 않고 부인이 농사를 지었다. 이런 경우에도 자경으로 인정받을 수 있는가?

▶ 2006년 2월 9일 전에는 동일 세대원이 경작하면 이를 본인이 자경한 것으로 인정되었으나 그 이후는 그렇지 않다(서면5팀-283, 2006. 9. 28).

Case 8-7

한가득 씨는 본인이 직접 농사를 짓지 않고 인부의 노동력을 이용하거나 농기계 작업을 의뢰하여 농사를 지어왔다. 자경의 개념에 부합하는가?

▶ 자경 개념에는 부합하지 않는다. 하지만 농지 소재지에서 거주하면서 노동력을 이용한 경우에는 자경으로 보아도 무방하다.

Case 8-8

주약발 씨는 개인 사업을 하면서 농사를 직접 지어왔다. 8년 자경농지에 대한 감면을 받을 수 있는가?

▶ 가능하다. 하지만 실제 자경했는지를 두고 관할 세무서와 다툼이 발생할 수 있다. 따라서 사전에 자경에 관한 서류(비료 구입 영수증 등)를 준비해 두도록 한다.

Case 8-9

농지원부는 자경을 입증할 때 중요한 서류이다. 농지원부는 소급하여 작성할 수 있을까?

▶ 소급하여 작성할 수 없다. 참고로 농지원부가 없는 경우에도 자경 사실을 인정받을 수 있는 것이며, 이에 해당하는지 여부는 아래의 입증 서류 및 인근 주민에 대한 탐문, 소유 기간 중 거주지, 다른 소득의 유무, 작물의 판매 또는 소비 현황 등 제반사항을 통하여

관할 세무서에서 판단한다.

- 토지 등기부등본

- 주민등록초본

- 농지원부와 자경증명(시 · 군 · 읍 · 면장이 교부 및 발급)

- 농산물 판매 및 묘종, 묘목 구입비용 영수증

- 농기계 구입비 및 농약 구입비용 영수증 등

- 기타 자경한 사실의 여부 : 농협 등의 조합원인 경우 조합원증명원, 농지 소재지 농지

  위원장이 있는 경우 농지위원장이 확인한 자경농지사실확인서, 인우보증서 등

⋮ Case 8-10 ⋮

양도일 현재 부재지주에 해당하는 경우에도 감면 규정이 적용되는가?

▶ 그렇다. 양도일 전에 8년 이상 자경한 사실이 확인되는 경우에는 양도 당시에 농지 소재
  지에 거주하지 않은 경우에도 감면 규정을 적용한다(재일 46300−2158, 1995. 8. 28).

⋮ Case 8-11 ⋮

고미남 씨는 농지를 소유한 기간 중에 잠깐 자경을 멈춘 적이 있다. 8년
을 따질 때 계속하여 8년을 경작하여야 하는가?

▶ 그렇지 않다. 토지 소유일로부터 양도일까지 8년 이상 자경하면 된다. 참고로 양도 당시
  에 휴경된 농지의 경우에는 감면이 적용되지 않는 것이 원칙이다. 이외 농지가 대지 등
  으로 변경되는 경우에는 마찬가지이다. 따라서 이러한 상황에서는 미리 세금 관계를 따
  져본 후 대책을 세워둘 필요가 있다.

심청이 씨는 농지를 상속받았다. 자경기간을 어떻게 따질까?

▶ 상속을 받은 경우 피상속인의 경작기간을 포함한다. 따라서 자경기간이 통산하여 8년 이상이 되면 양도세를 감면받을 수 있다. 다만, 심 씨가 1년 이상 자경을 하지 않으면 상속 개시일로부터 3년 내에 양도해야 하는 조건이 있다(2006년 2월 9일 전 상속받은 농지로서 2008년 12월 31일까지 양도하는 경우에는 종전 규정을 적용함). 만일 3년을 넘긴 경우에는 양도 전에 1년 이상 재촌자경을 하면 피상속인의 자경기간을 승계받을 수 있다. 한편 재차상속을 받은 경우 최근의 피상속인의 경작기간만 인정한다. 그러나 2010년에 법이 개정되면서 피상속인의 배우자의 자경기간도 합산하여 자경농민의 부담이 줄어들었다. 참고로 증여를 받은 경우 수증일 이후 기간부터 자경기간을 따지게 된다. 따라서 8년 이상 자경한 농지를 증여받게 되면 감면 혜택을 받지 못한다. 앞의 상속과 다르므로 농지를 증여할 때에는 매우 신중히 접근해야 한다.

현해탄 씨는 10년 전에 농지를 구입해 계속 농사를 지어왔다. 그런데 최근 이 농지의 형질을 변경하여 대지로 사용하고 있다. 만일 현 씨가 이 토지를 양도하면 8년 자경농지로 감면받을 수 있을까?

▶ 그렇지 않다. 원칙적으로 양도일 현재 농지에 해당하여야 한다. 다만, 토지 매수자가 형질을 변경한 경우에는 양도일(잔금 청산일) 시점이 아닌 계약일 시점의 현황에 따른다.

무진장 씨의 농지는 8년 이상 자경한 농지이나 주거지역으로 편입되었

다. 그런데 편입일로부터 3년이 지난 상태에서 이 농지를 양도하면 양도
세를 면제받을 수 있을까?

▶ 원칙적으로 편입 후 3년이 지난 후 양도하면 감면 대상에서 제외하고 있다. 다만, 주
거 · 상업 · 공업 지역 안에 편입된 지 3년이 지난 농지라도 토지를 소유한 사람이 1,000
명 이상이거나 사업 시행 면적이 100만㎡ 이상이 되는 경우는 감면을 적용한다. 이 외
광역시의 군 지역이나 도 · 농 복합 형태의 시의 읍 · 면 지역은 3년이 지나더라도 감면
이 적용된다. 이들 지역은 행정구역이 개편되더라도 계속 경작할 수 있기 때문이다. 참
고로 2011년부터 군사보호지역 등으로 지정된 경우에도 감면이 허용될 것으로 보였으
나, 국회 논의 과정에서 채택되지 않았다.

유종손 씨는 종중(宗中) 농지를 자경하고 있다. 이 농지에 대해서도 감면
이 적용될까?

▶ 종중이 소유한 농지를 종중의 책임 하에 종중 구성원이 8년 이상 당해 농지의 소재지에
서 거주하면서 경작한 사실이 있는 양도일 현재의 농지인 경우에는 8년 자경농지로 본
다. 하지만 종중과의 약정에 따라 종중 구성원의 책임 하에 농지를 경작하고 경작에 따
른 대가를 종중에 지불하는 것은 대리 경작으로 보기 때문에 8년 자경농지에 해당하지
않는다. 꼭 유의해야 한다.

[**Advise**] 8년 자경농지 감면 체크리스트

8년 이상 자경농지에 대한 감면 규정은 상당히 복잡하다. 다음과 같은 체크리스트를 참고하여
돈이 나갈 구멍을 메우자.

구분	검토할 내용	첨부서류	비고
8년 보유기간	보유기간 (취득일~양도일)	토지대장 등기부 등본	구청 및 등기소
8년 거주 요건	거주기간 (전입일~전출일)	주민등록초본	동사무소
자경요건	실제 자경 여부	농지원부 인우보증서 등 농약 및 종자구입영수증 자경확인서	농지 소재지 읍·면사무소
양도일 현재 농지 여부	양도 당시 농지 여부	토지특성조사표 항공사진	농지 소재지 읍·면사무소 관할 시청, 구청
면제 제외 농지 여부	주거·상업·공업지역 안에 있는지 여부	토지이용계획확인원	시청, 구청

전문가도 모르는 양도세 감면 한도

양도세 감면은 납세 의무자의 세금을 직접적으로 감면해 준다는 점에서 상당히 파격적인 제도다. 그런데 감면을 많이 허용할수록 부족한 세금을 다른 납세자가 충당해야 하므로 과세의 불공평이 발생한다. 이런 이유 때문에 양도세 감면에 대해서는 중복 지원을 배제하고 한도를 두는 등 감면의 일부를 제한하고 있다.

다음에서는 감면 제한 제도들을 살펴보자.

: 중복 적용 배제

토지 등을 양도하여 둘 이상의 양도세 감면 규정을 동시에 적용받는 경우에는 당해 거주자가 선택하는 하나의 감면 규정만을 적용한다. 다만, 일부에 대해 특정 감면 규정을 적용받는 경우에는 잔여 부분에 대해서는 다른 감면 규정을 적용받을 수 있다.

예를 들어 1,000㎡를 양도했다면 이 중 절반은 A규정, 절반은 B규정을 적용받을 수 있다는 것이다. 하지만 이렇게 감면 규정을 달리 적용받는다 해서 감면 한도액이 늘어나지 않을 수 있다. 왜냐하면 조특법에서는 과도한 감면을 억제하기 위해 연간 감면 한도액, 그리고 5년간 감면 한도액을 두고 있기 때문이다. 이에 대해서는 아래의 한도 내용을 참고하자.

: 양도세 감면의 종합 한도

양도세 감면에 대한 종합 한도는 다음과 같이 상당히 복잡한 구조로 되어 있다. 따라서 실무에 적용할 때에는 꼼꼼하게 따져보아야 한다.

구분	감면한도	대상
1년 기준	1억 원	대토농지 + 수용토지(현금 보상 및 일반 채권 보상분*) + 기타 토지
	2억 원	8년 자경농지 + 대토농지 + 수용토지(만기 보유 채권 보상분) + 기타 토지
5년 기준	1억 원	대토농지
	3억 원	8년 자경농지 + 대토농지 + 수용토지(만기 보유 채권 보상분)

* 2011년부터 5년간 2억 원까지 한도가 적용된다.

① 1년 기준

대토농지와 수용토지 등에서 감면이 발생하면 모두 합하여 1년간 1억 원을 초과할 수 없다. 참고로 여기서 수용토지는 현금 보상(20% 감면)과 일반채권 보상(25% 감면)분을 말한다. 그런데 8년 자경농지 감면이 있는 경우에는 대토농지 등에 대한 감면세액을 합산하여 2억 원을 넘을 수 없다. 따라서 만일 8년 자경농지에 대한 감면세액만 있다면 최고 한도인 2억 원까지 감면받을 수 있다.

최고수 씨는 이번에 8년 이상 자경농지를 양도했다. 양도세를 계산했더니 1억 5,000만 원이 나왔다. 한 해에 전액 감면을 받을 수 있는가?

▶ 그렇다. 8년 자경농지에 대한 감면은 1년간 2억 원까지 된다.

김열무 씨는 8년 이상 자경농지를 양도했다. 양도세가 2억 5,000만 원이 나와 2억 원까지는 1년간 공제가 가능하다. 그렇다면 나머지 5,000만 원을 감면받기 위해 대토감면을 신청하면 추가로 감면이 가능할까?

▶ 8년 자경감면과 대토감면을 합하여 1년간 2억 원까지만 감면이 가능하다. 따라서 한도를 초과하므로 5,000만 원에 대해서는 추가 감면을 받을 수 없다. 만약 이에 대해서도 감면을 받으려면 양도시기를 연도별로 분산시키면 된다.

② 5년 기준

이는 양도일이 속한 연도와 소급하여 4개 연도에 감면을 받을 수 있는 한도를 말한다.

먼저, 대토농지만 있는 경우 5년간 감면받을 수 있는 금액은 1억 원이다. 대토농지 감면은 5년간 최대 1억 원까지만 허용되는 점을 유의하자. 이 금액을 초과하는 것은 감면이 배제된다. 다음으로 8년 자경농지와 대토농지 그리고 수용토지(만기 보유 채권 보상분)의 감면분이 섞여 있는 경우, 모두를 합하여 5년간 3억 원까지 감면이 허용된다.

신격화 씨는 2010년에 8년 자경농지에 대해 2억 원의 양도세를 감면받았다. 그리고 2012년에 대토농지에 대한 감면을 받으려고 한다. 가능한가?

▶ 가능하다. 자경농지와 대토농지 감면은 합하여 1년간 2억 원까지 그리고 5년간 3억 원까지 감면을 받을 수 있다. 따라서 신 씨는 2012년에 추가로 1억 원의 대토농지에 대해 감면을 받을 수 있다.

유내공 씨가 8년 자경한 농지를 양도하고자 한다. 그런데 내야 할 세금을 대략 계산해 보니 3억 원이 나올 것으로 예상된다. 어떻게 하면 유 씨는 이 세금 모두를 면제받을 수 있을까?

▶ 일단 자경농지는 1년간 한도 및 5년간 한도를 적용받게 된다. 1년간 한도는 2억 원이고 5년간 한도는 3억 원이다. 따라서 양도세 2억 원에 해당하는 토지를 2012년에 양도하고 나머지 1억 원에 해당하는 토지를 2013년에 양도한다. 이렇게 하면 과세기간별로 2억 원과 1억 원이 되면 과세기간별 한도액을 만족하게 되고 5년간 한도액도 만족하게 된다.

[Advise] 대토감면

자경농민이 경작상 필요에 의해 종전의 토지를 양도하고 그에 상응하는 새로운 토지를 취득한 것을 '대토'라고 한다. 일단 농지를 양도했으니 양도세가 과세되는 것이 원칙이다. 하지만 농사를 짓기 위해 새로운 농지를 사면 양도한 농지에 대해서는 2006년 이후부터 감면을 적용한다. 다만 감면을 받기 위해서는 일정한 요건을 갖춰야 하는데, 다음에서 대토감면과 관련된 내용을 살펴보자.

① 선양도 후 취득

3년 이상 종전의 농지 소재지에 거주하면서 경작한 사람이 종전의 농지의 양도일부터 1년(「공익사업을 위한 토지 등의 취득 및 보상에 관한 법률」에 따른 협의매수·수용 및 그밖의 법률에 따라 수용되는 경우에는 2년) 내에 다른 농지를 취득하여 3년 이상 새로운 농지 소재지에 거주하면서 경작한 경우로서 다음 중 어느 하나에 해당하는 경우

• 새로 취득하는 농지 면적이 양도하는 농지의 면적의 2분의 1 이상일 것
• 새로 취득하는 농지 가액이 양도하는 농지의 가액의 3분의 1 이상일 것

② 선취득 후 양도

3년 이상 종전의 농지 소재지에 거주하면서 경작한 사람이 새로운 농지의 취득일부터 1년 내에 종전의 농지를 양도하고 새로이 취득한 농지를 3년 이상 새로운 농지 소재지에 거주하면서 경작한 경우로서 다음 중 어느 하나에 해당하는 경우

• 새로 취득하는 농지 면적이 양도하는 농지 면적의 2분의 1 이상일 것
• 새로 취득하는 농지 가액이 양도하는 농지 가액의 3분의 1 이상일 것

참고로 대토감면을 적용할 때, 새로 취득한 농지가 기존의 양도하는 토지의 인근 지역에 있어야 하는 규정은 없다. 다만, 새로 취득하는 농지가 도시 지역 내의 「국토의 계획 및 이용에 관한 법률」에 따른 주거 지역·상업 지역 또는 공업 지역 안의 농지로서 이들 지역에 편입된 날부터 3년이 지난 농지는 감면이 제외되는 토지이므로 토지이용계획확인원을 발급받아 미리 확인해 보자.

토지를 수용할 때 발생하는 세금 문제

보유한 토지를 수용당하는 경우에는 제일 먼저 세금 문제부터 검토해야 한다. 간혹 엄청난 세금 폭탄을 맞기 때문인데, 다음에서 수용에 따른 양도세와 토지 보상금을 둘러싼 세금 문제들을 살펴보자.

많은 사람들이 수용은 양도에 해당하지 않는다고 생각한다. 자발적으로 매매하는 것만 양도로 생각하는 경향이 높기 때문이다. 그러나 한마디로 말하면, 수용도 양도에 해당한다. 그렇기 때문에 **토지를 수용당하는 경우**에는 양도세 문제가 나타날 수밖에 없다. 그래서 수용이 예상되는 경우에는 양도세에 대한 내용을 미리 파악해 두어야만 난감한 상황이 발생하지 않는다. 토지를 수용당하기 전에 무엇을, 어떻게 검토해야 하는지 알아보자.

첫째, 양도 시기에 따른 양도세를 예측하라.

여기서 양도 시기는 「공익사업을 위한 토지 등의 취득 및 보상에 관한 법률」 규정에 의하여 사업 시행자에게 양도하는 토지의 양도시기는 보상금에 대한 협의가 성립되어 보상금을 받았거나 재결보상금 및 공탁금을 이의 없이 받은 경우에는 보상금 수령일 또는 공탁일이 된다. 다만, 2010년 2월 18일부터 공익사업시행에 따른 수용으로 인한 양도 시기는 잔금 청산일, 등기 접수일, 수용 개시일 중 빠른 날로 한다. 수용 개시일이란 토지수용위원회가 재결로써 이를 결정한 날을 말한다.

한편 수용되는 토지가 일반 사업용 토지이면 장기보유공제와 6~38%의 세율이, 비사업용 토지이면 장기보유공제 배제와 60%의 세율이 적용될 수 있다. 다만, 2009년 3월 16일에서 2012년 12월 31일 사이에 양도한 비사업용 토지는 장기보유공제는 여전히 배제되지만 6~38%의 세율 적용이 가능하다. 수용에 따른 양도세 계산 방법은 뒤에서 따로 살펴보자.

둘째, 농지의 경우에는 감면을 받도록 한다.

만일 자경기간이 짧아 8년 자경감면을 받지 못하는 경우에는 보상시기를 늦춰서 8년의 자경기간을 채우도록 한다. 만일 3년 정도 농사를 지은 경우라면 수용되는 농지 대신 농지를 구입하여 자경하면 대토감면을 받을 수 있다.

셋째, 공부상의 현황과 실제 현황이 다른 경우에는 어떻게 과세하는지 알아두자.

예를 들어 보상가를 높이기 위해 공부상의 지목은 묘지이나 사실상의 현황을 농지로 보아 보상가액을 확정하는 경우가 있다. 이러한 경우 세법은 원칙적으로 사실상의 현황을 토대로 법을 적용하게 된다. 따라서 보상가를 높이기 위해 지목 등을 변경하면 생각지도 못한 세금 문제가 파생되므로 지목이 달라지는 경우 세금이 어떻게 부과되는지 미리 파악해 두는 것이 좋다. 사례의 경우는 다음과 같이 세금 관계가 형성된다.

묘지는 재산세가 비과세되므로 묘지로 사용되는 기간은 사업용 기간으로 인정받는다. 따라서 이 토지는 사업용 토지로 보는 것이 일반적이다.

재촌 · 자경한 기간이 8년 이상이면 100% 감면이 가능하고, 3년 이상이면 대토감면도 가능하다. 하지만 재촌 · 자경한 기간(보통 양도 직전 2년)을 충족하지 못한 경우에는 비사업용 토지에 해당될 수 있다.

넷째, 토지 보상금을 현금으로 받을 것인지 채권으로 받을 것인지 대토로 받을 것인지를 결정하라.

어떤 것으로 받는지에 따라 수용에 따른 감면율이 달라지고 자금 운용에도 영향을 주기 때문이다.

현금으로 보상을 받는 경우 20% 감면받을 수 있다.

채권으로 보상을 받는 경우에는 보유기간에 따라 감면율이 아래와 같이 다르다(2010년 개정세법). 참고로 2010년부터 만기 보유 채권의 감면한도가 연간 1억 원에서 2억 원(5년간 3억 원)으로 상향 조정되었다. 보상금이 부동산 시장에 흘러들어오는 것을 예방하기 위해 만기채권 보상금을 우대하려는 목적이 있다.

- 3년 만기 보유 : 40%

- 5년 만기 보유 : 50%

- 일반 보상채권 : 25%

: 대토로 보상을 받는 경우

2007년 10월 17일 이후 수용되는 토지 중에서 양도대금을 사업자가 조성한 토지로 보상받은 경우에는 양도하는 시점에서 과세를 받는 것이 아니라 대토한 토지를 양도할 때 과세한다. 이러한 혜택을 받기 위해서는 사업인정고시일로부터 소급하여 2년 이전에 취득했어야 한다. 원래 양도세는 양도 시점에 내야 하지만 대토보상을 받은 경우에는 특별히 다음에 해당하는 금액을 추후 대토한 토지를 양도할 때 세금을 낸다. 따라서 이 제도는 세금을 깎아주는 제도가 아닌 세금을 내는 시기를 뒤로 미루는 제도에 불과하다.

과세이연금액 = 양도소득금액 × 대토보상 상당액 / 총보상액

다섯째, 토지 보상금에 대한 사후 관리를 철저히 하라.

토지 보상금을 일정액 이상으로 받으면 국세청의 사후 감시 대상이 된다. 보상금 자료가 국세청에 통보되어 국세청의 세원 관리자료로 사용되기 때문이다. 따라서 보상금을 받은 사람들은 미리 조심할 필요가 있다(266쪽 참조).

절세 힌트

수용에 의해 감면을 받으려면 해당 토지가 사업인정고시일을 기준으로 2년 전에 취득되었어야 한다. 이 조건을 충족하지 못하면 감면되지 않는 점을 유의해야 한다. 사업인정고시일이란 해당 사업의 계획을 결정한 날 정도가 된다(구체적인 것은 각 시 · 군 · 구청에 문의).

비사업용 토지가 수용되더라도 양도세의 20~50%를 감면받을 수 있다. 다만, 감면 규정을 적용받기 위해서는 사업인정고시일부터 소급하여 2년 이전에 취득한 토지에 해당되어야 한다. 따라서 수용이 되면 무조건 감면되는 것이 아니다.

참고로 「공익사업을 위한 토지 등의 취득 및 보상에 관한 법률」 및 그밖의 법률에 따라 협의 매수 또는 수용되는 토지로서 사업인정고시일이 2006년 12월 31일 이전인 토지 또는 취득일(상속받은 토지는 피상속인이 해당 토지를 취득한 날을 말한다)이 사업인정고시일부터 5년 이전인 토지는 비사업용 토지에서 제외한다. 토지가 수용되는 경우 이러한 요건을 알아두면 세금을 덜 낼 수 있다.

수용에 따른 양도소득세 계산법

박치기 씨는 현재 보유하고 있던 토지가 수용당했다. 이 토지는 그린벨트 내에 소재하고 지목은 묘지로 되어 있다. 그런데 박 씨는 자신의 토지가 있는 곳이 상당히 좋아서 추가 보상을 요구하려고 준비하는 중이다. 다음 자료를 통해 양도세를 계산해 보자.

〈자료〉

- 보상(현금)금액 수령일 : 2012년 5월 6일

- 소유권이전등기일 : 2012년 12월 5일

- 보상금액 : 5억 원

- 취득가액 : 1억 원

- 사업용 토지에 해당하며 장기보유공제는 30%, 세율은 6~38%가 적용됨.

- 위와 같이 보상을 받은 후에 추가로 3,000만 원을 받았음.

박 씨와 같은 상황이라면 먼저 양도시기를 파악해야 한다. 위의 경우 보상금을 받은 날짜와 소유권이전등기일 그리고 수용 개시일 중 빠른 날짜인 2012년 5월 6일이 취득시기가 된다. 따라서 이날을 기준으로 예정신고를 한다.

(단위 : 원)

	구분	계산	비고
양 도 세	양도가액	500,000,000	
	(−) 필요경비 　　취득가액 　　기타필요경비	100,000,000	
	(=) 양도차익	400,000,000	
	(−) 장기보유공제	120,000,000	30%
	(=) 양도소득금액	280,000,000	
	(−) 기본공제	2,500,000	
	(=) 과세표준	277,500,000	
	(×) 세율	6~38%	일반세율(보유기간에 따른 세율) 적용
	(=) 산출세액	82,225,000	35%, 누진공제 1,490만 원
	(−) 감면세액	16,445,000	산출세액 × (감면소득금액−기본공제) ÷ 과세표준 × 20%
	(−) 예정신고납부세액공제	0	2011년부터 폐지
	(=) 결정세액	65,780,000	
	(+) 가산세 등		
	(=) 자진납부할 세액	65,780,000	
	지방소득세	6,578,000	
	농특세*	3,289,000	감면세액×20%
	계	75,647,900	

* 8년 자경농지 감면의 경우, 농특세가 비과세된다.

위와 같이 신고한 다음에는 추가로 받은 보상금은 수정신고를 하여 정산해야 한다. 따라서 이 경우 다음과 같은 방식으로 세금을 계산하게 되는데, 양도가액이 5억 3,000만 원이 된다.

(단위 : 원)

구분	금액	비고
양도가액	530,000,000	3,000만 원 추가

(-) 필요경비
  취득가액
  기타필요경비
	100,000,000	

(=) 양도차익	430,000,000	

토지 보상금을 받은 사람은, 세무조사 대상이 된다

일단 토지 보상금을 받으면 토지 보상금에 대한 자료가 국세청에 통보된다. 현재 토지 보상금에 대해서는 상시적으로 감독 체계가 구축되어 있어서 보상금을 받은 사람 및 가족의 부동산 거래내역이 6개월 단위로 국세청에 통보되고 있다. 그렇기 때문에 토지 보상금을 받았다면 일단 세무조사 대상이 된다고 할 수 있다. 그렇다면 토지 보상금을 받은 사람 모두를 조사하는가? 다음에서 토지 보상금과 관련한 세무조사 문제를 살펴보자.

앞에서 말했듯이, 보상금을 현금으로 받은 경우, 세무조사를 신경 써야 한다. 신고를 하지 않고 증여하는 경우에 증여세를 추징하기 때문이다. 물론 보상금을 받은 사람 모두 조사를 받는 것은 아니다. 효율적인 세무행정을 위해 조사 대상자 중에서 일부를 선별한다. 자, 그렇다면 누가 1순위로 걸려들 것인가?

일단 보상금액이 큰 사람이다. 100명 중 100억 원을 받은 사람도 있고 1억 원을 받은 사람도 있을 것이다. 이 중 한 명을 선정하라고 하면 두말할 필요도 없이 100억 원을 받은 사람이다.

일반적으로 보상금을 받은 액수가 크면 클수록 조사할 가능성이 높아진다(실무적으로 30억 원 정도 되나 이 금액이 점점 인하되는 추세에 있다). 하지만 이렇게 세무조사를 받는다고 하더라도 보상금이 통장에 그대로 있는 경우에는 문제가 되지 않는다. 그런데 문제는 보상금을 가지고 자녀 등에게 이전하거나 자녀 명의로 부동산을 취득하는 경우이다. 이렇게 되면 부동산 취득 현황을 국세청이 언제든지 파악할 수 있기 때문에 그만큼 조사를 받을 가능성이 높아진다고 할 수 있다.

토지 보상금을 어디에 사용하였는지 조사를 하여 증여임이 밝혀지면 증여세 본세와 가산세를 추징한다. 예를 들어 자녀에게 5억 원(증여공제 3,000만 원)을 주었다면 증여세는 약 8,400만 원〔1억 원×10%＋(4억 7,000만 원-1억 원)×20%〕정도가 된다. 그리고 신고를 하지 않은 데 대한 가산세가 본세의 40%인 약 3,360만 원, 그리고 납부를 지연한 것에 따른 가산세도 추가로 붙어 약 1억 원 이상이 세금으로 추징된다.

따라서 고액으로 보상금을 받은 집안에서는 자금 출처 조사를 걱정할 만도 하다. 그렇다면 어떻게 해야 국세청의 감시망을 빠져나올 수 있을까?

먼저, 보상금으로 부동산을 취득할 때에는 본인의 명의로 하되, 여의치 않다면 배우자 명의로 할 것을 고려할 수 있다. 배우자끼리는 6억 원까지는 증여세가 없기 때문이다.

그다음 생각해 볼 수 있는 것은 증여 금액을 수 명의 자녀 등에게 분산하는 것이다. 증여세는 누진세율이 적용되므로 재산을 분산할수록 세금이 줄어들기 때문이다.

결국 토지 보상금은 자료가 100% 노출된다고 보고 합법적인 범위 내에서 사용되어야 문제가 없다.

농지 증여등기 전에 점검해야 할 세금 문제

전·답·과수원 등 농지를 증여받을 때에는 반드시 검토해야 할 사항들이 몇 가지 있다. 그 중 대표적인 것 중 하나는 증여를 하면 8년 자경농지에 대한 감면 혜택이 날라갈 수 있다는 것이다. 또한 이월과세, 비사업용 토지에 해당되는지 그 여부이며, 증여세 부담 같은 문제 또한 있다. 농지를 증여하기 전에 이러한 문제들을 검토하지 않으면 두고두고 손해를 볼 가능성이 높다. 다음에서 이에 대해 자세히 살펴보자.

: 8년 자경농지에 대한 감면 적용 여부

세법은 농업인 스스로가 경작하면서 농지를 8년 이상 보유하면 양도세를 100%(1년간 2억 원 한도) 면제한다. 그런데 이 농지를 자녀 등에게 증여하게 되면 자경기간이 없어지고 증여를 받은 자녀 등은 새롭게 8년 이상을 직접 농사를 지어야만 감면받게 된다. 하지만 상속을 통해 농지를 이전받으면 피상속인의 자경기간을 상속인에게 합산시켜 준다. 따라서 상속으로 농지를 받으면 8년 자경 기간을 채우는 데 상당히 유리하다.

구수한 씨는 평생 농사를 지어온 땅을 생전에 자녀들에게 나눠주려고 한다. 농지가격은 시가로 3억 원 정도이지만 공시지가로는 1억 원 정도다. 자녀가 4명이고 모두 성년인 경우 이를 균등하게 증여하면 증여세는 어떻게 될까?

▶ 일반적으로 농지는 공시지가로 증여세를 신고할 수 있다. 따라서 자녀 1인당 2,500만 원이 증여재산가액이 되고 3,000만 원의 증여공제를 적용하면 과세표준은 △500만 원이 된다. 따라서 자녀들은 증여세를 부담하지 않는다. 이렇게 증여받은 농지는 증여일로부터 8년 이상을 재촌·자경해야 양도세 감면을 받을 수 있다.

이월과세 문제

이월과세란 부동산을 증여받은 사람이 증여일로부터 5년 내에 이를 처분하면 취득가액을 증여 당시의 가액이 아닌 당초 증여자가 취득한 가액으로 하는 제도를 말한다. 예를 들어 1988년에 1억 원으로 주고 산 토지가 현재 5억 원이 된다고 하자. 이 토지를 5억 원에 배우자에게 넘겨주고 배우자가 바로 5억 원에 양도하면 양도차익이 0원이 되어 세금을 안 낼 수 있다. 세법은 이러한 불합리한 점을 예방하기 위해 5년 내에 양도하는 경우에는 취득가액을 당초 증여자가 취득한 1억 원으로 하여 양도세를 계산하고 있다.

대장부 씨는 10년 전에 1억 원에 산 토지를 배우자에게 시가인 5억 원에 증여하려고 한다. 그리고 5년 후에 6억 원에 이를 양도하는 경우 절세 효과가 나타날까?

▶ 그렇다. 대장부 씨가 5년 후에 6억 원에 양도하면 양도차익이 5억 원(=6억 원-1억 원)이 발생한다. 그러나 대장부 씨의 배우자가 증여받은 후 5년 후에 해당 토지를 양도하면 양도차익이 1억 원(=6억 원-5억 원)이 발생하므로 절세효과가 발생한다. 다만, 증여하는 시점에서는 증여에 따른 취득세가 발생한다는 점을 유의해야 한다.

비사업용 토지에 해당되는지의 여부

농업인이 농사를 지속적으로 지어온 땅은 비사업용 토지에 해당하지 않는다. 따라서 중과세 제도와는 관계가 없다. 그런데 이런 농지를 도시에 살고 있는 자녀 등이 증여를 받게 되면 어떻게 될까? 이러한 경우에는 다음과 같은 기준에 따라 비사업용 토지 여부를 판단하고 있다.

• 증여자의 자경기간이 8년 이상인 경우

8년 이상 자경한 농지를 증여받은 경우에는 일반적으로 비사업용 토지에서 제외한다. 따라서 이런 농지는 중과세 제도와 관계없으므로 언제든지 처분하더라도 일반세율로 과세된다.

• 증여자의 자경기간이 8년에 미달하는 경우

비사업용 토지에 해당할 수 있다. 따라서 사업용 요건(2년 재촌·자경 등)을 갖추지 못하면 바로 중과세 대상이 될 수 있다.

: 농지에 대한 증여세

농지를 성년인 자녀에게 증여하는 경우 증여 금액이 3,000만 원을 초과하면 증여세가 부과된다. 물론 3,000만 원까지는 증여 금액에서 공제가 되며 이 금액을 초과한 금액에 대해 10~50%의 세율이 적용된다.

예를 들어 증여재산가액이 1억 원이면 여기에서 3,000만 원을 공제한 7,000만 원에 대해 10%의 세율을 적용하면 약 700만 원 정도의 세금이 나오고 여기에 신고세액공제 10%를 적용하면 약 630만 원 정도의 증여세를 내게 된다. 그리고 기준시가의 4% 정도의 취득세 등을 부담해야 한다.

참고로 증여 금액은 시가를 의미하나 토지의 경우 시가가 없는 경우가 많아 대부분 기준시가로 신고된다.

[Advise] 농지는 상속을 통해 이전받는 것이 좋다

8년 이상 농사를 직접 지은 농지는 가급적 상속으로 받는 것이 유리하다. 상속으로 받으면 일반적으로 10억 원(배우자가 없는 경우에는 5억 원)까지는 세금이 없기 때문이다. 하지만 증여를 선택하면 배우자는 6억 원, 성년 자녀는 3,000만 원, 미성년자는 1,500만 원을 넘으면 세금이 나오게 되어 있다.

한편 비농업인이 8년 이상 자경한 농지를 상속받아 이를 처분해도 양도세를 면제받을 수 있다. 세법에서는 상속 개시일로부터 3년 내에 상속받은 농지를 양도하면 피상속인(사망자) 및 그 배우자의 경작기간을 상속인의 경작 기간에 합산하여 주기 때문이다. 그리고 추후 1년 이상 자경하면 언제든지 처분해도 감면을 받을 수 있다. 증여를 받은 경우에는 증여받은 사람이 직접 8년 이상 농사를 지어야 하므로 경작기간 합산에서 혜택이 없다.

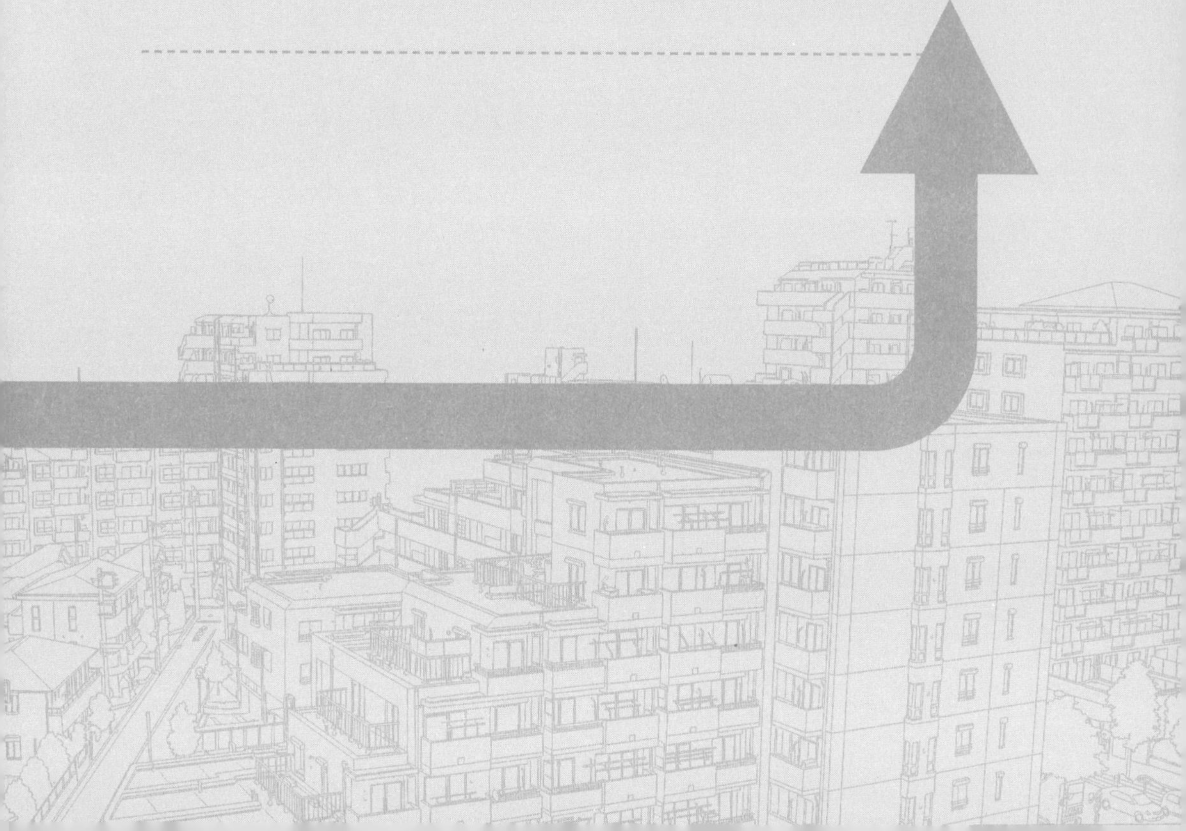

한 푼이라도 더 건지는 토지 처분 전략

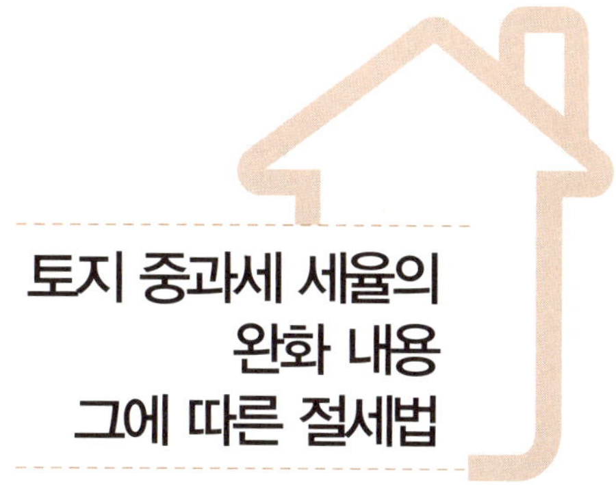

토지 중과세 세율의
완화 내용
그에 따른 절세법

토지 세금 중 가장 파괴력이 큰 것은 바로 양도세 중과세다. 중과세가 적용되면 기본적으로 장기보유공제가 적용되지 않고 세율이 자금만치 60%가 되기 때문이다. 그 결과 토지 투자에 대한 매력이 크게 떨어진다. 다만, 여기서 세율은 한시적으로 일반세율이 적용되고 있다. 따라서 토지 소유자는 이러한 제도 변화를 눈여겨 둘 필요가 있다. 지금부터 토지에 대한 중과세 제도를 살펴보자.

2009년 3월 15일까지 비사업용 토지를 가지고 있었다면 60%의 세율이 적용되었다. 하지만 이 제도가 부동산 거래 활성화를 방해한다고 하여 세율을 한시적으로 완화하였다. 완화된 내용을 살펴보면 표와 같다.

구분	2009년 3월 15일 전	2009. 3.16~ 2010. 12. 31	2011. 1. 1~ 2012. 12. 31
장기보유공제	적용 배제	좌측과 동일	좌측과 동일 (2010년 세제 개편)
세율	60%	일반세율 (탄력세율 가능)*	

* 투기지역으로 지정된 곳의 비사업용 토지를 양도하는 경우에는 누진세율(6~38%)에 10%포인트가 가산될 수 있음.

표를 요약하면 비사업용 토지 보유자가 특례기간에 토지를 양도하면 세율은 60%가 아닌 일반세율, 즉 보유기간에 따른 세율을 적용받을 수 있게 된다. 이러한 중과세 완화 내용은 앞에서 살펴본 3주택 중과세 제도와 궤를 같이 하고 있다.

: 중과세 세율 완화와 감세 효과

(단위 : 원)

구 분		2009. 3. 15 이전	중과세 제도 완화		중과세 세율 부활
			2009. 3. 16~ 2009. 12. 31	2010~2012년	2013년
양도세	양도가액	300,000,000	300,000,000	300,000,000	300,000,000
	(−) 필요경비 　취득가액 　기타필요경비	200,000,000	200,000,000	200,000,000	200,000,000
	(=) 양도차익	100,000,000	100,000,000	100,000,000	100,000,000
	(−)장기보유공제	적용 배제	적용 배제	적용 배제	적용 배제
	(=) 양도소득금액	100,000,000	100,000,000	100,000,000	100,000,000
	(−) 기본공제	2,500,000	2,500,000	2,500,000	2,500,000
	(=) 과세표준	97,500,000	97,500,000	97,500,000	97,500,000
	(×) 세율	60%	6~35%	6~35% (2012년 : 6~38%)	60%
	(=) 산출세액	58,500,000	19,985,000 (과세표준×35% −1,414만 원	19,225,000 (과세표준×35% −1,490만 원	58,500,000

그렇다면 중과세 세율의 한시적 완화에 의한 감세 효과가 얼마나 되는지 예로 들어 살펴보자. 양도가액이 3억 원이고 취득가액이 2억 원인 비사업용 토지에 대한 양도세를 양도 시점 별로 살펴보면 앞과 같다.

2009년 3월 15일까지는 60%의 세율이 적용되어 약 5,800만 원 정도의 산출세액이 나온다. 하지만 중과세 세율이 한시적으로 완화되면서 2,000만 원 이하로 떨어진다. 그러나 중과세 세율이 적용되면 세금이 다시 5,800만 원 선으로 뛰게 된다.

참고로 사례의 토지는 비사업용 토지에 해당되어 장기보유공제를 적용하지 않았다. 만일 이 토지가 사업용 토지에 해당하고 장기보유공제율이 30%라면 세금은 얼마나 줄어들까? 2012년의 경우를 살펴보면 과세표준은 양도차익 1억 원에서 장기보유공제와 기본공제 금액을 차감하면 6,750만 원이 되고, 이에 24%의 세율을 적용하고 누진공제 522만 원을 차감하면 1,098만 원의 세금이 나온다. 장기보유공제가 적용되지 않았을 때의 세금보다 약 800만 원 정도가 적게 나온다.

: 영원히 중과세 세율이 적용되지 않는 토지

앞의 특례기간(2009년 3월 16일~2012년 12월 31일)에 개인이든 법인이 취득한 토지는 앞으로 영구적으로 중과세가 적용되지 않는다. 그 대상은 이 기간 내에 취득 완료한 토지이면 족하므로 토지의 종류, 규모 등과 관계가 없다. 따라서 상당히 파격적인 혜택에 해당한다. 이는 주택처럼 여유가 있는 개인이나 법인이 부동산 투자를 하여 부동산 경기를 부양하고자 하는 정부의 의도가 있다.

비사업용 토지를 판단하는 기준은 광범위하게 규정되어 있는데 일반적으로 다음과 같은 토지들이 사업용 토지에 해당한다(소득세법 104조의 3 참조).

구분	내용
농지(전·답·과수원)	① [재촌*1+자경+도시 지역(개발제한구역과 녹지지역 제외) 내 주·상·공 이외의 지역*2 소재+기간] 요건을 충족한 농지는 사업용 토지임 ② 다만, 「농지법」에서 소유가 인정되는 토지(주말 체험영농 소유농지로서 세대당 300평 이내, 5년 내 양도하는 상속·이농농지 등), 종중 소유 농지(2005년 12월 31일 이전까지 취득분에 한함), 개인이 20년 이상 보유한 농지(2006년 말 현재 기준, 2009년 12월 31일까지 양도해야 함) 등은 재촌·자경 등의 요건을 갖추지 않더라도 중과세에서 제외됨.
임야	① 재촌*1+기간 요건을 충족한 임야는 사업용 토지임 ② 위 요건을 충족하지 않으면 원칙적으로 비사업용 토지에 해당함. 단, 사업용·공익용 임야, 상속·20년 이상 소유한 임야·종중 임야는 사업용으로 의제함
목장용지	① [축산업을 영위+도시지역 밖+가축별 기준면적+기간] 요건을 갖춘 개인이 보유한 목장용지는 사업용 토지임 ② 위 요건을 충족하지 않으면 원칙적으로 비사업용 토지에 해당함. 단, 상속·20년 이상 소유한 임야·종중 목장용지는 사업용으로 의제를 함
주택의 부수토지	주택 부수토지는 대부분 종합합산과세 대상 토지이나 거주 목적으로 사용되므로 비사업용 토지에서 제외함. 다만, 주택 부수토지의 초과분(도시 지역 안은 5배, 밖은 10배)은 비사업용 토지로 봄
별장 및 별장의 부수토지	별장 건축물과 별장의 부수토지는 전체를 비사업용 토지 및 건축물로 봄. 다만, 기준시가가 1억 원 이하인 등의 조건을 갖춘 별장은 비사업용에서 제외함
위 외 토지 (나대지, 잡종지 등)	① [재산세 비과세·감면·분리과세·별도합산과세토지+기간조건] 충족 시 사업용 토지에 해당함 ② 종합합산토지 중 사업·거주에 필수적인 토지(휴양시설업용 토지 등) →재산세가 종합합산과세되는 토지는 원칙적으로 비사업용 토지에 해당함. 하지만 사업이나 거주에 필수적인 토지는 비사업용에서 제외함. 다만, 사업영위를 가장할 우려가 있는 토지에 대해서는 수입금액 비율(주차장업은 토지가액의 3% 이상이 되어야 한다)을 적용해 중과 여부를 판정함

*1 주민등록이 반드시 되어 있어야 한다.
*2 재촌·자경한 농지는 도시 지역(개발제한구역과 녹지지역 제외) 편입일로부터 3년 이내 양도 시 중과 대상에서 제외한다.

웰빙 붐을 타고 주말농장과 농어촌주택에 대한 관심이 고조되고 있다. 도시에 기반을 두고 있는 상태에서 주말을 이용하여 휴가를 보내고자 하는 도시인들의 소망을 반영하고 있는 것이라고 할 수 있다.

그런데 주말농장과 농어촌주택 또한 취득할 때 주의해야 할 것들이 있다. 다음에서 주말농장과 농어촌주택에 따라붙는 세금 문제를 살펴보자.

: 주말농장과 세무상 쟁점

요건을 갖춘 주말농장은 재촌·자경을 하지 않더라도 중과세 제도를 적용받지 않는다. 하지만 주말농장에 대해서는 여러 가지 세무상 쟁점이 발생하고 있다. 하나씩 해결해 보자.

주말농장은 2003년 1월 1일 이후에 취득한 것에 한한다. 따라서 그 이전에 취득한 농지는 원칙적으로 재촌·자경요건 등을 갖추어야 사업용 토지로 인정받는다.

1세대당 소유 면적이 1,000㎡ 미만에 해당되어야 한다. 따라서 이를 초과한 경우에는 전체 면적이 비사업용 토지에 해당한다고 해석하고 있다.

세법에서는 농지취득자격증명으로 취득한 농지로 규정하고 있다. 따라서 농지취득자격증명을 하지 않은 주말농장은 문제가 있다.

상속으로 받은 농지는 주말농장의 규정이 아닌 다른 규정에 의해 사업용 여부를 판단하는 것이 타당하다. 다만, 증여를 통해 주말농장으로 사용할 수 있는지는 국세청의 해석을 받아 처리하기 바란다. 실무적으로 2002년 12월 31일 이전에 취득한 농지를 2003년 1월 1일 이후에 증여를 통해 취득한 경우는 주말농장으로 볼 수 있는지 이에 대한 유권해석이 필요한 상태다.

지분으로 소유하고 있더라도 앞에서 본 면적 소유 요건 등을 충족하면 주말농장으로 취급한다.

• 1,000㎡ 초과분을 먼저 양도하여 1,000㎡ 미만의 토지를 만든 후에 이를 양도하면 주말
농장에 해당하여 세금 혜택을 받을 수 있는가?

그렇지 않을 것으로 판단된다. 세법상으로 문제가 없는 주말농장은 농지법에 의하여 2003년 1월 1일 이후 발급받은 농지취득자격증명으로 취득한 농지로서 세대별 소유 면적이 1,000㎡ 미만의 농지를 의미하기 때문이다. 다시 말하면, 취득한 당시 1,000㎡에 해당되어야 하므로 이를 벗어난 상태에서 취득한 것은 주말농장이라고 할 수 없다(실무를 적용할 때에는 국세청의 유권해석을 참조하라).

조특법 상의 농어촌주택과 관련된 세무상 쟁점

조특법 99조의 4에서는 농어촌경제의 활성화를 위해 1세대가 농어촌주택 취득기간(2003년 8월 1일부터 2014년 12월 31일까지의 기간) 중에 다음의 3가지 요건을 갖춘 한 개의 '농어촌주택'을 취득(자기가 건설하여 취득한 경우를 포함함)하여 3년 이상 보유하고 당해 농어촌주택 취득 전에 보유하던 다른 주택(이하 '일반 주택'이라 한다)을 양도하는 경우에는 당해 농어촌주택을 당해 1세대의 소유 주택이 아닌 것으로 보아 다른 주택의 1세대 1주택 비과세 규정을 적용한다. 즉 도시에 소재한 주택 한 채와 농어촌주택을 소유한 경우 도시의 일반 주택을 양도하면 양도세를 비과세한다는 것이다.

① 광역시, 수도권, 투기지역, 국토의 계획 및 이용에 관한 법률에 의한 도시 지역 및 허가구역, 관광진흥법에 의한 관광단지에 해당하는 지역을 제외한 지역으로, 지방자치법 규정에 의한 읍 또는 면에 소재할 것
② 대지 면적이 660㎡(200평) 이내이고, 주택의 연면적이 150㎡(공동주택의 경우에는 전용 면적 116㎡) 이내일 것
③ 주택 및 부수토지의 취득 당시 기준시가가 2007년 12월 31일까지 취

득한 주택은 7,000만 원 이하여야 하고, 2008년에 취득한 주택은 1억 5,000만 원 이하, 2009년 이후 취득분은 2억 원 이하이어야 한다.

참고로 비과세가 적용되는 일반 주택은 행정구역상 농어촌주택과 같은 읍 · 면 또는 연접한 읍 · 면에 소재하지 않아야 한다. 또한 농어촌주택의 3년 이상 보유 요건을 충족하기 전에 일반 주택을 양도하는 경우에도 비과세를 적용하나, 추후 농어촌주택을 3년 이상 보유하지 않게 된 경우에는 비과세 받은 세액을 납부해야 한다.

참고로 이 규정은 222쪽에서 본 소득세법상의 농어촌주택에 대한 비과세 특례제도와 별도로 적용됨에 유의하자.

> **[Advise] 고향의 주택을 취득해도 세금 혜택이 있다**
>
> 1세대가 2009년 1월 1일부터 2014년 12월 31일까지 기간 중에 고향 주택을 취득하여 3년 이상 보유하고 해당 고향 주택을 취득하기 전에 보유하던 다른 주택을 양도하는 경우에는 해당 고향 주택을 해당 1세대의 소유 주택이 아닌 것으로 보아 1세대 1주택 비과세를 받을 수 있다. 이 경우 해당 고향 주택의 3년 이상 보유 요건을 충족하기 전에 일반 주택을 양도하는 경우에도 동 규정을 적용하나, 추후 해당 고향 주택을 3년 이상 보유하지 않게 된 경우에는 양도세를 납부해야 한다.
>
> 참고로 고향 주택은 일반적으로 4가지 요건을 충족해야 한다. 고향에 주택이 소재(범위는 시행령에 규정)해야 하고, 비수도권 시내 지역에 해당되어야 하며, 대지 면적이 660㎡(200평) · 주택의 연면적이 150㎡(공동주택 116㎡)이내여야 하고, 취득 시 기준시가가 2억 원에 미달해야 한다. 일반적으로 고향 주택은 자신의 호적에 기재된 소재지의 주택을 말하며, 10년 이상을 거주한 사실이 가족관계등록부에 의해서 입증되어야 한다. 일반 주택이 고향 주택과 같은 읍 · 면 · 시 지역에 있거나 인접지에 소재하면 안 되며, 과세특례를 적용받은 후 고향 주택을 3년 이상 보유하지 않으면 세금을 부담해야 한다.

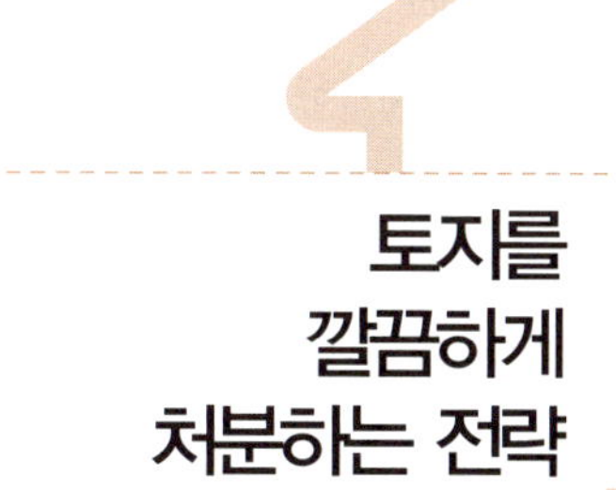

개인들이 보유한 토지 중에, 양도세를 걱정하는 지목은 크게 농지와 임야 그리고 나대지 정도이다. 그 중에서 농지는 광범위하게 감면을 적용하고 있지만, 원칙적으로 나머지 지목들은 세금을 부과하고 있다. 따라서 토지를 소유한 사람들은 본인이 어떤 지목을 가지고 있는지에 따라 맞춤별로 절세 대책을 세울 필요가 있다. 지금부터 이에 대해 세부적으로 알아보자.

: 농지

농지는 8년 자경농지에 대한 감면, 대토감면, 상속 또는 증여받은 농지 등에 해당하는지 등을 중점적으로 검토해야 한다. 그리고 사전에 감면조건을 만들어 두는 것이 세금을 절약하는 지름길이다.

첫째, 8년 자경농지 감면을 받을 수 있는지 본다.

농지 소재지에서 직접 8년 이상 농사를 지으면 100% 감면을 받을 수 있다. 따라서 8년 자경농지에 대한 감면을 받을 수 있는지, 제일 먼저 검토해야 한다. 특히 이 규정을 적용할 때에는 8년 거주 및 자경요건을 치밀하게 검토해야 한다.

둘째, 8년 자경농지에 대한 감면받지 못하면 대토감면을 검토하라.

이 규정을 적용받기 위해서는 일단 농사를 짓는 기간이 3년 이상이 되어야 한다. 3년 이상 재촌·자경한 농업인만이 이 규정에 의해 대토감면을 신청할 수 있다.

셋째, 감면을 받지 못하면 비사업용 토지에 해당하는지를 판단하라.

비사업용 토지를 판단할 때에는 앞에서 살펴보았듯이 재촌·자경·지역·기간 조건이 있다. 여기서 중요한 것은 사업용 기간 조건을 따지는 것이다. 양도일 현재, 사업용 목적으로 사용되고 있더라도 토지 보유기간 중 사업용으로 사용한 기간이 충분하지 않으면 여전히 비사업용 토지로 보기 때문이다. 결국 비사업용 토지를 판단할 때에는 원칙적으로 4가지 요건을 충족하면 사업용으로 보고, 그 4가지 요건을 벗어난 경우에는 비사업용 토지로 분류한다. 다만, 예외적으로 주말농장 등은 사업용으로 보는 경우도 있으므로 예외적인 내용들을 확인하자.

넷째, 8년 이상 자경한 농지를 상속 또는 증여받은 것인지 확인하라.

8년 이상 자경한 농지는 본인이 양도하면 양도세 감면 100%, 상속을 받으면 상속을 개시한 날부터 3년 내 처분하면 양도세 감면 100%, 3년 후에 처분하면 비사업용 토지로 보지 않는다(이 경우 1년 이상 재촌·자경하면 감면 가능). 또한 8년 이상 자경한 농지를 증여받은 경우에도 비사업용 토지에서 제외한다. 다만, 증여의 경우에는 증여일로부터 5년 이내에 양도하면 이월과세(증여자의 취득가액으로 양도세를 계산하는 제도)가 적용된다는 점을 유의해야 한다. 농지 외에도 목장용지와 임야가 8년 이상 재촌한 상태에서 상속 또는 증여가 되면 향후 언제든지 팔아도 비사업용 토지로 보지 않는다.

다섯째, 과세되는 경우 처분 시기를 정하라.

비사업용 토지는 중과세 세율이 적용 유예되는 기간을 통해 처분하는 것도 좋다. 그러나 일반과세를 적용받는 경우에는 처분 시기에 제한이 없으므로 제값을 받을 수 있을 때 처분한다.

[Advise] 농지는 감면 조건을 미리 갖춰두자

일단 농지는 감면받는 것이 좋다. 따라서 현재 8년 자경 조건을 검토하여 부족한 부분이 있다면 이를 미리 충족시켜 두는 것이 좋다. 예를 들어 경작을 5년 하였다면 앞으로 3년 경작하여 8년을 채우는 식으로 하는 것이다. 만일 주소가 되어 있지 않으면 주소를 이전해 두고 실제 경작에 관련된 서류를 확보하자.

: 임야

임야는 토지에 해당하기 때문에 취득할 때에는 취득가액의 4.6%로 취득세 등이 부과된다. 그리고 갖고 있는 동안에는 대부분 종합합산과세되는 토지로, 이러한 항목 금액의 합계액이 5억 원을 넘어가는 경우에는 종부세가 과세된다. 그런데 임야를 양도하는 단계에서 발생한 양도세는 경우에 따라서는 다소 복잡한데, 실무적으로 다음과 같은 사항들이 쟁점이 될 수 있다.

토지에 대한 비과세는 농지의 교환이나 분합 정도만 볼 수 있다. 따라서 임야에 대해서는 비과세를 받을 수 없다.

농지의 경우 광범위하게 감면이 적용되나 임야는 수용의 경우에만 감면이 된다. 감면율은 20~50%에서 결정된다.

임야가 사업용 토지에 해당하면 장기보유공제가 적용되며 일반세율이 적용된다. 중과세가 적용되는 비사업용 토지라면 위 공제가 적용 배제되며 세율은 중과세율이 적용된다. 단, 2009년 3월 16일에서 2012년 12월 31일 이 기간 내에서는 중과세 세율 대신 일반세율이 적용된다.

참고로 임야는 재촌 요건과 기간 요건을 충족하면 비사업용 토지에서 제외된다. 즉 양도일 직전 3년 중 2년 이상을 재촌(소재지 거주 등)하면 문제가 없다. 이밖에도 실제 사업에 사용되는 임야나 공익상 필요에 따르거나, 산림을 보호, 육성을 위해 필요한 임야는 비사업용 토지에서 제외한다.

임야를 처분하는 경우에는 일반적으로 비과세와 감면이 적용되지 않는다. 따라서 장기보유공제를 받고 세율은 6~38%로 적용받는 것이 최선의 방법이다. 그렇다면 앞에서 살펴본 공익용 등의 임야가 아닌 경우에는 어떻게 해야 할까?

첫째, 재촌 기간을 채우도록 한다.

이를 채운 임야는 사업용 토지에 해당하므로 일반과세를 적용받는다. 일반적으로 5년 이상 보유한 임야는 보유기간 중 80%, 5년 중 3년, 3년 중 2년 중 하나의 방법으로 재촌 요건을 충족하면 사업용 임야로 인정받을 수 있다. 따라서 임야는 재촌 요건을 갖춘 후 양도하는 것이 세금을 줄일 수 있는 방법이 된다.

둘째, 재촌 요건을 채우지 못하는 경우에는 임야를 상속 또는 증여받은 것인지를 확인한다.

세법은 직계존속이 8년 이상 소재지에 거주하면서 보유한 임야를 상속·증여받으면 무조건 비사업용 토지에서 제외한다(2009 개정세법). 다만, 양도 당시 「국토의 계획 및 이용에 관한 법률」에 따른 도시 지역(녹지 지역 및 개발제한구역은 제외한다) 안의 임야는 제외한다.

셋째, 중과세 세율 완화 기간에 처분한다.

재촌 요건을 갖추지 못한 경우에는 비사업용 토지에 해당될 가능성이 높다. 이러한 상황에서는 2009년 3월 16일에서 2012년 12월 31일 사이의 기간에 양도하면 중과세 세율이 적용되는 것을 피할 수 있다.

농지, 임야 등을 작은 필지별로 매각하기 위하여 토지를 분필하고 해당 토지를 형질 변경 허가 등을 얻어 개발에 착공하였다면, 이러한 경우에는 사업용으로 사용하기 위해 건설에 착공 토지로 볼 수 있을까?

이에 대해 세법은 지상에 건축물이 정착되어 있지 아니한 토지를 취득하여 사업용으로 사용하기 위하여 건설에 착공(착공일이 불분명한 경우에는 착공 신고서 제출일을 기준으로 한다)한 토지는 당해 토지의 취득일부터 2년 및 착공일 이후 건설이 진행 중인 기간(천재지변, 민원 발생, 그밖의 정당한 사유로 인하여 건설을 중단한 경우에는 중단한 기간을 포함한다)을 사업용 기간으로 본다.

다만, 토지 형질 변경 허가를 얻은 후 나무 이전, 토지 다지기, 일부 터파기 공사를 진행한 다음, 행정관청에 건설허가 및 이에 따른 착공 신고를 하지 아니하고 토지를 양도한 경우 당해 토지는 앞의 '건설에 착공한 토지'에 해당하지 않는다(서면5팀-180, 2008. 1. 25). 따라서 이러한 경우에는 비사업용 토지로 보게 된다.

[Advise] 국가에 양도하는 임야도 감면 대상!

2010년부터는 국가가 매수한 임야에 대해서도 양도세가 감면된다. 그동안 관련법에 의해 수용되거나 협의매수되는 경우에만 양도세 감면이 있었으나, 국가가 매수한 경우에는 감면이 적용되지 않았다. 세부적인 내용들을 확인해 보자.

- 「국유림 경영 및 관리에 관한 법률」에 따라 산림의 공익기능과 국유림 경영관리의 효율성 제고를 위해 국가가 매수하는 임야일 것
- 2년 이상 보유한 임야일 것
- 「국토 계획 및 이용에 관한 법률」에 따른 도시 지역 밖에 소재하는 임야일 것
- 감면율 : 20% 세액 감면
- 일몰 : 2012년 12월 31일

나대지는 지상에 건축물이 없는 토지를 말한다. 이에 반해 잡종지는 특별히 정해진 용도가 없는 토지로, 실제 쓸 때 지목이 결정되는 토지를 말한다. 나대지와 잡종지는 자칫 투기꾼들이 눈독을 들이는 대상이 되기 쉽기 때문에 정부는 이를 바로 비사업용 토지로 구분하여 중과세를 적용한다. 따라서 나대지나 잡종지 같은 토지를 보유하고 있는 경우에는 사업적으로 활용해야 문제가 생기지 않는다.

다음에서 나대지와 잡종지를 잘 처분하는 전략에 대해 알아보자.

첫째, 나대지를 보유하더라도 문제가 없는 경우를 파악하라.

거주나 사업에 필수적인 토지는 사업용 토지로 본다. 예를 들면 무주택 세대주가 보유한 660㎡ 이내의 주택 신축부지는 비사업용 토지로 보지 않는다. 이외에도 주차장용 토지를 소유한 자가 주차장법에 의한 노외주차장(도로 노면 및 교통 광장 외의 장소에 설치된 주차장)으로 사용하는 토지로서 연간 수입이 토지가액에서 차지하는 비율이 3% 이상인 토지만 사업용 토지로 봐준다. 참고로 이 규정은 원칙적으로 토지 소유자가 영업을 해야 함을 명시하고 있다. 그러나 당해 토지를 주차장용으로 임대하는 경우에는 당해 기간은 사업에 사용하는 토지로 보지 아니함에 유의할 필요가 있다(서면5팀-2618, 2007. 9. 2). 한편 재활용 사업에 종사하는 사업자가 재활용 가능 자원의 수집 · 보관에 사용하는 하치장 · 야적장 · 적치장 등(「건축법」에 따른 건축허가를 받거나 신고를 하여야 하는 건축물로, 허가 또는 신고 없이 건축한 창고용 건축물의 부속토지를 포함함) 등의 토지에 해당하여 물품의 보관 · 관리에 사용된 최대 면적의 100분의 120 이내의 토지에 대하여 당해용도 등으로 사용하는 기간 동안은 사업용으로 사용한 토지로 보아 비사업용 토지에 해당하는지 그 여부의 기간 기준을 적용한다.

이밖에도 다양한 사례들이 있으므로 관련 규정을 통해 정보를 입수하자 (소득세법 시행령 168조의 11).

둘째, 무조건 사업용 기간으로 봐 주는 제도를 활용한다.

건축물을 착공하기 위해 구입한 나대지는 당해 토지의 취득일부터 2년 및 착공일 이후 건설이 진행 중인 기간(천재지변, 민원의 발생 그밖의 정당한 사유로 인하여 건설을 중단한 경우에는 중단한 기간을 포함함)은 사업에 직접 사용한 기간으로 본다(소득세법 시행규칙 제83조의 5 제1항 제5호). 다만, 사업용으로 사용하기 위하여 건설에 착공하였는지 그 여부는 관할 세무서에서 제반사항을 조사하여 사실을 판단한다.

이밖에도 세법은 소송이나 기타 사유가 발생한 경우에는 2년간은 사업용으로 봐 주는 제도를 운영하고 있다.

예를 들어 토지를 취득한 후에 「국토의 계획 및 이용에 관한 법률」 및 기타 관계법령에 따라 사용이 금지 또는 제한된 경우에는 그 사용이 금지 또는 제한된 기간 동안은 사업용 토지에 해당하는 것으로 본다.

셋째, 처분한다면 중과세 세율 완화기간에 양도하라.

오래전에 취득한 나대지는 그 상태로 양도하면 비사업용 토지에 해당될 가능성이 높다. 따라서 이러한 상황에서는 이를 사업적으로 활용하거나 중과세 세율 적용이 유예된 기간에 양도하는 것을 검토해 보자.

[Advise] 나대지 위에 창고를 지어 임대하는 경우

나대지 위해 창고를 지어 임대한 후 이를 양도하면 세금은 어떻게 될까? 일반적으로 창고도 건축물에 해당하므로 건축물 부수토지는 기본적으로 재산세가 별도합산과세되는 토지에 해당되어 이 기간 동안은 사업용으로 사용한 것이라고 할 수 있다. 따라서 일반적으로 건물 착공 후부터 양도일까지의 2년이 지나면 부속토지에 대해서는 중과세 제도가 적용되지 않는다.

다만, 여기서 주의할 것은 건축물의 시가표준액(세법상 평가금액)이 당해 부속토지의 시가표준액(개별공시지가)의 100분의 3에 미달하는 건축물 및 무허가 건축물은 건축물로 보지 않는다는 사실이다. 따라서 나대지를 사업용 토지로 가장하는 방법은 무용지물이 될 수 있음에 유의해야 한다.

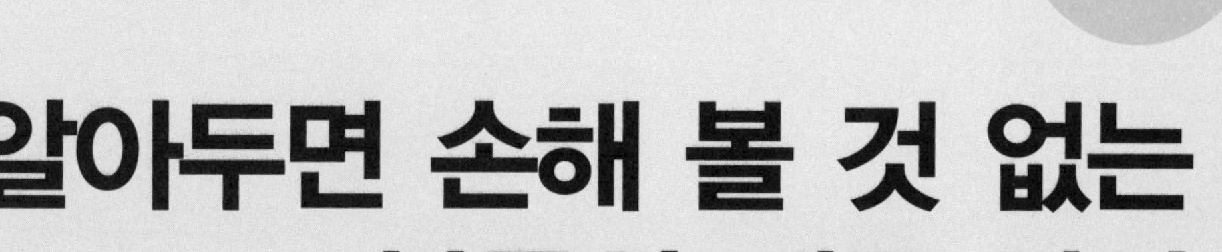

알아두면 손해 볼 것 없는 부동산 세금 상식

양도세는 양도차익의 일부를 내는 것이므로, 투자수익률을 직접적으로 낮추는 역할을 한다. 따라서 양도세가 과다하게 나오는 경우, 투자수익률이 큰 폭으로 떨어지기 때문에 양도자들은 여러 가지 수단을 동원해 세금을 줄이기 위해 노력한다. 이 과정에서 양도자들이 탈법적인 수단을 동원한 경우에 문제가 생긴다. 그래서 과세당국은 양도세를 성실하게 신고하는 쪽으로 유도하기 위해 다음과 같은 검증 절차를 마련해 두고 있다.

- 1단계(신고 후 1월 내) : 양도세 신고서를 전산(TIS)에 입력할 때 단순 계산 착오 사항 등 기본적인 서류 검증을 통해 탈루사항 확인
- 2단계(신고 후 4월 내) : 사실과 다른 허위계약서 등을 이용해 신고한 혐의자를 신속하게 수시 조사 대상자로 선정, 성실신고 여부 검증
- 3단계(다음 해 5월 확정신고 기간 중) : 전년도 예정 신고자 중 사실과 다르게 신고한 혐의자에 대하여 수정신고 안내, 가산세 없이 자기 시정 기회 부여
- 4단계(다음 해 9월 이후) : 양도세 신고내역(무신고 포함)을 전산 분석 후 정기 조사 대상자를 선정, 정기 조사를 통한 성실신고 여부를 최종적으로 검증

위의 표를 보면, 통상적으로 신고를 정당하게 했을 경우에는 신고한 시점을 기준으로 4개월 이내에 검증 절차가 끝난다는 것을 알 수 있다. 만일 세무서로부터 수정신고 안내문을 받은 경우에는 가산세 없이도 신고할 수 있으므로 이런 제도를 이용하는 것도 나쁘지 않다.

양도세는 언제까지 거둘 수 있을까?

탈법적인 방법을 써서 양도세를 내지 않았다고 하자. 이런 상황에서 탈루한 사실이 적발되지 않으면 세금 문제는 발생하지 않는다. 하지만 수년이 지나서 이 사실이 밝혀지면 세금이 어떻게 과세되는지가 궁금할 것이다. 이런 상황에서 고려되는 것이 바로 '국세부과의 제척기간'이다. 세법은 이 기간을 지나서는 세금을 부과할 수 없도록 하고 있다. 다음을 보자.

세목	원칙	특례
상속 · 증여세	−15년 간 (탈세 · 무신고 · 허위신고 등) −10년 간(이 밖의 사유)	• 상속 또는 증여가 있음을 안 날로부터 1년(제3자 명의 보유 등으로 은닉재산이 50억 원 초과 시 적용)
이 밖의 세목	−10년 간(탈세) −7년 간(무신고) −5년 간(이 밖의 사유)	• 조세쟁송에 대한 결정 또는 판결이 있는 경우, 그 결정(또는 판결)이 확정된 날로부터 1년이 경과하기 전까지는 세금 부과가 가능함

양도세의 경우, 일반적인 제척기간은 5년이지만, 탈세의 경우는 10년이다. 2000년 이후의 탈세분은 2010년 이후에도 과세가 가능하다는 얘기다. 상속 또는 증여의 경우 10~15년이나 탈세 목적으로 은닉한 재산가액이 50억 원을 초과하는 경우에는 과세관청이 그 사실을 안 날로부터 1년 이내에 추징할 수 있다. 즉 탈세 금액이 큰 경우에는 사실상 제척기간이 없어진 셈이 된다.

참고로 고지된 세금의 경우, 5년이 지나면 원칙적으로 국세 징수권이 소멸한다. 하지만 과세당국이 압류 등을 하면 소멸시효가 중단되어 다시 5년이 지나야 소멸시효가 완성된다.

Tip | 체납에 따른 불이익

체납을 하면 가산세, 가산금, 재산 압류, 관허사업의 제한, 신용정보(체납) 자료가 금융기관에 통보되는 등 불이익을 받는다. 참고로 체납자가 사업자등록을 할 수 있는지가 궁금할 수 있다. 이에 대해 과세당국은 체납자도 실제 사업을 영위하는 경우에는 체납 세금을 납부했는지 그 여부에 상관없이 부가가치세법에 의하여 사업자등록을 해야 하며, 이때 관할 세무서에서는 실제 사업을 하는지 그 여부 등을 조사 · 확인하여 등록을 거부하거나 등록증을 교부할 수 있다.

가산세도 깎을 수 있다

먼저, 양도세와 관련된 가산세는 신고 불성실 가산세와 납부 불성실 가산세 등 2가지 종류가 있다.

신고 불성실 가산세는 신고를 하지 않았거나 세법보다 낮게 신고한 경우 미신고 및 미달 신고에 의해 산출된 세액에 10~40%까지 부과한다. 아래에서 부당한 방법이란 장부를 은닉하거나 허위계약서를 만들어 제출하는 것 등을 말한다.

구분		가산세율
무신고	일반적인 무신고	20%*
	부당한 방법에 의한 무신고	40%
과소신고	일반적인 과소신고	10%
	부당한 방법에 의한 과소신고	40%

* 2010년 세법 개정 : 2010년에는 예정신고를 하지 않으면 20%의 가산세 중 50%를 경감하여 10%를 부과한다. 이후부터는 정상적으로 20%가 부과된다.

납부 불성실 가산세는 납세자가 납부기한을 경과하여 납부하는 경우 연체이자를 물리는 것이다. 아래의 미납기간 등은 납부기한의 다음 날부터 자진 납부일까지를 말한다.

납부 불성실 가산세 = 미납 · 미달 납부한 세액 × 기간 × 3/10,000

납부 불성실 가산세는 일 이자를 연간으로 환산하면 10.95%에 이른다. 따라서 납부를 하지 않는 기간이 늘어나면 세금이 상당하므로 이에 특별히 유의할 필요가 있다.

이제 가산세를 줄이는 방법에 대해 알아보자.

① 신고를 법정기한 안에 했으나 과소 신고한 경우

신고 및 납부를 법정기한까지 했으나 과소신고 및 납부가 된 경우가 있다. 이러한 경우에는 수정신고를 빨리 하면 가산세 부담을 줄일 수 있다. 단, 수정신고에 따른 감면은 수정신고 기간별로 다르게 적용된다.

수정신고 및 납부	신고 불성실 가산세	납부 불성실 가산세
법정기한 ~ 6개월 이내	50% 감면	
6개월 초과 ~ 1년 이내	20% 감면	미납일수의 축소로 가산세가 줄어듦
1년 초과 ~ 2년 이내	10% 감면	

② 신고를 법정기한 안에 하지 못한 경우

신고를 법정기한 안에 하지 못한 경우에는 기한 후 신고 제도를 이용할 수 있다. 이 제도를 이용하면 신고 불성실 가산세는 피할 수 없으나 미납부기간을 축소할 수 있으므로 납부 불성실 가산세를 줄일 수 있다.

③ 수정신고 안내문을 받은 경우

수정신고 안내문을 받은 경우에는 적극적으로 수정신고를 하는 것이 좋다. 이러한 상황에서는 가산세를 면제해 주기 때문이다.

과다하게 신고한 세금 돌려받자

세금 신고를 했는데 세법에 맞지 않게 신고한 경우가 있다. 계산 착오나 증빙 관리의 미비 등으로 세금을 적게 신고하거나 많게 신고하는 경우가 이에 해당한다. 이런 경우에는 수정신고와 경정 등 청구 제도를 이용할 수 있다.

① 수정신고

수정신고란 세법 기준에 따른 것보다 세금을 적게 납부할 때 이를 바로잡는 제도이다. 세금을 적게 신고하면 향후 세무조사와 가산세 등에 대한 압박감이 있을 수 있다. 이런 경우에는 수정신고가 해결책이 된다. 다만, 수정신고는 법정 신고기간 내 정상적으로 신고한 사람만이 할 수 있도록 자격을 부여하고 있기 때문에 법정 신고기한 내에 신고하지 않는 사람은 제외된다는 점을 유의해야 한다.

관할 세무서장이 당해 과세표준과 세액을 결정하거나 경정하기 전까지 수정신고를 할 수 있다. 즉 세무서장이 올바른 내용으로 납세고지서를 보내기 전까지 수정신고를 할 수 있다. 법정 신고기한이 지난 후 6월 이내에 수정신고를 하면 신고 불성실 가산세를 50%(6개월~1년 20%, 1~2년 10%) 감면받을 수 있다. 다만 세무 공무원이 조사에 착수한 것을 알고 수정신고한 경우에는 감면 혜택이 없다.

② 경정 등 청구

세금을 세법에 의한 금액보다 많게 신고하여 납부하였다면 이를 되돌려 받아야 한다. 이러한 상황이 발생한다면 '경정 등 청구' 제도를 이용할 수 있다. 통상적인 경정 등 청구는 법정 신고기한 후 3년 내에, 후발적 사유로 인한 경정청구는 그 사유가 발생한 것을 안 날로부터 2월 이내 청구할 수 있다. 경정 등의 청구 사유가 발생하면 결정 또는 경정청구서를 관할 세무서장에게 제출한다. 청구받은 세무서장은 청구를 받은 날로부터 2월 이내에 그 결과를 통보하여야 한다. 만일 통보 결과에 만족하지 못한 경우에는 이를 근거로 하여 조세 불복을 통해 권리를 구제받을 수 있다.

경정청구를 하였음에도, 과세당국이 이를 거부한 경우에는 조세불복제도를 이용할 수 있다. 이 제도는 국세기본법 또는 세법에 의한 처분으로서 위법 또는 부당한 처분을 받는 등 권리 또는 이익의 침해를 받은 납세자가 법적인 절차로 구제받는 것을 말한다.

- 이의신청을 거치는 경우 : 이의신청(관할 세무서장을 대상으로 한다)후 심사청구(국세청장을 대상) 또는 심판청구(조세심판원장을 대상) 중 하나를 선택할 수 있다.
- 이의신청을 거치지 않은 경우 : 심사청구 또는 심판청구 중 하나를 선택할 수 있다.
- 이밖에 앞의 본 절차를 밟지 않고 감사원 심사청구를 바로 할 수도 있다.

법률에 의한 불복 절차를 거치지 않고도 직권시정이 가능한 세금과 관련된 고충을 신속하게 시정 조치하는 제도를 말한다. 납세자의 고충을 해결하고, 세무행정에 대한 신뢰도를 높이기 위한 취지가 있다. 고충은 신청기간의 제한 없이 관할세무서 납세자보호담당관실에 제기할 수 있다(국세부과 제척기간이 경과하기 전까지 가능). 그리고 그 접수일로부터 14일 이내 결과가 통보된다. 단 1회에 한하여 처리기간 연장 가능(30일 초과 불가)하다.

참고로 다음과 같은 사항에 대해서는 고충민원을 제기할 수 없다.

① 국세기본법, 감사원법, 행정소송법 등에 의한 불복절차 진행 중이거나 결정이 완료되어 확정된 사항

② 과세전적부심사청구가 진행 중이거나 그 결정에 대한 사항

③ 감사원장, 국세청장, 지방국세청장의 감사 결과에 따른 시정 지시에 의하여 처분한 사항

④ 탈세제보, 외화도피 신고, 세금계산서 미발행 등 세금 관련 고소, 고발

⑤ 조세범처벌절차법에 의한 통고처분

현실적으로 차명으로 된 부동산이 상당히 많다. 그렇다면 이러한 부동산은 어떻게 관리가 되고 있는지 한번 보자.

만일 명의를 부모나 조부모에 해두었으나 곧 상속이 임박하는 경우에는 상속으로 이전하는 것이 보통이다. 상속 재산이 10억 원에 미달하면 상속의 취득세 정도만 부담하면 재산을 이전받을 수 있기 때문이다. 다만, 증여를 선택하는 경우에는 증여자와 수증자의 관계에 따라 세금액이 달라진다. 예를 들어 부모와 자녀 간에 증여를 선택하면 세금이 과도하게 나올 수 있다. 증여 공제가 3,000만 원에 불과하기 때문이다.

이밖에 많은 사람들이 선택하고 있는 매매는 앞의 무상으로 이전하는 방식이 아닌 유상대가를 받고 소유권을 이전하는 방식을 말한다. 거래 대상은 제3자에게 할 수도 있고 명의를 빌린 사람을 대상으로 할 수도 있다. 그러나 이러한 거래를 선택할 때에는 특수 관계자 간의 저가 양도에 신경을 써야 한다. 특수 관계자 간에 거래하는 경우에는 대가 관계에 대해 조사할 가능성이 높기 때문이다.

이밖에 소송을 통해 법적 소유권을 확인할 수도 있다. 이러한 경우에는 부동산실명법을 위반한 것이므로 과징금을 부과받을 수 있다(이에 대해서는 법무 자문을 받는 것이 좋다).

고령자의 처분 대금에 조사가 진행된다?

고령자가 부동산을 처분하는 경우로서 이 처분 대금을 대체취득에 사용하지 않으면 처분 대금은 현금 자산으로 보유될 가능성이 높다. 그리고 이 현금 자산은 알게 모르게 자녀 등에게 흘러갈 가능성이 높다. 그런데 문제는 증여세를 신고하는 경우가 많지 않다는 것이다.

그래서 국세청은 증여세 등을 거두기 위해 '과세자료의 제출 및 관리에 관한 법률'을 제정하여 시행하고 있다. 이 법률에 따라 과세자료를 직접 수집하여 관리하고 있는데 그중에는 고령인 자가 일정 규모 이상의 재산을 처분하거나 수용으로 보상금을 받은 경우 일정 기간 본인 및 배우자나 직계비속 등의 재산 변동을 추적하고 있다. 사후관리 결과 특별한 사유 없이 재산이 감소한 경우에는 재산 처분 대금의 사용처를 소명하라는 안내문을 보내오며, 보상금을 받고 난 후 배우자 등의 재산이 늘어난 경우 이에도 자금출처를 소명하라는 안내문을 보내온다. 이 안내문은 통상 재산을 처분하거나 보상금을 수령한 날로부터 2~3년 뒤에 나오는 것이 일반적이므로 사용처를 잘 정리해 두는 것이 나중을 위해 좋다.

비거주자는 출국 후 2년 내에 주택을 처분하지 못하면 1세대 1주택 비과세 제도를 적용받을 수 없다. 이 제도는 거주자에게만 해당하기 때문이다. 참고로 여기서 '비거주자'란 생활의 근거지가 외국에 있는 사람들을 말한다. 구체적으로 예를 들면, 주로 1년 이상 해외에 머물 만한 직업을 가졌거나 외국 국적이 있는 사람, 해외 영주권을 얻은 사람 등으로 국내에 생계를 같이하는 가족이 없고 직업 및 자산 상태로 볼 때 다시 입국해 주로 국내에 거주할 것이 인정되지 않는 사람을 말한다.

비거주자도 국내 세법에 따라 양도소득세를 내야 한다. 다음을 참고하자.

해외 교포(비거주자)의 양도소득세 계산법

해외 교포가 국내에서 보유한 부동산에 대한 양도소득세 계산 방법은 거주자와 동일하다. 다만, 해외 교포가 1주택을 보유한 경우에는 원칙적으로 비과세를 받을 수 없고, 2주택 이상을 보유하고 있다면 중과세도 가능하다(단, 2009년~2012[1]년은 한시적 완화). 또한 1세대 1주택에 대해 적용되는 장기보유 특별공제율 80%를 적용받지 못하도록 하고 있다(서면5팀-110, 2008. 1. 15 등).

· 양도가액 및 취득가액 → 거주자와 동일(실거래가액)
· 장기보유 특별공제 → 거주자와 동일(10~30%, 단 24~80%는 적용되지 않음)[2]
· 기본공제 → 거주자와 동일(250만 원)
· 세율 → 거주자와 동일(보유기간에 따른 세율 및 중과세 세율)
· 예정신고납부세액공제 → 거주자와 동일

[1] 2010년에서 2012년까지 연장되었음.
[2] 최근 대법원(2009두21147, 2011.7.14)에서는 비거주자도 장기보유특별공제를 80%까지 받을 수 있는 판결을 내렸다. 2009년 이전에 신고한 건이 그 대상이 된다. 자세한 것은 필자 등에게 문의하기 바란다.

한편 비거주자가 부동산을 판 금액을 해외로 가지고 나가려면 어떻게 해야 할까.

해당 부동산의 관할 세무서장이 발급하는 '부동산 매각자금 확인서(국세청 홈페이지에서 조회)'를 외국환 은행장에게 제출해야 송금시킬 수 있다. 이 서류를 신청하려면 등기부등본, 건축물 관리대장 및 토지대장 각 한 부, 실거래가액을 확인할 수 있는 서류(매매 계약서 및 관련 금융자료 등)가 필요하다.

한편 국내 거주자가 해외로 이주하기 위해 금융기관에서 국내 화폐를 외화로 환전하면 자금 출처 조사가 뒤따른다. 외국환 관리 규정(제6-31, 32조 등)에서 이주 정착비나 투자 사업비가 일정 금액을 넘어서면 주소지의 관할 세무서장이 자금 출처 조사를 할 수 있도록 하고 있다. 환전 자금을 제3자로부터 증여받았는지 여부와 부동산 처분 관련 양도소득세 납부 여부를 확인하기 위한 제도다.

상속을 받으면 신고하는 것이 좋다?

일반적으로 상속세는 배우자가 생존한 상태에서는 10억 원, 배우자가 없는 상태에서는 5억 원을 초과하지 않으면 세 부담이 없다. 따라서 이러한 상황에서는 세금신고를 하지 않아도 큰 문제가 없다.

하지만 부동산의 경우 나중에 양도할 것을 생각한다면 세금이 나오지 않더라도 신고를 해두는 것이 좋다. 왜냐하면 상속 부동산의 양도세를 계산할 때 취득가액은 상속 당시의 평가액으로 하는데 대부분 기준시가로 굳어질 가능성이 높기 때문이다. 이렇게 되면 양도차익이 커져 세금이 크게 나올 가능성이 높아진다.

따라서 상속이 발생하면 상속재산가액을 시가로 신고해 두는 방안을 적극적으로 고려하는 것이 좋다. 시가는 매매사례가액이나 그 이상의 감정평가를 받아 신고할 수 있다. 물론 시가로 신고하면 상속세가 늘어날 수 있으므로 이 부분도 감안해야 한다.

상속 또는 증여받은 자산은 원칙적으로 취득가액을 환산할 수 없다. 다만, 1985년 1월 1일 전에 상속(또는 증여)받은 자산에 한해 기준시가와 환산 취득가액 중 유리한 것을 선택할 수 있다. 그 이전에 상속 또는 증여받은 자산은 취득시기가 1985년 1월 1일로 의제되어 특별히 환산가액을 인정하고 있다. 그러나 1985년 1월 1일 후에 상속 또는 증여받은 자산은 세법상 평가금액이 되므로 시가로 신고하지 않는 이상 기준시가가 취득가액으로 되는 점에 주의해야 한다. 이를 정리하면 다음과 같다.

- 1985년 1월 1일 전의 상속분 : 기준시가와 환산 취득가액 중 유리한 가액을 선택
- 1985년 1월 1일 후의 상속분 : 시가(매매사례가액 등 포함)가 없는 경우에는 기준시가

상속 재산을 6개월 내에 처분하면 양도세가 없다?

상속받은 재산을 빨리 처분하면 양도세를 없앨 수 있다. 상속이 개시된 날로부터 6개월 내에 양도하면 양도가액이 곧 취득가액이 되기 때문이다. 예를 들어 기준시가가 5억 원인 상속 토지를 상속 개시일로부터 6개월 내에 10억 원에 양도한다고 하자. 이렇게 되면 양도가액은 10억 원인데 취득가액은 얼마일까? 세법에서는 상속받은 부동산의 취득가액을 정할 때 상속 때의 평가액으로 한다. 그렇다면 그 당시의 기준시가인 5억 원이 평가액이 될까?

그렇지 않다. 세법에서는 상속 개시일로부터 6개월 내에 당해 부동산 매매가액이 있다면 이 금액을 평가액으로 한다. 따라서 사례의 경우 기준시가 5억 원이 아닌 매매 사례가액 10억 원이 평가액이 되고, 이 금액이 양도세 계산 시 취득가액에 해당한다.

결국 양도가액과 취득가액이 일치되어 양도세는 없게 된다. 다만, 이렇게 상속 재산가액이 늘어나면 상속세가 늘어날 수 있다. 따라서 상속재산의 평가액은 양

도세와 상속세의 크기를 좌우하게 되므로 이 둘의 세금관계를 잘 따져 평가방법을 잘 선택할 필요가 있다. 상속재산의 평가액은 주로 '매매사례가액 → 감정평가액 → 기준시가'로 결정된다. 이 중 매매사례가액은 처분을 통해, 감정평가액은 감정평가를 통해 인위적으로 선택할 수 있다.

증여도 취득가액을 올릴 수 있는 수단이 된다?

오래전에 취득한 부동산의 경우 취득가액이 낮아 양도차익이 많이 발생하는 것이 일반적이다. 이러한 상황에서는 배우자에게 증여를 하여 취득가액을 올려두는 것도 양도세를 줄일 수 있다. 이는 배우자간 증여세 비과세 한도가 10년간 6억 원이라는 점을 활용하는 것이다. 이를 위해서는 먼저 처분시기를 어떻게 할 것인지를 먼저 결정해야 한다. 세법은 증여받은 부동산을 증여일로부터 5년 내에 양도하면 이월과세 제도가 적용되어 증여 효과가 박탈되기 때문이다. 이 제도는 증여를 받은 배우자가 증여일로부터 5년 내에 증여받은 부동산을 양도하는 경우, 양도가액에서 차감되는 취득가액을 증여한 배우자가 취득한 당시의 가액으로 하는 것을 말한다.

이에 대한 검토가 끝났다면 증여 재산의 시가를 검토한다. 증여일 전후 3개월 내에 유사한 재산의 매매사례가액*이 있는지 만약 없다면 두 개 이상의 감정평가법인에 감정평가를 의뢰한다. 그 이후 증여등기를 한 후 증여일이 속하는 달의 말일로부터 3월 이내에 시가를 근거한 금액으로 증여세를 신고한다.

---

* 유사 재산의 매매사례가액은 증여일 전 3개월부터 신고 시까지의 금액만 인정된다(2010년 세제 개편).

이혼 후에 주의해야 하는 이월과세 제도

헤어질 때 헤어지더라도 생각해야 할 문제가 있다. 바로 세금!

먼저, 이혼 시 재산 분할로 재산이 이전되는 경우에는 세금 문제가 없다. 재산 분할은 공동으로 일군 재산을 각자의 몫으로 나누는 것에 해당하기 때문이다. 하지만 위자료를 주거나 자녀 양육비의 대가로 소유권을 이전하는 경우에는 대물변제에 해당하여 양도세가 과세된다. 따라서 이혼 시 재산 이전은 재산분할로 하는 것이 중요하다.

다음으로, 이혼 전에 증여를 받은 물건을 5년이 지나서 파는 경우에는 매우 주의해야 한다. 세법은 증여 후 5년 내에 증여받은 부동산을 양도하면 이월과세제도를 적용하는데 이때 양도 당시 혼인관계가 소멸된 경우를 포함하고 있기 때문이다. 따라서 증여를 받은 후 이혼하여 남남이 된 후에 증여받은 부동산을 처분하면 손해 볼 가능성이 높으므로 매우 주의해야 한다.

취득가액을 모르는 경우 이를 올릴 수 있는 방법

취득 당시의 계약서를 분실하거나 취득가액이 너무 낮은 경우에는 취득가액을 환산할 수 있다. 현행 세법에서는 취득 시 실제거래가액이 없는 경우 매매사례가액, 감정가액, 환산가액을 취득가액으로 할 수 있도록 하고 있다. 이 중 실무적으로 환산가액이 많이 사용된다. 환산가액은 다음과 같이 정한다.

$$\text{환산 취득가액} = \text{실제 양도가액} \times \frac{\text{취득 시 기준시가}}{\text{양도 시 기준시가}}$$

양도가액이 4억 원이고 취득가액을 모른다고 할 때 취득가액은 어떻게

구할까? 단, 양도 시 기준시가는 2억 원, 취득 시 기준시가는 1억 원이라고
하자.

$$\text{환산 취득가액} = \text{실제 양도가액(4억 원)} \times \frac{\text{취득 시 기준시가(1억 원)}}{\text{양도 시 기준시가(2억 원)}} = \text{2억 원}$$

다만, 실제 취득가액이 있는데도 이 대신에 환산가액으로 신고하는 경우에는
세무간섭을 받을 수 있다. 세무서에서 그 이전의 계약자나 건축업자 등을 대상
으로 탐문하여 취득가액을 찾아내는 경우가 있기 때문이다. 취득가액을 환산
하는 문제는 세무서 방침이 어떻게 되는가도 중요하므로 세무 전문가를 통해
처리하는 것이 좋다.

> **Tip** | **취득가액 환산할 때 필요경비 적용법**
>
> 취득가액을 환산할 때 필요경비(취득가액 + 기타 필요경비)는 원칙적으로 환산한 취득가액에 취
> 득할 때의 기준시가에 3%를 곱한 금액(개산공제액이라고 함)을 더해 계산했다. 하지만 2011년부
> 터는 자본적 지출액과 양도비용을 더한 금액이 앞의 금액(환산 취득가액 + 개산공제액)보다 큰 경
> 우에는 이 금액을 필요경비로 할 수 있도록 하였다.

부동산 거래와 관련하여 편법이 난무하고 있는 것이 현실이다. 차명거래에서부터 다운계약서, 그리고 주소 조작 등 일일이 열거하기가 힘들다. 이러한 행위들이 버젓이 일어난 이유는 아무래도 이를 적발할 수 있는 시스템이 미비하기 때문이다. 하지만 요즘 탈세를 적발하는 사례들이 늘고 있어 그러한 환경이 조금씩 바뀌고 있다. 만일 탈세한 사실이 밝혀지면 본세는 물론 막대한 가산세까지 물어야 한다. 또한 정도가 심한 경우에는 조세범 처벌을 받을 수도 있다.

아래에서는 부동산과 관련된 탈세 유형과 탈세의 발각 경로를 알아보자. 가산세 등은 뒤의 해당부분에서 살펴보고자 한다.

: 대표적인 탈세 유형

부동산 거래와 관련하여 대표적인 탈세 유형은 다음과 같다.

- 다운계약서 또는 업계약서 작성*

- 취득계약서(업계약서) 재작성

- 2년 거주 요건 조작(2011년 6월부터 거주 요건 폐지)

- 세대 요건 조작

- 자경요건 조작

- 필요경비 영수증 조작 등

* 2011년 7월 1일부터 허위계약서를 작성하면 비과세와 감면이 제한된다(2010년 세제 개편, 부록 참조).

예를 들어 어떤 사람이 부동산을 양도하고자 하는데 양도차익이 많이 발생했다고 치자. 이런 경우에는 양도가액을 낮추는 방법을 생각할 가능성이 높다. 그래야 양도차익을 줄일 수 있기 때문이다. 이렇게 계약금액을 낮추는 것을 다운계약이라고 한다. 그런데 만일 이 방법이 여의치 않으면 전에 취득했던 계약서를 재작성하면서 취득금액을 높이는 방법을 취할 수 있다. 이는 2006년 전의 실거래가 시스템이 없어 과세당국이 거래금액을 알기가 힘들다는 것에 착안한 방법이다. 취득할 때 업계약서 작성은 향후 양도를 대비하여 미리 거래금액을 올려두는 것을 말한다. 예를 들어 1억 5,000만 원의 거래금액을 2억 원으로 올려두면 향후 2억 원에 팔아도 세금이 없는 결과가 나온다. 매스컴을 보면 이러한 방식의 업계약서도 횡행하는 것으로 알려지고 있다. 2년 거주 요건 조작은 서울이나 과천 그리고 분당 등 1기 신도시에서 2년 거주해야 비과세를 받는데 거주하지 않음에도 불구하고 거주한 것처럼 서류를 조작하는 것을 말한다. 세대 요건 조작은 세대를 분리해 세금을 내지 않기 위해 주소만 이전해두고 실제로는 부모와 생활하는 등 서류를 조작하는 것을 말한다.

자경요건 조작도 세금 혜택을 받기 위해 실제 농사를 짓지 않았는데도 직불금을 타는 식으로 이 요건을 맞추는 것을 말한다. 필요경비 조작은 공제를 많이 받기 위해 인테리어비 등의 영수증을 허위로 제출하는 것을 말한다.

과세당국의 입장에서는 탈세는 절대 용납할 수 없는 일이다. 탈세가 횡행하면 제대로 세무행정이 설 수가 없고 그렇게 되면 국가가 제대로 예산을 집행할 수 없다. 그래서 과세당국은 어떻게 해서든지 탈세가 자행되는 것을 막는데, 다음과 같은 감시책들이 있다.

① 재산을 취득할 때

재산을 취득할 때에는 취득자금의 출처에 대해 조사를 한다. 이 조사는 주로 미성년자나 고령자 또는 주부 등 국세청에 소득이 보고되지 않은 사람들이 그 대상이 된다. 따라서 이에 해당하는 사람들은 사전에 자금 출처 조사에 대비해야 한다. 일반적으로 취득세 등을 포함한 구입자금의 80%까지는 소명이 필요하다. 이때 소득세 납세증명서, 원천징수영수증, 매매계약서, 부채증명서, 임대차계약서 사본을 준비해야 한다. 이밖에도 상속세나 증여세 신고서도 있다.

② 재산을 보유할 때

보유한 재산에 대한 세무조사를 실시하는 경우는 흔하지 않다. 그러나 2010년부터는 소득과 재산을 연계한 소득지출분석 시스템이 개발되어 세무조사를 받을 가능성이 매우 높아졌다. 이 시스템은 납세자가 신고한 소득금액과 재산증가·소비지출액을 비교·분석해 탈루 소득을 찾아낸다. 재산증가액(부동산, 주식, 각종 회원권)과 소비지출액(해외체류비, 신용카드·현금영수증 사용액)을 합한 금액에서 납세자가 신고한 소득을 빼면 신고 누락한 소득을 파악할 수 있게 되는 것이다. 이를 그림으로 표현하면 다음과 같다.

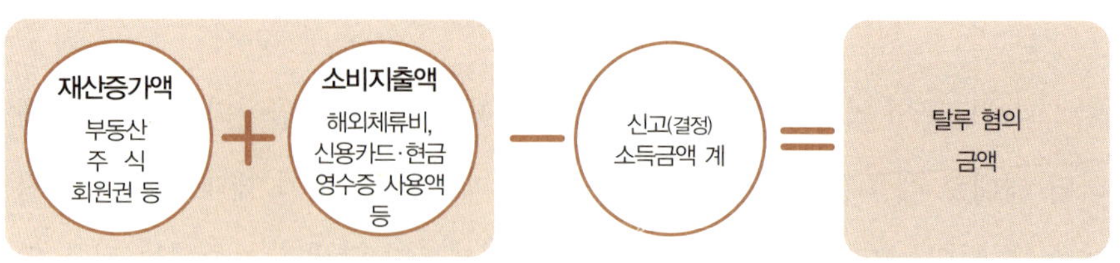

예를 들어 나탈세 씨의 5년간 재산증가액과 신용카드 사용액 등이 20억 원이나 신고소득금액이 5억 원이라고 하자. 이 경우 15억 원이 차이가 나므로 과세당국이 탈루 혐의가 있는 것으로 보아 재산 취득자금에 대한 자금 출처 조사와 소득탈루 조사를 동시에 진행할 수 있다.

③ 재산을 처분할 때

부동산을 처분하면서 받은 돈은 상당히 조심히 다룰 필요가 있다. 이 자금이 자녀 등에게 흘러가는 경우 세무조사를 당할 수 있기 때문이다. 특히 고령자는 매우 주의해야 한다. 국세청에서는 '과세자료의 제출 및 관리에 관한 법률'을 제정하여 자금흐름을 추적하고 있기 때문이다. 그밖에 고액의 토지 보상금을 받는 경우도 마찬가지이다.

④ 재산을 상속·증여할 때

재산을 상속하거나 증여할 때의 세무조사는 주로 신고서에 대한 검증작업 차원에서 진행된다. 이 과정에서 상속재산의 가액이 30억 원 이상인 경우로서 상속 개시일로부터 5년이 되는 날까지에 상속인의 부동산이나 주식 등의 재산이 상속개시 당시에 비하여 현저하게 증가한 경우에는 신고한 내용에 오류가 있었는지 등을 다시 조사하게 된다.

먼저, 관할 시·군·구청에서 발견된 경우라면, 이런 상황에서는 중개인이 있는 경우와 없는 경우로 나눠서 살펴봐야 한다.

중개인이 있는 경우

우선 중개인에 대한 행정처벌이 있다. 등록이 취소되거나 6개월 이내에서 영업정지가 된다. 그리고 중개인에게 취득세의 1.5배 이내에서 과태료 제재가 있다. 취득세율 4%의 1.5배인 6%까지 부과될 수 있다.

이외 매도자와 매수자는 일정금액(예 400만 원)을 각각 부과받게 된다. 따라서 허위계약임이 등기과정에서 밝혀지면 중개인과 거래 당사자들이 상당한 부담을 안게 된다.

중개인이 없는 경우

이 경우에는 거래 당사자가 각각 취득세의 1.5배 이하의 과태료를 부담하게 된다.

다음으로, 만일 양도세 신고 후 관할 세무서에서 적발된 경우라면, 이런 상황에서 관심사는 과연 관할 세무서에서 허위계약 내용을 관할 시·군·구청에 통보할 것인가이다. 그 여부에 따라 제재 내용이 달라지기 때문이다. 그런데 현재 세무서에서 허위계약서가 밝혀졌다고 하더라도 이에 대해서는 적극적으로 통보하지 않는다. 다만, 향후 전산망이 잘 갖춰질 경우에는 통보할 가능성이 매우 높다.

: 부록1 :

양도소득세 계산법

양도소득세 계산 구조는 다음과 같다.

구분		계산 방법	비고
1단계	양도차익 계산	양도가액 -취득가액 -기타 필요경비 =양도차익	실거래가 상동(취득가액 환산 가능) 취득세, 수수료, 인테리어비 등
2단계	과세표준 계산	-장기보유공제 =양도소득금액 -기본공제 =과세표준	토지·건물(0%, 10~30%, 24~80%) 250만 원(연간 1회)
3단계	산출세액 계산	×세율 =산출세액	일반세율(=보유기간에 따른 세율), 중과세율
4단계	납부세액 계산	-감면세액 +가산세 -기납부세액공제 =최종 납부할 세액	조세특례제한법상 감면 1년 내 2회 신고 시 발생 1,000만 원 초과 시 분납가능

* 이밖에 양도세의 10%인 지방소득세가 별도로 과세된다. 또한 감면 세액 상당액의 20%만큼 농어촌특별세가 부과된다.

2012년 귀속 양도세 계산 방법은 다음과 같다.

: 세율

양도세 세율은 보유기간이 1년 미만이면 50%, 1~2년 미만이면 40%, 2년 이상이면 6~38%가 적용된다. 2년 이상 보유할 때 적용되는 기본 세율은 다음과 같다. 이 세율은 수시로 바뀔 수 있다.

(단위 : %, 만 원)

구분	2011년		2012년	
	세율	누진공제	세율	누진공제
1,200만 원 이하	6	–	6	–
1,200만~4,600만 원 이하	15	108	15	108
4,600만~8,800만 원 이하	24	522	24	522
3억 원 이하	35	1,490	35	1,490
3억 원 초과			38	2,390

: 신고 방법

양도일이 속하는 달의 말일로부터 2개월 이내 신고하는 예정신고가 의무화되었다. 따라서 앞으로 양도하는 경우에는 2개월 내에 양도세를 의무적으로 신고해야 한다. 만일 이를 어긴 경우에는 무신고가산세 20%를 부담해야 한다.

참고로 부동산 거래 건수가 한 해에 2회 이상인 경우에는 먼저 각각에 대해 예정신고를 한 후 다음 해 5월 중에 확정신고를 해야 한다. 다만, 예정신고를 제대로 하고 확정신고를 하더라도 추가납부세액이 발생하지 않으면 확정신고를 할 필요가 없다.

구분		2005년 이전	2006년	2007년 이후
주택	원칙	기준시가	기준시가	원칙 : 실거래가
	예외	실거래가 -주택 투기지역 -1세대 3주택 -1년 미만 보유 -미등기 전매 -허위 양도 등	실거래가 -좌측과 동일 -추가 : 1세대 2주택	
토지	원칙	기준시가	기준시가	
	예외	실거래가 -주택 외 투기지역 -1년 미만, 미등기, 허위 양도 등	실거래가 -좌측과 동일 -비사업용 토지	
상가	원칙	기준시가	기준시가	
	예외	실거래가 -주택 외 투기지역 -1년 미만, 미등기, 허위 양도 등	-좌측과 동일	

- 토지 및 건축물 대장(제출 생략 가능)
- 토지 및 건물 등기부 등본(제출 생략 가능)
- 취득 및 양도 시 매매계약서 사본
- 취득세 등 영수증(실가신고 시)
- 자본적 지출액(개량비 등) 영수증(실가신고 시)
- 감면신청서 등

양도세 서식 작성 사례

　　다음 자료를 통해 양도세를 계산해 보자. 특히 서식을 작성하는 방법에 유의해야 한다.

　-취득 현황

　취득일 : 2008년 12월 1일

　취득가액 : 2억 원

　필요경비 : 1,500만 원

　-양도 현황

　양도일 : 2012년 5월 31일

　양도가액 : 5억 원

　-기타

　　편의상 세율은 6~38%가 적용되며 장기보유공제는 10% 받을 수 있다. 예정신고납부세액공제는 적용하지 않는다. 납부할 세액(지방소득세는 미포함)이 1,000만 원이 넘으면 분납제도를 이용한다.

〈양도소득금액 계산명세서〉

<table>
<tr><td colspan="5" align="center">양도소득금액 계산명세서</td></tr>
<tr><td colspan="5">□ 양도자산 및 거래일자</td></tr>
<tr><td colspan="2">① 세 율 구 분 (코드)</td><td rowspan="9" align="center">합　계</td><td align="center">(－)</td><td align="center">(－)</td></tr>
<tr><td colspan="2">② 소 재 지</td><td></td><td></td></tr>
<tr><td colspan="2">③ 자 산 종 류 (코드)</td><td align="center">( )</td><td align="center">( )</td></tr>
<tr><td rowspan="2">거래일자</td><td>④ 양 도 일 자</td><td></td><td></td></tr>
<tr><td>⑤ 취 득 일 자</td><td></td><td></td></tr>
<tr><td rowspan="6">거래자산
면적(㎡)</td><td>⑥ 총면적
(양도지분)　토지</td><td align="center">(－)</td><td align="center">(－)</td></tr>
<tr><td>건물</td><td align="center">(－)</td><td align="center">(－)</td></tr>
<tr><td>⑦ 양도면적　토지</td><td></td><td></td></tr>
<tr><td>건물</td><td></td><td></td></tr>
<tr><td>⑧ 취득면적　토지</td><td></td><td></td></tr>
<tr><td>건물</td><td></td><td></td></tr>
<tr><td colspan="5">□ 양도소득금액 계산</td></tr>
<tr><td rowspan="3">거래금액</td><td>⑨ 양 도 가 액</td><td></td><td align="right">500,000,000</td><td align="right">500,000,000</td></tr>
<tr><td>⑩ 취 득 가 액</td><td></td><td align="right">200,000,000</td><td align="right">200,000,000</td></tr>
<tr><td>취득가액 종류</td><td></td><td align="center">실지거래가액</td><td align="center">실지거래가액</td></tr>
<tr><td colspan="2">⑪ 기납부 토지초과이득세</td><td></td><td></td><td></td></tr>
<tr><td colspan="2">⑫ 기 타 필 요 경 비</td><td></td><td align="right">15,000,000</td><td align="right">15,000,000</td></tr>
<tr><td rowspan="3">양도차익</td><td>전체 양도차익</td><td></td><td align="right">285,000,000</td><td align="right">285,000,000</td></tr>
<tr><td>비과세 양도차익</td><td></td><td></td><td></td></tr>
<tr><td>⑬ 과세대상양도차익</td><td></td><td align="right">285,000,000</td><td align="right">285,000,000</td></tr>
<tr><td colspan="2">⑭ 장기보유공제</td><td></td><td align="right">28,500,000</td><td align="right">28,500,000</td></tr>
<tr><td colspan="2">⑮ 양 도 소 득 금 액</td><td></td><td align="right">256,500,000</td><td align="right">256,500,000</td></tr>
<tr><td colspan="2">⑯ 감 면 소 득 금 액</td><td></td><td></td><td></td></tr>
<tr><td>⑰ 감면종류</td><td>감면율</td><td></td><td></td><td></td></tr>
<tr><td colspan="5">□ 기준시가 (기준시가 신고 또는 취득가액을 환산가로 신고하는 경우에만 적습니다)</td></tr>
<tr><td rowspan="5">양도시
기준
시가</td><td rowspan="3">⑱ 건물</td><td>개별 · 공동주택</td><td></td><td></td></tr>
<tr><td>상업용 · 오피스텔</td><td></td><td></td></tr>
<tr><td>일반건물</td><td></td><td></td></tr>
<tr><td>⑲ 토 지</td><td></td><td></td><td></td></tr>
<tr><td>합　계</td><td></td><td></td><td></td></tr>
<tr><td rowspan="5">취득시
기준
시가</td><td rowspan="3">⑳ 건물</td><td>개별 · 공동주택</td><td></td><td></td></tr>
<tr><td>상업용 · 오피스텔</td><td></td><td></td></tr>
<tr><td>일반건물</td><td></td><td></td></tr>
<tr><td>㉑ 토 지</td><td></td><td></td><td></td></tr>
<tr><td>합　계</td><td></td><td></td><td></td></tr>
</table>

〈양도소득 과세표준 신고서〉

<table>
<tr><td colspan="6" align="center">양도소득 과세표준 신고 및 자진납부 계산서
□예정신고, □확정신고, □수정신고, □기한 후 신고</td></tr>
<tr><td colspan="6">1. 양도인과 양수인의 인적사항</td></tr>
<tr><td rowspan="2">신고인</td><td>성명</td><td></td><td colspan="2">주민등록번호</td><td></td></tr>
<tr><td>주소</td><td></td><td colspan="2">전화번호</td><td></td></tr>
<tr><td rowspan="2">양수인</td><td>성명</td><td>주민등록번호</td><td colspan="2">양도 자산</td><td>지분</td></tr>
<tr><td></td><td></td><td colspan="2"></td><td></td></tr>
</table>

2. 양도세 자진납세액

세율 구분	합계	국내분 소계	2년 이상(1-10)	
양도소득금액	256,500,000	256,500,000	256,500,000	
기신고 · 결정된 양도소득금액 합계				
양도소득 기본공제	2,500,000	2,500,000	2,500,000	
과세표준	254,000,000	254,000,000	254,000,000	
세율			35%	
산출세액	74,000,000	74,000,000	74,000,000	
감면 세액				
예정신고 납부세액 공제				
수정신고 가산세 등				
기신고 · 결정 세액				
자진 납부할 세액	74,000,000	74,000,000	74,000,000	
분납 세액	37,000,000	37,000,000	37,000,000	
자진납부 세액	37,000,000	37,000,000	37,000,000	

3. 농어촌특별세와 지방소득세 자진납부 계산서

농어촌특별세		지방소득세		구비서류
소득세 감면세액		소득세 자진납부할 세액	74,000,000	• 양도소득금액 계산 명세서 1부 • 토지 · 건축물 대장 등본 각통
세율	20%	세율	10%	• 토지 · 건물 등기부등본 1통 • 매도 및 매입계약서 사본
산출세액		산출세액	7,400,000	• 감면신청서 1부 등

4. 신고날짜 및 신고인 서명

<table>
<tr><td colspan="3" align="center">2012년 0월 00일
신고인 000 (서명 또는 인)</td><td>접수일자인</td></tr>
<tr><td>세무대리인</td><td>성명</td><td>관리번호 및 전화번호</td><td></td></tr>
</table>

: 부록 2 :

부동산 관련 주요 세제 개편 내용

　　다음은 최근 정부가 발표한 주요 세제 개편 내용이다. 상당히 중요한 내용을 담고 있다.

1. 경영이양보조금 지급대상 자경농지 양도세 감면 일몰연장(조특법 §69)

종전	현행
□ 3년 이상 자경한 경영이양보조금* 지급대상 농지를 한국농어촌공사 및 영농조합법인 등에 양도 시 양도세 100% 감면 * 고령(65~70세)인 은퇴 농업인에 대해 75세까지 지급 ○ 일몰기한 : 2010년 12월 31일	□ 일몰연장 : 2012년 12월 31일

〈개정 이유〉 고령 농업인의 소득안정과 영농규모화 촉진
〈적용 시기〉 2011년 1월 1일 이후 양도분부터 적용

※ 해설

경영이양 보조금 대상 자경농지란 경영이양 직전 3년간 계속 소유 · 경작한 다음의 농지를 말한다.

· 농업진흥지역 안에 있는 논 · 밭 · 과수원
· 농촌진흥지역 밖에 있는 경우 경지 정리 또는 기반시설이 완비된 논 · 밭 · 과수원

경영이양 보조금 제도는 65~70세의 농업인이 3년 이상 소유한 농지를 농어촌공사, 농업법인 등에게 이양(여기서 경영이양이란 농어촌공사에 매도 · 임대하거

나, 60세 이하의 전업농육성 대상자 · 전업농업인 · 농업법인에게 매도하는 것을 뜻함)
하는 경우 75세까지 연간 최고 600만 원(300만 원/ha, 2ha한도)을 지급하는 제
도를 말한다.

이 제도는 농업 구조개선과 영농 규모 확대를 통한 농업의 경쟁력을 강화하
고, 고령 농업인이 경영이양을 통해 조기은퇴를 하더라도 보조금을 지급하여
소득안정에 기여하기 위해서 운영되고 있다.

2. 8년 이상 자경농지의 양도세 감면 시 경작기간 계산방법 합리화(조특령 §66
   ⑪ · ⑫)

종전	현행
□ 피상속인 경작기간을 상속인의 경작기간에 합산하는 경우 ○ 상속받은 농지를 경작한 경우 ○ 상속받은 농지를 경작하지 않은 경우로서 – 상속받은 날부터 3년 이내에 양도하는 경우 〈신설〉	□ 경작기간 계산방법 합리화 ○ 상속받은 농지를 1년 이상 경 　작한 경우 ○ 상속받은 농지를 1년 이상 경작 　하지 않은 경우로서 – (좌측과 동일) – 공익사업용으로 협의매수 · 수 　용되는 경우

〈개정 이유〉 경작기간 계산 방법 합리화
〈적용 시기〉 공포일 이후 양도분부터 적용

※ 해설

상속받은 농지의 경우 상속인이 1년 이상 경작한 경우에는 피상속인의 경작기간과 상
속인의 경작기간을 합산한다. 상속받은 농지를 1년 이상 경작하지 않으면 상속받은 날

부터 3년이 되는 날까지 양도하는 경우에만 피상속인의 경작기간을 상속인이 경작한 기간으로 본다. 만일 피상속인이 8년 이상 자경한 농지를 상속인이 상속받은 후 1년 이상 경작을 하지 않으면 상속개시일로부터 3년 내에 양도해야 감면을 받을 수 있다.

3. 양도세 이월과세제도 보완(소득법 §97)

종전	현행
□ 양도세 이월과세 ○ 적용요건 – 배우자(양도 당시 혼인관계가 소멸된 경우도 포함)·직계존비속으로부터 증여받아 5년이내 양도 ○ 적용방법 – 증여받은 후 5년 이내 양도시 증여자의 취득가액을 적용하여 양도세를 과세하고, 증여세는 필요경비에 산입	○ 다음의 부득이한 경우는 이월과세 적용 배제 – 증여받은 후 수용되어 5년이내 양도 – 사망으로 배우자관계 소멸 ○ (좌측과 동일)

〈개정 이유〉 공익사업 수용, 배우자 사망의 경우에는 조세를 회피할 목적이 있다고 보기 어려운 점을 감안
〈적용 시기〉 2011년 1월 1일 이후 양도분부터 적용

※ 해설

이월과세 제도란 그 배우자 또는 직계존비속으로부터 증여받은 자산(토지·건물·시설물이용권)을 5년 이내에 양도하는 경우, 당해 취득가액은 증여자의 당초 취득가액으로 하여 양도 시까지 통산하여 양도세를 계산하고, 기 납부한 증여세는 양도소득의 필요경비에 산입하여 차감하는 제도를 말한다. 이 제도는 토지 등을 배우자 등에게 증여 후 양

도함으로써 양도소득세 부담을 회피하는 사례를 방지하려는 목적에서 운영되고 있다. 앞의 세제 개편안의 경우 토지 등이 수용되거나 사망으로 인해 양도 시에 배우자관계가 소멸된 경우, 조세 회피 목적의 증여·양도로 보기 어려우므로 이월과세 적용을 배제하여 정상적인 증여·양도에 따른 세제를 적용하려는 것이다. 참고로 이월과세 적용 여부에 따른 취득가액은 다음과 같다.

◇ (증여받은 자산을 5년 초과하여 보유한 후 양도 시)

　⇒ ① (취득가액 : 5억 원)

◇ (증여받은 자산을 5년 이내 양도 시 : 이월과세 적용)

　⇒ ② (취득가액 : 3억 원)

　– 증여세는 필요경비로 공제

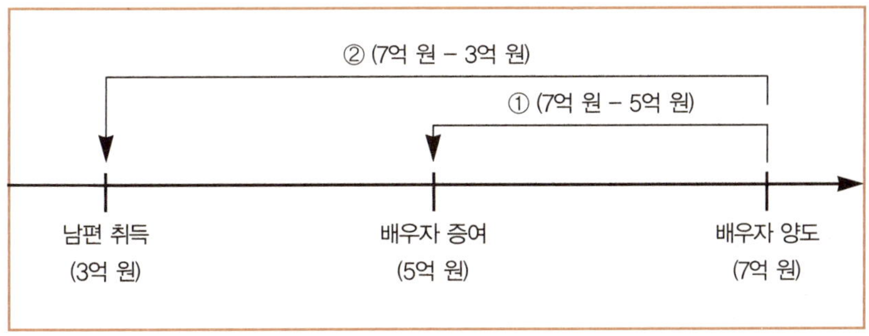

4. 양도소득 필요경비 계산 방법 합리화(소득법 §97)

종전	현행
□ 양도소득의 필요경비 계산 ㅇ 취득가액이 실지거래가액인 경우 · 필요경비 = 실지거래가액 + 자본적 지출액 + 양도비 ㅇ 취득가액이 환산가액*인 경우 * 양도 실지거래가액 (매매사례가액, 감정가액) $\times$ $\dfrac{\text{취득 기준시가}}{\text{양도 기준시가}}$ · 필요경비 = 환산가액 + 개산공제금액* *부동산 3%, 지상권 등 7%, 그밖 1%	ㅇ (좌측과 동일) ㅇ 납세자가 선택하는 경우 – 필요경비를 「환산가액 + 개산공제금액」 대신 「자본적 지출액 + 양도비」로 계산

〈개정 이유〉 실거래가액 과세원칙을 반영하여 납세 편의 제고

〈적용 시기〉 2011년 1월 1일 이후 신고분부터 적용

※ 해설

취득가액을 환산하는 경우 종전에는 환산 취득가액과 취득 시 기준시가의 3% 등을 필요경비로 공제했으나, 앞으로는 실제 지출한 비용을 앞의 것에 대신해 필요경비로 인정받을 수 있도록 하겠다는 취지이다. 예를 들어 환산 취득가액이 2,000만 원이고 개산공제액이 200만 원이라면 필요경비는 2,200만 원이 된다. 그런데 부동산 소유자가 인테리어 공사비와 양도비용 등으로 5,000만 원을 지출했다면 이 5,000만 원을 필요경비로 선택할 수 있다. 그 결과 납세자의 세금이 줄어들 것이다.

5. 사업소득 필요경비로 이미 계상된 감가상각비의 이중공제 배제(소득법 §97)

종전	현행
□ 사업소득금액 계산 시 필요경비에 산입한 감가상각비를 추후 양도소득금액 계산 시 취득가액에서 차감 여부 ○ 취득가액으로 실지거래가액을 적용하는 경우 : 차감 ○ 취득가액으로 매매사례가액 · 감정가액 · 환산가액을 적용하는 경우 : 차감하지 않음	□ 감가상각비의 필요경비 이중공제 배제 ○ (좌측과 동일) ○ 취득가액으로 매매사례가액 · 감정가액 · 환산가액을 적용하는 경우 : 차감

〈개정 이유〉 필요경비의 이중공제 배제로 과세 형평 도모

〈적용 시기〉 2011년 1월 1일 이후 양도분부터 적용

※ 해설

사업소득금액을 계산할 때 감가상각비를 비용 처리하였다면 그 감가상각비는 양도소득세 계산 시 취득가액에서 차감되는 것이 타당하다. 그런데 양도소득세 계산 시 취득가액을 환산하는 등 실제 취득가액이 아닌 경우에는 감가상각비를 차감하지 않았다. 이번 세제 개편안은 그동안 차감되지 않은 감가상각비를 차감하여 이중공제를 배제하려는 취지에서 나온 것이다. 그 결과 취득가액이 줄어들어 양도소득세가 증가할 가능성이 높다.

6. 공익사업용 토지 양도 시 5년간 감면 한도 설정(조특법 §133)

종전	현행
□ 공익사업용 토지 등에 대한 양도세 감면 한도	□ 양도세 감면 한도 보완
○ 만기보유 채권 보상	○ (좌측과 동일)
: 1년간 2억 원, 5년간 3억 원	
○ 현금, 일반채권 보상	○ 현금, 일반채권 보상
: 1년간 1억 원	: 1년간 1억 원, 5년간 2억 원

〈개정 이유〉 과세 형평 제고 및 부동산 시장 안정 도모

〈적용 시기〉 2011년 1월 1일 이후 양도분부터 적용

※ 해설

개정 전에는 현금이나 일반채권으로 보상을 받은 경우에는 1년간 한도 1억 원만 있었으나, 이번에 5년간 한도를 신설하게 되었다. 이는 개정 전의 규정이 입법상 미흡하여 이번에 이를 바로잡은 것으로 보인다.

7. 허위계약서 작성 시 양도세 비과세 · 감면 제한(소득법 §91, 조특법 §129)

종전	현행
□ 양도세 비과세 · 감면 적용 배제	□ 비과세 · 감면 적용 배제(제한) 대상 거래유형 추가
○ 미등기양도자산	○ (좌측과 동일)
〈신 설〉	○ 허위계약서를 작성한 경우
	* 실지거래가액과의 차액 등을 비과세 · 감면세액에서 차감

〈개정 이유〉 투명성 제고를 통한 실거래가 과세제도 정착

〈적용 시기〉 2011년 7월 1일 이후 양도 · 취득분부터 적용

※ 해설

이는 부동산 거래 시 양도세 비과세 · 감면 대상자(1세대 1주택 등)가 거래상대방의 양도세를 절감하도록 하면서 허위계약서(업 · 다운계약서) 작성을 권유하는 사례 등을 방지하기 위해서이다. 다음의 허위계약서 작성 사례로 개편안의 취지를 생각해 보자.

① 다운계약서(예: 실거래가액 6억 원 → 허위계약가액 5억 원)

- 계약 당사자 : (양도자) 양도세 부담자 (양수자) 비과세 · 감면 대상

  비과세 · 감면 대상(매입주택에 장기 거주할 예정인 1세대 1주택자 등) 양수인이 매입가격 인하를 조건으로 양도인의 양도세 부담을 덜 수 있도록 다운계약서를 작성함.

② 업계약서(예: 실거래가액 5억 원 → 허위계약가액 6억 원)

- 계약 당사자 : (양도자) 비과세 · 감면 대상 (양수자) 양도세 부담자

  비과세 · 감면 대상인 양도인이 양도가격 인상을 조건으로 양수인의 양도세 부담을 덜 수 있도록 업계약서를 작성함.

부동산 거래 시 거래 당사자(또는 중개업자)는 계약 체결일부터 60일* 이내에 시·군·구에 실거래가액 등을 공동신고 의무(2006년 1월 1일 시행)토록 하는 제도를 말한다.

   * 주택거래신고지역 : 15일 이내

불성실 신고 시 제재사항은 다음과 같다.

① (공인중개사법) 신고 불이행 시 500만 원 이하의 과태료, 허위로 신고한 것이 발각되었을 경우, 취득세의 3배 이내의 과태료 부과

〈허위신고 과태료 부과 기준〉

허위신고 유형	과태료 부과 기준
1) 실제 거래가격과 신고가격의 차액이 10% 미만	취득세*의 0.5배
2) 실제 거래가격과 신고가격의 차액이 10%~20% 미만	취득세의 1배
3) 실제 거래가격과 신고가격의 차액이 20% 이상	취득세의 1.5배

* 변경된 취득세율 4%를 말한다

거래 당사자 간 거래 시 거래 당사자에게 부과, 중개업자가 중개 시 중개업자에게 부과한다(중개업자의 경우 1년에 2회 이상 위반 시 업무 정지 처분 가능).

② (국세기본법) 양도소득세 탈루 시 40%의 가산세 부과

③ (지방세법) 취득세 탈루 시 20%의 가산세 부과

8. 상속 · 증여재산 평가 관련 유사매매사례가액제도 개선(상증령 §49)

종전	현행
□ 상증법상 재산평가 방법 ○ (원칙) 상속 · 증여개시일 현재의 시가* 　* 평가기준일 전후 6개월(증여 : 3개월) 이내의 기간 중 매매 · 감정 · 수용 · 경매 또는 공매가 있는 경우 그 가액 ○ 당해 재산과 면적 · 위치 · 용도 및 종목이 동일하거나 유사한 다른 재산의 매매가액등도 시가로 인정 　– 유사매매사례가액은 상속 · 증여개시일 "전후" 6개월(증여 : 3개월)이내의 가액 ○ (예외) 평가기간 밖의 매매사례가액 등도 평가위원회 자문을 거치는 경우 시가 인정	○ (좌측과 동일) ○ 유사매매사례가액은 해당 재산의 시가가 없을 때에만 적용 　– (1순위) 당해 재산의 매매가액 등* 　　* 매매 · 수용 · 경매 · 공매가격 등 　– (2순위) 유사매매사례가액. 다만, 상속 · 증여개시일전 6개월(증여: 3개월)부터 상속 · 증여세 신고 시까지의 가액 인정 　– (3순위) 당해 재산의 공시가격 ○ (좌측과 동일)

〈개정 이유〉상속 · 증여 재산 평가에 대한 납세자의 예측 가능성 제고

〈적용 시기〉공포일 이후 상속 · 증여분부터 적용

※ 해설

그동안 상속 및 증여재산 평가 시 당해 재산의 매매가액 등이 존재하는데도, 과세당국이 상속 · 증여세액을 결정할 때 유사매매사례가액을 적용함으로써 동 가액의 적정성 등에 대해 많은 논란이 있었다. 예를 들어 당해 재산(149㎡ 아파트)의 경매가격이 존재함에도 같은 동의 149㎡ 아파트의 최근 매매가격(유사매매사례가액)을 적용하여 재산을 평가하기도 하였다. 그 결과 납세자가 신고한 이후에도 법정 신고 기한(상속 개시 후 6개

월)까지 발생한 유사매매사례가액을 적용할 수 있어 납세자의 불편 및 예측 가능성을 저해한다는 수많은 지적이 있었다. 이에 따라 이번 개편안에서는 유사매매사례가액은 당해 재산의 매매가액 등이 없는 경우에 한하여 적용하고, 적용기간에 있어서도 상속·증여세 신고 이후에 발생한 유사매매사례가액은 적용을 배제토록 하여 납세자의 편의 및 예측 가능성을 제고하고자 하였다.